Crítica da colonialidade em oito ensaios

e uma antropologia por demanda

Este livro foi revisado segundo o Acordo Ortográfico da Língua Portuguesa de 1990, em vigor no Brasil desde 2009.

EDIÇÃO
Ana Cecilia Impellizieri Martins

ASSISTENTE EDITORIAL
Clarice Goulart

TRADUÇÃO
Danú Gontijo e Danielli Jatobá

REVISÃO DA TRADUÇÃO
Maria Lima Kallás

COPIDESQUE
Elisabeth Lissovsky

REVISÃO
Maria Clara Antonio Jeronimo

PROJETO GRÁFICO E CAPA
Violaine Cadinot

DIAGRAMAÇÃO
Cumbuca Studio

IMAGEM DE CAPA
"Ama com criança ao colo – Catarina e o menino Luís Pereira de Carvalho"
[Autoria não identificada]
Museu Imperial/ Ibram

CIP-Brasil. Catalogação na Publicação
Sindicato Nacional dos Editores de Livros, RJ

S456c

Segato, Rita, 1951-
Crítica da colonialidade em oito ensaios: e uma antropologia por demanda / Rita Segato; tradução Danielli Jatobá, Danú Gontijo. - 1. ed. - Rio de Janeiro: Bazar do Tempo, 2021.
(Rita Segato ; 1)
Tradução de: Critica de la colonialidad en ocho ensayos
Inclui bibliografia
Prefácio
ISBN 978-65-86719-62-8
1. Antropologia. 2. Pós-colonialismo. 3. Descolonização. I. Jatobá, Danielli. II. Gontijo, Danú. III. Título. IV. Série.

21-72266 CDD: 193
CDU: 572

Camila Donis Hartmann - Bibliotecária - CRB-7/6472

2ª reimpressão, maio 2023

Rua General Dionísio, 53 - Humaitá
22271-050 Rio de Janeiro - RJ
contato@bazardotempo.com.br
www.bazardotempo.com.br

RITA SEGATO

Crítica da colonialidade em oito ensaios

e uma antropologia por demanda

Tradução
Danú Gontijo e Danielli Jatobá

Sumário

Nota das tradutoras

Há duas décadas acompanhamos a evolução do pensamento de Rita Segato, nossa professora, orientadora e amiga. Foi, portanto, uma honra e um imenso desafio traduzir o presente livro.

Como a Rita lecionou durante mais de três décadas no Brasil, o seu vocabulário em português, embora para nós soe familiar e esteja muito consolidado, encontra-se, por sua origem argentina, muitas vezes na fronteira das duas línguas. Achamos esse traço enriquecedor e, sem incorrer em espanholismos, buscamos ao máximo ser fiel ao seu repertório léxico, sua cadência poética e seu modo particular de se expressar.

Nesse sentido, o público leitor de Rita em português certamente se dará conta do que o público *hispanohablante* já sabe: Rita cria neologismos, tem gosto pela invenção de termos, entende que é preciso encontrar novos modos de dizer as coisas, ao mesmo tempo em que defende deixar morrer termos que não nos levam a lugares potentes. Esperamos ter mantido seu modo particular de narrar e analisar o mundo.

Outro grande desafio na tradução foi o de driblar o masculino universal. Isso nos exigiu um repertório de acrobacias e nos obrigou a reescrever e modificar algumas frases. Nos casos em que tal procedimento não se mostrou possível, terminamos por manter a linguagem exclusiva. Isso ocorreu quando a frase ficaria demasiado estranha ou longa, perdendo seu sentido original. A leitora e o leitor perceberão que lançamos mão de uma variedade de estratégias. Sempre que possível, prestigiamos termos como "pessoa", "indivíduo", "sujeito", "grupo", etc., com o intuito de evitar o masculino universal. Houve também uma constante busca por substantivos coletivos, como "prole" em vez de "filhos", "corpo docente" em vez de "professores", entre outros exemplos.

Sabemos o papel crucial cumprido pela linguagem na constituição e perpetuação dos sistemas de opressão, como o machismo, o racismo e outros. Por isso, tomamos como ofício dos mais sérios o compromisso de enfrentar a colonialidade da linguagem e expressar o giro decolonial também no formato do texto.

Esperamos que o público brasileiro e lusófono como um todo aprecie o resultado desta tradução, que também ensejou uma revisão e atualização de algumas informações constantes na publicação original, o que fizemos em constante diálogo com a autora.

Danú Gontijo e Danielli Jatobá
Brasília, 12 de julho de 2021

Prefácio

A edição brasileira de *Crítica da colonialidade*

É curioso, assombroso, eu diria, que tanto o compêndio de ensaios que aqui apresento, cuja primeira edição é de 2013, como os livros de minha autoria que seguirão em sequência cheguem, somente agora, ao Brasil, graças ao empenho da editora Bazar do Tempo. Descrevo a circunstância como assombrosa porque, para ser franca, todos os seus textos foram concebidos a partir de minha longa estadia de mais de 35 anos como pesquisadora e docente numa universidade brasileira. Algumas das razões desse contrassenso se encontram indicadas, de forma apenas oblíqua, no último capítulo do volume. Contudo, acredito que mereçam ser publicadas, algum dia, em um ensaio independente que relate o difícil caminho que me vi obrigada a percorrer a partir do dia em que, sem qualquer hesitação, decidi, obrigada pela minha posição de coordenadora de um programa de pós-graduação, encampar a defesa de um estudante negro, gay e baiano num programa acadêmico avaliado como de excelência no país. Narrar a história desse caso é uma dívida que ainda tenho com a sociedade brasileira, no sentido de oferecer minha contribuição final ao mais caro princípio no estatuto dos direitos humanos: o princípio da não repetição.

É, portanto, razão de imensa felicidade poder virar a página de um percurso difícil pelas aulas e colegiados da universidade com a publicação destas outras páginas, que dão início à tradução e entrega, ao público brasileiro, de meus livros *Las estructuras elementales de la violencia* (2003), *La Nación y sus Otros* (2007), *La guerra contra las mujeres* (2016) e *Contra-pedagogías de la crueldad* (2018), a partir de agora em português. Esse público brasileiro é o destinatário natural do que aqui exponho e analiso e, ao dizer isso, destaco muito especialmente o capítulo "O Édipo negro", que toca num ponto central da reprodução do psiquismo da nação brasileira.

Oferecer um espelho, o "espelho espelhinho da rainha má", como às vezes digo, é a ingrata tarefa das disciplinas das humanidades. Os capítulos deste livro são parte desse esforço de iluminar o que fica no canto da autorrepresentação do Brasil sombreado pelo efeito da colonialidade do poder e do saber. Ser estrangeira no país por tantos anos – assim como os grandes antropólogos, como Malinowski, Boas ou Lévi-Strauss também o foram – me permite aceder a certa lucidez e enxergar o que se encontra por detrás do véu da sombra.

Espero e desejo que a publicação do livro no Brasil seja entendida como uma retribuição ao país que me brindou com tanto: recursos para pesquisar, estudantes de deslumbrante inteligência com quem pude aprender constantemente enquanto ensinava e, muito especialmente, as gentes com quem trabalhei, como o povo do Xangô de Recife, que introduziu uma inflexão fundamental na minha vida, e as mulheres indígenas de diferentes regiões do Brasil, que me mostraram que os feminismos são diversos e nem todos pautados pelas metas e formas de ativismo da *mission civilisatrice* do mundo branco.

Rita Segato

Tilcara, 15 de julho de 2021

Introdução

Colonialidade do poder e antropologia por demanda

Uma antropologia por demanda, uma antropologia litigante

Os ensaios que compõem este volume foram escritos a partir de 2007 em diversas versões e várias vezes reelaborados. Para os fins da presente publicação, foram revisados mais uma vez e todos contêm modificações. A obra, como um todo, resulta da interseção de duas posições teórico-políticas: a *perspectiva crítica da colonialidade do poder* e uma prática disciplinar que escolhi chamar de *antropologia por demanda*. Muito do que comento nesta introdução só poderá tornar-se plenamente inteligível por meio da leitura dos textos, já que aqui apresento um guia de leitura dos elementos que considero centrais em sua construção. O que dá unidade a este livro é uma perspectiva teórico-política que expõe as aspirações e os valores próprios de um projeto histórico alternativo e disfuncional ao capital. Esse projeto alternativo revela-se a partir de uma disponibilidade de antropólogas e antropólogos para serem interpelados por comunidades e povos que lhes colocam suas "demandas" e permitem, assim, que sua "ciência" obtenha um lugar e uma razão no caminho do presente.

Já defini anteriormente essa *antropologia por demanda* quando examinei as tensas interfaces entre a universalidade dos direitos humanos e a deontologia pluralista da antropologia, e localizei em uma "ética insatisfeita", uma "ética do outro", nos termos de Levinas, a força motriz que nos leva à expansão dos direitos.[1] Nesse texto, dizia que ser uma pessoa ética era acolher, no nós da comunidade moral, a interpelação do que é intruso, do diferente, na condição de que o forasteiro, em sua intervenção, não venha a ter controle material sobre as condições de nossa existência, isto é, não intervenha em nossa vida a partir de uma posição de maior poder. Nesse sentido, a antropologia, como *ciência do outro*, seria o campo do conhecimento destinado a contribuir para o desenvolvimento da sensibilidade ética. Afirmo ali que a tarefa da antropologia "não seria a de dirigir nosso olhar para o outro com a finalidade de conhecê-lo, mas a de possibilitar que nos conheçamos no olhar do outro", "para que seu olhar nos alcance",[2] e, até mesmo, teça um julgamento sobre nós.

Desde o momento de sua emergência como ramo das ciências, a antropologia orientou-se para a observação das sociedades humanas com o propósito de produzir conhecimento. Esse caminho sofreu uma mudança na década de 1980 quando, por influência da crítica pós-moderna, profissionais da antropologia deram um passo atrás, começaram a se perceber situados e a identificar o reflexo de seu próprio mundo no espelho do outro. Sua própria etnicidade foi, assim, exposta e explicitada, e um novo passo foi dado na produção de conhecimento: ver seu reflexo no espelho da diferença, ver a etnicidade, a particularidade e a relatividade de suas próprias certezas e de sua própria perspectiva. Esse foi, indubitavelmente, um grande momento da disciplina, que, dessa forma, avançou em sua capacidade reflexiva.

A comparação como consequência dos processos de espelhamento, sem dúvida, sempre estivera ali, no projeto disciplinar,

1. R. Segato, "Antropologia e direitos humanos: alteridade e ética no movimento de expansão dos direitos universais".
2. Ibid., p. 228.

desde o primeiro momento, com maior ou menor grau de explicitação, com maior ou menor grau de deliberação. Não se pode negar, por exemplo, que a grande descoberta pela antropologia social britânica de numerosas sociedades africanas governadas *sem Estado* constituiu uma experiência de assombro em face de um espelho que mostrou a antropólogas e antropólogos a "diferença" de seu próprio Estado imperial. No entanto, a contribuição da crítica pós-moderna na antropologia foi que a reflexividade passou a ser teorizada, se inscreveu no discurso e se fez método. Esse período, com sua crítica à objetividade de um possível "conhecimento" antropológico, colocado sob suspeita e transformado em duvidoso, e o franco diálogo interdisciplinar que nos abriu à influência de autores e autoras que se afirmavam para além de qualquer captura disciplinar, foi seguido por uma multifacetada "crise de objeto".

Por um lado, a disciplina revelara-se um campo discursivo, um campo narrativo, mais do que de produção de conhecimento sobre aquele "objeto-outro". Por outro lado, com a queda do Muro de Berlim e a transformação do paradigma da política, já centrada, nos anos 1990, na questão dos direitos e, em especial, dos direitos que enfatizavam o reconhecimento e a politização das identidades, nosso "nativo" – negros e negras, indígenas, mulheres e outros – deixara de ver sentido na presença de observadores e porta-vozes perante "o mundo do branco". Nesse momento, uma crise disciplinar tornava-se inevitável e restava apenas um caminho – o caminho de uma antropologia "por demanda", ou seja, uma antropologia sujeita à demanda daqueles e daquelas que antes haviam sido objeto de nossa observação; uma antropologia atenta e interpelada por aquilo que esses sujeitos nos solicitam como conhecimento válido, que lhes pudesse servir para aceder a um bem-estar maior, a recursos e, sobretudo, à compreensão de seus próprios problemas. Penso que esse potencial sempre foi constitutivo do projeto antropológico, o que faltava era a abertura a essa demanda do outro sobre nós como método, teorizada, deliberada e inscrita no discurso teórico. Essa reflexão, não por acaso, coincidiu, no meu caminho, com a necessidade de pensar a raça no continente, o gênero em um cenário de guerra informal em expansão e o caráter permanentemente colonial do Estado, para colaborar na resolução dos problemas que me foram colocados por grupos de interesse na sociedade com cujas causas eu concordava.

Como expliquei no já citado ensaio de 2006, isso significa uma "mudança radical na prática e nos valores que inspiram a disciplina até hoje",[3] pois não se trata de produzir conhecimento sobre o outro ou sobre a diversidade das formas de existência, tampouco consiste na antropologia reflexiva proposta pela perspectiva pós-moderna, isto é, a imersão passageira no mundo do outro para retornar a nós mesmos/mesmas com estranhamento antropológico, a fim de nos vermos com mais precisão. Não se trata tampouco de uma *antropologia aplicada*, uma vez que esta não garante a decisão sobre as metas para as comunidades e povos e usualmente se orienta pelas ideias eurocêntricas de progresso e desenvolvimento – a antropologia aplicada sempre foi funcional a uma ordem colonial-moderna predefinida e inapelável.

O que proponho é que nosso antigo "objeto" clássico seja aquele que nos interpele, nos diga quem somos e o que espera de nós, e nos exija que usemos nossa "caixa de ferramentas" para responder a suas perguntas e contribuir com seu projeto histórico. É por causa dessa disponibilidade para a solicitação de comunidades e povos que essa prática disciplinar é também uma *antropologia litigante*, *a serviço*, *questionada*. Desse modo, também, a antropologia supera a "crise de objeto" que a vinha ameaçando, bem como a sua contrapartida, um *umbiguismo* iniciático, uma *ego trip* narcísica que consome uma porção excessiva de suas páginas. Sua *caixa de ferramentas*, o

3. Ibid., p. 228.

ofício etnográfico, serve à busca de respostas ativamente solicitadas por aquelas e aqueles que construímos como nossos "nativos", interpretações e dados de que necessitam para desenhar seus projetos e, principalmente, vocabulários para a construção de retóricas que sustentem as metas históricas da continuidade de sua inserção no mundo como *povos e comunidades*, com soberania e relativa autonomia alimentar, mercados locais e regionais, e um cosmos próprio – ainda que, como afirmo no capítulo sobre gênero e colonialidade,[4] vivamos em um *entre-mundos*, o tecido comunitário se encontre rasgado e a vida transcorra em fragmentos de comunidade.

Na defesa dessas metas históricas, a prática será a de uma *antropologia contenciosa*, uma *antropologia litigante* e orientada à contenda e, portanto, vocacionalmente aparentada com o campo da justiça. Isso determina, sem dúvida, uma mudança de rumo na forma como entendemos seu papel no mapa disciplinar.

A melhor descrição do que aqui proponho é a de *uma antropologia interpelada, solicitada, demandada pelos povos que durante um século lhe serviram de objeto*. Essa nova orientação leva-nos a participar em dois campos contenciosos: por um lado, o das lutas dos povos e do "movimento da sociedade", como Aníbal Quijano chama o espírito da época em muitos de seus textos; por outro, o da disputa epistêmica dentro da própria disciplina, a partir da batalha para que seus expoentes aceitem que a cena da alteridade que estudamos se encontra em disputa, sendo inescapável lidar com isso.

No entanto, tampouco interessa contrapor uma antropologia "militante" a uma supostamente "neutra". A "neutralidade" disciplinar que é pregada no âmbito do que chamei

4. "Gênero e colonialidade: do patriarcado comunitário de baixa intensidade ao patriarcado colonial-moderno de alta intensidade", neste livro.

de "weberianismo panfletário"[5] é um grande equívoco que ignora que o trabalho de uma ciência social consiste em dois momentos que não podem ser fundidos: um primeiro momento de eleição da perspectiva teórica que orientará a busca de quem pesquisa, momento necessariamente arbitrário, orientado pelas metas, valores e ideias do que se acredita e do que não se acredita ser relevante iluminar, no qual também se delimita o contexto para a indagação de uma decisão interessada no que deve ou não ser incluído nesse contexto e se formulam as perguntas sobre os fatos e as relações dentro desse contexto. Apenas em um segundo momento, e uma vez delimitados o campo e as perguntas, proceder-se-á à observação objetiva dos eventos e relações que ocorrem nesse "campo". Se nesse segundo momento a posição de quem observa é, sim, "neutra" e o mais objetiva possível, no primeiro momento sua posição é plenamente política. É política porque tem de tomar decisões sobre as perguntas relevantes a fazer, as categorias teóricas que orientarão a investigação, os nomes com que se iluminarão alguns eventos do campo do observável, enquanto se deixarão outros na sombra. O campo é sempre, inevitavelmente, um recorte, e esse recorte é consequência de decisões pautadas pelo interesse e o desinteresse, ou seja, por aquilo que nos interessa porque subsidia o caminho rumo às metas do nosso projeto histórico como sujeitos sociais e, ao mesmo tempo, sujeitos da atividade antropológica. Estou dizendo aqui que toda escolha teórica é política, e nenhuma escapa a essa condição, enquanto a neutralidade da indagação é indispensável uma vez que se tenham elegido o vocabulário, o campo e as perguntas, ou seja, o arcabouço teórico que desenha a indagação. A escolha teórica está determinada pelos interesses próprios dos objetivos históricos perseguidos por quem pesquisa e será sempre, por isso mesmo, uma escolha teórico-política que precede a própria pesquisa, esta, sim, pautada pela objetividade.

5. R. Segato, *La Nación y sus Otros*, p. 15.

Passei a compreender isso à medida que fui percorrendo meu caminho como antropóloga, ao longo de quatro décadas até o presente, começando nos anos de meu treinamento sob a supervisão de um discípulo de Meyer Fortes, este, por sua vez, discípulo de Malinowski. As certezas garantidas por uma linhagem que me liga a quem fundou a disciplina permitiram-me evitar a insegurança que leva um grande número de colegas a, repetidamente, esforçarem-se para afirmar no que consiste e no que não consiste o trabalho antropológico, o que caracteriza sua tarefa e quais tarefas não seriam suas, a ponto de incorrer no que já descrevi como um "fundamentalismo disciplinar".[6] Isso resulta em um rodeio constante pelos instrumentos do que chamo aqui "caixa de ferramentas" do ofício etnográfico. Esse andar em círculos, infelizmente, não vislumbra o que existe além do método e das técnicas e induz perigosamente quem ainda está em formação a acreditar que é nisso que consiste o trabalho antropológico. Profissionais da antropologia não podem enclausurar-se, escrever exclusivamente para um público formado por colegas, reduzir-se a uma tarefa técnica. É preciso dirigir-se ao mundo, a temas da época, e usar sua *caixa de ferramentas*, seu *ofício etnográfico*, para responder às questões de seu tempo e frequentar os debates do mundo. Como parte de minha opção teórica pessoal, creio também que os conhecimentos, a capacidade de "escuta" etnográfica e a habilidade interpretativa devem ser colocados à disposição das comunidades e dos povos que consultam e pedem colaboração na construção de argumentos capazes de defender sua marcha por um caminho histórico próprio – especialmente depois do que foi uma evidente "crise de objeto", já que os povos, na era dos direitos humanos, entenderam que não são espécimes sob escrutínio nem precisam de porta-vozes.

O conjunto de ensaios que aqui apresento também é atravessado pela prática de uma *antropologia por demanda*.

6. R. Segato, *Las estructuras elementales de la violencia*, p. 86.

"Gênero e colonialidade: do patriarcado comunitário de baixa intensidade ao patriarcado colonial-moderno de alta intensidade" e "O sexo e a norma: frente estatal-empresarial-midiática-cristã" são o resultado de uma década acompanhando a presença da Fundação Nacional do Índio (Funai) junto às mulheres indígenas, já que realizei, em 2002, a primeira oficina nacional sobre os direitos humanos das mulheres indígenas e políticas públicas para elas, e, posteriormente, colaborei em duas séries de oficinas em todas as regiões do país.[7] Na segunda dessas séries, minha tarefa foi colaborar com a apresentação da Lei Maria da Penha contra a violência doméstica. No caso do texto "Que cada povo teça os fios de sua história: um diálogo tenso com a colonialidade legislativa 'dos salvadores' da infância indígena", o pedido para refletir sobre o tema chegou a mim em 2007, por meio de uma consulta formal da Comissão de Direitos Humanos do Congresso Nacional. Apresentei minha resposta em uma audiência pública convocada por esse órgão para debater um projeto de lei que criminaliza excessivamente o infanticídio cometido por indígenas. Esse texto resume o que entendo por *antropologia litigante* ou *disponível para o litígio*. Já os três últimos textos da edição foram escritos no clima histórico da luta pela inclusão étnico-racial no Ensino Superior, a célebre "luta pelas cotas", e as demandas e os desafios que ela nos impôs de pensar a raça no cenário latino-americano, com sua utopia mestiça. Em ocasiões anteriores, que resultaram em outras publicações, ao atender à demanda por conhecimentos capazes de subsidiar a construção de estratégias de proteção para mulheres nos diversos cenários em que tive de atuar, pensei nas lógicas por detrás dos crimes sexuais nas ruas de uma cidade modernista como Brasília,[8] nos feminicídios em Ciudad Juárez, na fronteira norte do México,[9] e no corpo das

7. R. Segato, *Uma agenda de ações afirmativas para as mulheres indígenas do Brasil.*
8. R. Segato, *Las estructuras elementales de la violencia.*
9. R. Segato, *La escritura en el cuerpo de las mujeres asesinadas en Ciudad Juárez.*

mulheres como objetivo estratégico das novas formas de guerra.[10] Nesses casos – nem todos publicados neste volume –, minhas análises foram respostas a demandas de setores afetados da sociedade e de organizações que atuam em sua defesa.

Um breve passeio pelos textos do volume: o que sublinho e o que deles emerge

"Aníbal Quijano e a perspectiva da colonialidade do poder" é um guia de leitura do giro paradigmático que o pensamento desse autor introduz em nosso modo de pensar a história e a sociedade. No meu caso particular, não tenho dúvidas de que existe *um antes e um depois* da leitura de Quijano, e é isso que procuro refletir nesse texto. Destaco a relevância de se tratar de um pensamento que só poderia ocorrer na passagem da Guerra Fria para o momento contemporâneo e a centralidade que atribui à raça para a compreensão das desigualdades. A raça é, portanto, a ideia-eixo da sociologia da colonialidade, e a Conquista da América, o pivô da história. Uma pergunta que surge e se repete quando enunciamos essa perspectiva é "por que raça e não classe?". A resposta é decolonial: porque somente a raça remete ao horizonte que habitamos, marcado pelo evento fundacional da Conquista, e permite reconstruir o fio das memórias afetadas pelas múltiplas censuras da colonialidade, enquanto a classe oblitera esse horizonte, mascara-o e até o forclui, induzindo ao esquecimento de quem somos e à ignorância dos rios de sangue que mancham o solo que pisamos até hoje, conduzindo-nos ao equívoco de que é possível pensar da mesma forma desde o Norte global e desde o Sul. Vale destacar também a precedência do racismo sobre a raça, pois é aquele que cria esta: a raça é um produto da estratégia racista do expropriador.

10. R. Segato, *Las nuevas formas de la guerra y el cuerpo de las mujeres* e *Peritaje antropológico de género para el Ministerio Público de Guatemala sobre la causa del Caso Sepur Zarco, municipio de El Estor, departamento de Izabal.*

No centro das discussões atuais está a desconfiança do Estado que emana do pensamento de Quijano, tanto dos estados capitalistas quanto dos estados de orientação socialista. Portanto, de forma muito sintética, é possível deduzir de seu pensamento que as ações da sociedade devem ocorrer em todas as frentes, fora e dentro do campo estatal, por caminhos e brechas múltiplos e simultâneos. Diferentemente do caminho estabelecido pelos marxismos dos anos 1970, não há postulados sobre a estrutura da sociedade de destino, muito menos uma sociedade "final", de arquitetura definida. O destino da história é desconhecido, totalmente aberto e indecidível. Somos movidos por uma "fé histórica", que sustenta o caráter imprevisível da história. Sobre o destino da história, a resposta é "nós não sabemos", curvando-nos à trágica estrutura da cena humana e à incerteza. Afirmo, em outro lugar, que essa é, precisamente, a única utopia do presente: o caráter indomável da história tanto natural como humana.[11] Por fé histórica, agimos e pensamos de acordo com nosso "projeto histórico" e, enquanto confiamos nele, transitamos por um caminho indecidível, aleatório, incontrolável e imprevisível. Não há sociedade de chegada.

É precisamente por um efeito da natureza do Estado e seu centralismo que a plurinacionalidade pretendida pelas constituições do Equador e da Bolívia[12] não conseguiu ir além do multiculturalismo e, depois de alcançar uma formulação avançada, apenas retrocedeu, com sua diversidade formal, culturalista e, pode-se dizer, cosmética. O Estado não constrói comunidade, não delega jurisdição. Um exemplo é a Bolívia, onde, após os longos e complexos debates constituintes do Estado Plurinacional, a *Ley de Deslinde Jurisdicional*, de

11. R. Segato, "Raza es signo".
12. As constituições do Equador (2008) e da Bolívia (2009) foram o marco do que se convencionou chamar de novo constitucionalismo latino-americano, na medida em que ambos os documentos contemplaram suas respectivas realidades sociais, considerando as cosmovisões indígenas e pluralidades populacionais. Nessa busca por uma refundação do Estado, há especial atenção à sua função na garantia de direitos fundamentais. (N.E.)

2010, expõe claramente esse retrocesso a algo semelhante aos *cabildos indígenas*[13] coloniais, que, na linguagem de alguns, como Xavier Albó relata em seu texto crítico em relação aos rumos do pluralismo boliviano, somente permite que as jurisdições indígenas julguem "roubo de galinha".[14] O Estado, tal como as elites *criollas*[15] republicanas que o construíram, não consegue ver as diferenças dos povos que habitam o território que administra, exceto com o papel fetichizado de ícones que servem para compor sua *heráldica*, ou seja, como emblemas caricaturais da nação sob seu domínio.[16] Por razões históricas, nossos estados republicanos mantêm com a nação uma relação muito diferente da relação dos estados europeus com suas respectivas nações. Em nosso caso, trata-se de uma relação de exterioridade, já que estamos lidando com repúblicas que nada mais são do que depositárias da herança das administrações coloniais de ultramar. A estrutura da gestão pouco mudou, tampouco mudou o que insisto em descrever como uma relação de exterioridade em relação a seus domínios e a seus povos.

Por outro lado, o malogro do projeto republicano deve-se ao efeito das elites *criollas* que projetaram estados com uma arquitetura que permite sua apropriação e sua privatização, e de governos que não conseguiram romper o pacto Estado-capital e que não abdicaram do sonho de inserção de suas respectivas nações no mercado global, apesar dos muitos reveses causados pela ilusão desenvolvimentista na história de nossas nações. Sem limitar o pacto entre Estado e capital, não é possível dar lugar nem às medidas inclusivas que o discurso dos direitos humanos promove, nem aos projetos

13. Tribunais indígenas que, durante a colônia espanhola, julgavam conflitos e delitos que não afetavam diretamente os interesses da Coroa. Constituem o antecedente da "justiça própria" dos povos indígenas, campo de estudo da antropologia e do direito denominado "pluralismo jurídico".
14. X. Albó, "Justicia indígena en la Bolivia plurinacional".
15. O termo *criollo*, utilizado na América de colonização espanhola, designa as e os nascidos no Novo Mundo, descendentes de espanhóis. (N.T.)
16. R. Segato, *La Nación y sus Otros*, p. 22.

comunitários e coletivistas de *Buen Vivir, Sumak Kawsay, Suma Qamaña*[17] ou de "vida plena", que representam outros projetos históricos voltados para outras metas ou formas de felicidade, diferentes e divergentes do projeto histórico do capital. O retorno do futuro é, para Quijano, o retorno ao caminho que esses projetos históricos, interceptados pela colonialidade, desenham. O grande painel de nossa história e dos projetos que a compõem, como traçado por José María Arguedas em seu romance *Todas las sangres*,[18] constitui uma avaliação dos diferentes tempos e projetos que coexistem no Peru, como *locus* privilegiado da paisagem latino-americana. Nessa avaliação, o único tempo vencedor, o único projeto lúcido em nosso continente, é o tempo mais lento. Enquanto todos os outros projetos se entregaram, o tempo mais lento permaneceu, mantém-se de pé, está impregnado na paisagem que o representa, corre escondido nos rios profundos e ignotos dos sangues, e reaparece na superfície da consciência como movimento da sociedade, vencendo a intervenção colonial e sua censura das memórias. O projeto comunitário e coletivo dos povos é o único projeto, na narrativa de Arguedas, capaz de entender a ideia de soberania sobre o lugar, o *habitat* irredutível de sua existência. As elites administradoras dos estados republicanos nunca demonstraram ter essa compreensão sobre a soberania. Considero que uma esperança surge aqui, encarnada no adorável herói da narrativa arguediana, Demetrio Rendón Wilka, possivelmente um duplo do próprio autor, peregrino entre dois mundos. Sobre Demetrio se disse tudo, mas não o essencial: que ele vai ao "mundo do branco" a fim de retornar, pois essa é a trajetória do visionário Rendón: ele vai para aprender o que "o branco" sabe, ele vai para entender como "o branco" age, seus propósitos, conhecimentos e "seus truques", mas *para retornar*. Essa alegoria interessa ao

17. Expressões de origens autóctones – aymara (*Suma Qamaña*), quéchua (*Sumak Kawsay*) – que se referem ao conceito de como se deve viver para alcançar uma existência satisfatória e de como deve ser a relação entre cada membro e o coletivo comunal. (N.E.)

18. *Todas las sangres* é um extenso romance do escritor e etnólogo peruano José María Arguedas publicado em 1964, em que busca apresentar a realidade social do Peru. (N.E.)

presente argumento porque, embora nosso continente seja em sua maioria povoado por desertores de seus sangues não brancos, é também, por outro lado, como proponho no Capítulo 6 deste volume, um continente de linhagens clandestinas que navegam ocultamente pelas veias das maiorias branqueadas, travestidas de "Europa". Nas palavras de Édouard Glissant,[19] esses são os rastros dessa forma de habitar que servirão de pistas para recuperar o vínculo com aquele projeto de enraizamento soberano no espaço-tempo de nossas paisagens. É o que nos permite *retornar, reatar, recuperar o vínculo com o projeto histórico dos povos enclausurado pela colonialidade e pela amnésia compulsiva imposta à população como modalidade do genocídio.*

"Gênero e colonialidade: do patriarcado comunitário de baixa intensidade ao patriarcado colonial-moderno de alta intensidade", da mesma forma que o texto subsequente, "O sexo e a norma: frente estatal-empresarial-midiática-cristã", propõe, pelo modo como o seu argumento se desdobra, que não devemos guetificar nossos temas. O que abordamos é *a cena histórica*, e, nela, a forma pela qual se combinam seus diversos elementos, como as relações de gênero, as relações raciais e outros, que sempre devem ser decifrados em seu conjunto. Nesses dois capítulos, busca-se a especificidade da posição da mulher no universo indígena, e a análise centra-se na transformação imposta a essa posição pela intervenção colonial, um processo de "*criollización*" que ocorre sem uma solução de continuidade entre a administração ultramarina ibérica e o Estado republicano conduzido pela elite *criolla*. Com o avanço da frente "branca" e a captura dos gêneros, assim como de outras hierarquias, pela estrutura binária da modernidade *criolla*, a posição masculina inflaciona-se e absolutiza-se, e seu espaço, o espaço público, transforma-se em uma esfera

19. Édouard Glissant (1928-2011) foi escritor, poeta, dramaturgo e ensaísta nascido na Martinica. (N.E.)

que desenraiza (no sentido que Polanyi[20] confere à economia), sequestra e monopoliza a política, deixando para o espaço doméstico nuclearizado a posição de resíduo despojado de politicidade, privatizado e considerado "íntimo". Trata-se de uma mutação que pretende transformar homens e mulheres indígenas em homens e mulheres modernos; essa estrutura, a da modernidade *criolla*, confere-lhes valores e significados modificados, que exacerbam a hierarquia patriarcal já existente no mundo tribal. Contestando o grupo de autoras que nega a existência de um patriarcado pré-colonial, meu entendimento é de que não seria possível a captura das posições pré-coloniais marcadas pelo sexo pelas de gênero colonial-modernas, nem a torção e reinterpretação impostas por estas àquelas, se não tivesse existido algum tipo de patriarcado anterior à intervenção colonial. Em meus textos, descrevo o patriarcado prévio à intervenção colonial – tanto da administração ultramarina quanto do Estado republicano – como um *patriarcado de baixa intensidade* ou *de baixo impacto*, em oposição ao patriarcado colonial-moderno, que percebo como de alta intensidade, em termos de misoginia e letalidade.

Em "O sexo e a norma" completo esse quadro demonstrando com algumas evidências etnográficas a sutil transformação do acesso sexual em dano ou "mal moral" que acompanha a intervenção colonial – nesse caso, observada no avanço intrusivo da frente-estatal-empresarial-midiática-cristã no mundo comunitário e coletivista da "aldeia". Defendo, em "O sexo e a norma", que o olhar pornográfico é a própria mirada colonial sobre o corpo, muito diferente, por sua posição de exterioridade rapinadora, da abordagem erótica.

Aníbal Quijano demonstrou que racismo não é xenofobia, não é etnicismo, mas algo de outra ordem. Isso porque a raça resulta da biologização da desigualdade no ambiente da

20. Karl Polanyi (1886-1964) foi historiador da economia, antropólogo econômico, economista político e filósofo social de nacionalidade húngara. (N.E.)

colonialidade/modernidade. Estendendo a proposição de Quijano, entendemos que gênero, como distribuição de posições desiguais na ordem patriarcal, também resulta da biologização da hierarquia. Aqui, gênero e raça colonial-modernos e a ciência cartesiana combinam-se para produzir a metafísica das posições em termos de uma "biologia" de gênero e raça; resultam, portanto, da biologização da ordem hierárquica já existente na ordem pré-colonial e pré-estatal precedente, mas sem essa dimensão substantivada. Como mostro em minha análise da relação entre gênero e colonialidade, é precisamente pela ausência de biologização das hierarquias na ordem pré-colonial que os trânsitos, os travestismos e a comutabilidade de posições são possíveis. Ocorre também, como explico, a mutação de um espaço público de atores masculinos, que explicitam sua diferença como categoria e divisão do trabalho por sexo, em uma *esfera pública* branca e masculina, mas englobante e entendida como humana em geral e de representatividade universal. Assim, um mundo dual, de naturezas múltiplas comutáveis, transforma-se em um mundo binário, em que o outro, essencializado – biologizado – em sua posição particular de outro, nada mais é que uma função do *um*, e no qual a diferença constitui, portanto, um problema, a menos que possa ser filtrada por uma grade ou equivalente universal que a converta em comensurável ou a ejete como residual em relação ao mundo relevante do *um*, masculino e branco, proprietário, letrado e *pater familias*, habitante nato da esfera de valor geral e relevância política, construída à sua imagem e semelhança e proclamada neutra. Os tipos de usurpação de valor permitidos pelas hierarquias ocultas de raça e gênero, agora mascaradas pelo discurso igualitário da modernidade, derivam de sua naturalização e do essencialismo dela resultantes. A posição empoderada é percebida como exterior às determinações do padrão de que participa e, portanto, é ampliada, construída como independente e não alcançável pelos processos da história.

Chamo a atenção para o fato de que o processo da colonial-modernidade produz o agravamento de ambas as hierarquias, a de gênero e a de raça. O homem das relações entre grupos de gênero das sociedades pré-coloniais, assim como o *outro* em termos de etnicidade, são retirados de sua malha própria de relações e transformados em posições *ex machina*, substantivas e indeterminadas. A concretude do primeiro transforma-se na abstração de "homem" como posição universal, em que a brancura de sua representação se confunde com a alegada ausência de predicados específicos; e a particularidade do segundo, o *outro*, transforma-se na abstração do elemento racial, que subtrairá o branco do não branco, "negro", como signo e estigma por afrodescendente ou indígena. Em outras palavras, com a captura de posições pelo padrão da colonialidade, a xenofobia, uma questão de diferença e conflitividade plenamente histórica, transforma-se em racismo, que é uma estrutura que vincula posições fixadas e estereotipadas pela relação colonial, na qual a categoria subordinada passa a ser explicada por uma biologia como destino. O efeito colateral dessa biologização é que o processo é retirado da história e colocado na natureza; a história que produz esse destino é invisibilizada e a manobra é completamente desistoricizada, bem como é forcluída a sua qualidade de "invenção" originada de um interesse expropriador e espoliador.

O espaço público, portanto, transforma-se em uma *esfera pública* que monopoliza a totalidade da esfera política e torna-se a única plataforma de enunciação das verdades de interesse geral e valor universal – o resto é margem, resíduo, sem relevância ou impacto no registro plenamente humano da politicidade; o mercado é desenraizado da sociabilidade – numa apropriação aqui do vocabulário de Karl Polanyi;[21] o conhecimento e a ciência desincorporam-se e tornam-se exteriores à natureza, incluindo a própria natureza de quem os

21. K. Polanyi, *La gran transformación*.

produz – conforme o preceito cartesiano; o que fora um contrato sexual explícito, exposto, no mundo-aldeia, transforma-se em uma estrutura oculta que move seus fios como num teatro de sombras por trás do discurso igualitário da cidadania; o que era desigualdade entre categorias – de gênero, de linhagens ou mesmo de povos entre o estrangeiro e o próprio – é pulverizado na desigualdade dos indivíduos, o que tem como efeito ocultar os mandatos de uma estrutura constituída por posições irredutivelmente desiguais, racializadas e de gênero, como resultado de sua biologização. As pessoas negras e as mulheres passam a ser referidas a abstrações de corpo e cor associadas metafisicamente a uma escala de valores e poderes. O processo de "*criollización*", isto é, de expurgo intrapsíquico do componente não branco e não *macho*, resulta concomitantemente em uma perda progressiva de poder por parte das pessoas racialmente marcadas, das mulheres e das sexualidades não normativas, agora vistas como *desviantes*. Inventam-se e estabilizam-se tradições misóginas e homofóbicas que são envernizadas com uma pátina artificial de tempo para ocultar seu caráter colonial-moderno, e não ancestral, como se tenta representar. Nesse ambiente de progressiva e, em algumas localidades, recente "*criollización*", o pai passa a ocupar a posição do colonizador dentro do lar.

Como se pode observar nos projetos e ações de cooperação internacional que tentam influir nas relações de gênero dos povos, duas ideias causam grande dano, apesar das boas intenções. Uma delas é pensar que as relações de gênero nesse contexto referem-se às relações entre indivíduos marcados pelo gênero e não entender que se trata de relações entre grupos, coletivos de gênero. Esse erro leva, por exemplo, à equivocada romantização, típica da perspectiva burguesa, da relação conjugal como de interesse privado e da sexualidade como tema exclusivo da intimidade. O outro erro decorre da estratégia de transversalização (*mainstreaming*), que parte do pressuposto de que existem áreas da vida dotadas de centralidade e primazia – interesse geral e valor universal –, enquanto outras são periféricas, marginais, e de que deve ser feito um esforço para cruzá-las com os âmbitos centrais de interesse social. No mundo-aldeia, no entanto, a vida inclui áreas territoriais, rituais, artísticas, recreativas e produtivas diferenciadas por gênero. Lá, o espaço doméstico é pleno de politicidade e, como muitas feministas árabes têm apontado sobre o seu próprio mundo, as mulheres, mesmo em situações de conflito entre elas, são blindadas por laços de proteção mútua que emanam de saberes próprios compartilhados e atividades rituais e estéticas produtivas e lúdicas realizadas em associação, coletivamente, o que lhes garante um domínio próprio e separado do outro conjunto, o da masculinidade, com suas incumbências, seus saberes, seus trabalhos. Ambos os espaços são plenos e ontologicamente completos. Quando as mulheres indígenas lutam por igualdade, fazem-no por uma igualdade de poder e prestígio entre categorias de gênero, entre blocos de gênero, suas atribuições e direitos. As lutas representam um confronto entre as politicidades próprias do espaço público e do espaço doméstico, seus estilos de ação e decisão, e as questões que lhes são mais urgentes e cruciais.

Da análise sobre a questão limite do pluralismo e, em especial, do pluralismo jurídico, que é o assim chamado "infanticídio" indígena, apresentado no capítulo "Que cada povo teça os fios de sua história", pode-se deduzir, talvez mais do que de qualquer outro ensaio no volume, o caráter permanentemente colonial do Estado republicano e a colonialidade das instâncias legislativas e judiciais. Nesse texto nos damos conta de como é absolutamente impossível argumentar, no campo estatal, a partir da pluralidade radical de concepções de vida humana que existem sob o sol. Por isso mesmo, esse texto também evidencia, como nenhum outro nesta coletânea, o caráter biopolítico e colonial-moderno dos direitos humanos, imbuídos do valor e do sentido que se reitera ao longo deste livro: buscar proteger ou reconstruir com uma mão o que já foi ou está sendo destruído com a outra no processo de colonial-modernização. Ante a lógica estatal, a tentativa de relativizar o humano revela-se absolutamente impossível, assim como também é impossível proteger e dar lugar, nas repúblicas e no direito, a outras formas de entender o que é um "ser humano". Além disso, a estratégia expositiva escolhida no referido texto abdica, pura e simplesmente, de tentar. Essa abdicação ocorre no exato momento em que se reconhece o horizonte de poder que organiza e mantém a ordem moderna, sempre colonial, sempre monopolista, sempre única; o outro, a alteridade radical, representa um incômodo para essa ordem, uma realidade indigesta que deve sempre, de alguma forma, ser digerida, filtrada pela grade de um equivalente universal.

Uma recomendação que surge da análise sobre o tema do infanticídio indígena e que o vincula com o capítulo anterior refere-se ao tema da "norma", e em nenhum tema se percebe melhor do que neste a opressão exercida pelas categorias colonial-modernas sobre as categorias do mundo comunitário. Essa opressão aparece aqui devido à superimposição da noção de norma – nesse caso, a do "infanticídio" – como lei causal, como evento de um direito positivo e positivante, essencializador, que corta o fluxo da vida com seus acontecimentos, sobre as normas do meio comunitário. Nessa transição do mundo-aldeia para a sociedade de Estado, a formulação cosmológica, que é, antes de mais nada, um enunciado sobre o mundo e seu dever ser, passa a ser entendida como uma cláusula inapelável, fechada à história e à deliberação, causa com efeito previsível, determinação. Mas as "normas" no mundo indígena não operam dessa maneira, são enunciados de sentido, mais do que leis positivas. E na modernidade também o são, de fato, mas essa eficácia mais da ordem do simbólico do que da ordem burocrática é, uma vez mais, como no caso das hierarquias que dão forma às relações sociais, velada, dissimulada pelo discurso "legal".

A estratégia principal, elaborada no Capítulo 4 deste volume, para conter o assédio interventor de um setor poderoso do Legislativo federal brasileiro que pressiona pela aprovação de uma lei que sobrecriminaliza a suposta prática de "infanticídio" indígena, foi, como se verá ao acompanhar o argumento, evitar a armadilha do relativismo cultural, da qual não poderíamos escapar incólumes no campo do direito. Outros temas fortes do argumento decolonial, no sentido forte de anti-interventor, foram a insistência em falar de *povo*, como sujeito coletivo vivo da história, e não de grupo étnico, categoria classificatória; de *projeto histórico*, por sua vitalidade como vetor no tempo rumo a metas próprias, disfuncionais ao capital, e não de cultura, por sua inclinação para o culturalismo, que é a face técnica e antropológica do fundamentalismo; de *pluralismo histórico* e não de relativismo cultural; de *inter-historicidades* em vez de interculturalidade; e de bom Estado como *Estado restituidor* da jurisdição da comunidade e protetor da deliberação própria. Devolver a possibilidade de deliberação interna equivale a devolver a sua própria história, as rédeas da história, um estar em seu próprio tempo. Um dos momentos importantes da argumentação é a constatação de que o que define um povo e constitui sua referência como tal não é um repertório de costumes, ou patrimônio, mas a noção compartilhada de que, mesmo com dissidências e conflitos internos, se vem de um passado comum e se caminha rumo a um destino comum. Os conflitos podem, na realidade, ser o drama, o elo que consolida esse sentimento de pertencimento e a intensidade do diálogo entre seus membros. Destaco especialmente nesse capítulo a impressionante inteligência dos argumentos apresentados por representantes indígenas, a deslumbrante lógica política que se constata na lista de razões para não aprovar a citada lei, que registro na seção "O que dizem as pessoas indígenas".

Foram dezoito anos de reflexão, até finalmente ser capaz de escrever o ensaio "O Édipo negro: colonialidade e forclusão de gênero e raça", que, em sua primeira versão, circulou como "O Édipo brasileiro, a dupla negação de gênero e raça". Esse processo começou na década de 1980, no dia em que, visitando o Museu Imperial de Petrópolis, residência de verão da casa real de Portugal no Brasil, deparei-me com um pequeno retrato sobre um piano. Ele não trazia qualquer referência, exceto o nome de seu autor, o francês Jean-Baptiste Debret, famoso pintor da Corte e de cenas do Brasil colonial. O quadro representava uma ama negra carregando nos braços um bebê, que tem uma das mãos apoiada em seu seio. A testa muito larga e fortemente abobadada do bebê recordou-me imediatamente o rosto adulto do imperador d. Pedro II. A cena retratada em seu conjunto me chamou a atenção por me parecer demasiadamente familiar, familiaridade que me surpreendeu e depois me levou a conceber o texto que incluo aqui e que, em 2014, a clássica coleção francesa de ensaios de bolso *Petite Bibliothèque Payot* traduziu e publicou sob o título *L'Oedipe noir. Des nourrices et des mères*. Esse texto responde a uma pergunta pessoal da autora, um desconforto pessoal que ela experimentou como mãe criando uma filha e um filho no Brasil. O texto aponta para a existência de um psiquismo inevitavelmente moldado pela duplicidade da maternidade e pelas complexidades da estrutura edipiana do indivíduo branco brasileiro.

Uma das descobertas mais importantes que a caixa de ferramentas etnográficas revela é que apenas o discurso mitológico das religiões afro-brasileiras tematiza, reconta na forma codificada do mito e promove a reflexão sobre a dupla maternidade. Por sua vez, a clínica psicanalítica brasileira, moldada pelo eurocentrismo que resulta na colonialidade do divã, não percebe, forclusa, as complexidades do Édipo colonial, com sua consequente misoginia racializada, resultante do mandato de banimento e expurgo interno que recairá, ao se deixar a infância, sobre a babá não branca. Esse expurgo deverá ser realizado extirpando e subjugando, em um mesmo gesto, o feminino e a linhagem não branca da criança. Esse expurgo violento e definitivo, nunca nomeado, terá uma reprodução perene, endopsíquica e extrapsíquica, intrapessoal e social, na vida do sujeito.

A historiografia brasileira não registra a dupla maternidade nem o papel das amas de leite ou babás em seu grande catálogo dos tipos e ofícios das mulheres brasileiras publicado sob o nome *História das mulheres no Brasil*. A antropologia brasileira, que tanto se deteve sobre as sociedades de avunculato,[22] ou dupla paternidade, etnografadas por Malinowski do outro lado do planeta, não dá notícias da dupla maternidade que habita a própria casa da antropóloga e do antropólogo. A psicanálise segue o ritmo de sua *escuta* sem registrar uma presença fundacional e fusional, não branca, na psiquê de "pacientes". E o museu, ao redigir, por fim, a ficha catalográfica do quadro que encontrei no Museu Imperial, nega que se trate do imperador do Brasil edipicamente agarrado ao seio de uma ama africana. A colonialidade emerge aqui como forclusão: na psicanálise, na historiografia, na antropologia, na museologia e na vida familiar. A colonialidade emerge aqui como perturbação e patologia.

A forclusão da babá negra invisibiliza e francamente anula o trabalho reprodutivo da negritude no Brasil, isto é, suprime a consciência do trabalho reprodutivo das pessoas negras na sociedade brasileira. Essa supressão é violenta e extirpa, em um mesmo gesto, a mãe que cria e sua negritude do campo do possível na consciência. Trata-se do próprio momento da ontogênese da raça e do gênero como biologias degradadas na atmosfera estruturada pela colonialidade. A mãe biológica e legal – legítima – é empurrada para a função da lei, uma vez que afirma seu vínculo materno por meio de um contrato. A outra relação materna e procriativa, a da intimidade, é banida e lançada na condição de ilegitimidade. Apenas a mitologia

22. O avunculato é um tipo de parentesco em que o tio materno (irmão da mãe) exerce o papel social da autoridade paterna. (N.E.)

afro-brasileira do candomblé vai subverter esse silêncio e dar politicidade ao drama doméstico das duas mães na narrativa codificada do mito. Como já afirmei, uma característica da inteligência estratégica que garantiu a sobrevivência de pessoas afro-brasileiras e afro-americanas em geral, ao longo de uma história de repressão e massacre, foi esconder o político no formato doméstico, vestir os temas da política, isto é, do poder, autoridade, influência e coesão do grupo, na roupagem da domesticidade e do parentesco.[23]

Os dois capítulos seguintes, "Os rios profundos da raça latino-americana: uma releitura da mestiçagem" e "A cor do cárcere na América Latina: notas sobre a colonialidade da justiça", centram-se na raça: ambos têm em comum a questão da dificuldade que vivenciamos, na América Latina, de "nomear" a raça e construir uma retórica antirracista a partir de nossa própria história e configuração como sociedades – nisso, representam uma continuidade em relação a textos anteriores como "A monocromia do mito" ou "Raça é signo".[24] Em "A cor do cárcere", o genocídio indígena da Conquista e o genocídio negro do tráfico de pessoas escravizadas são apresentados como parte de uma história única, na sequência dos extermínios posteriormente praticados ou promovidos pelos estados republicanos em seus massacres para a unificação dos territórios nacionais, a repressão dos governos ditatoriais da América Latina dos anos 1960 e 1970, o encarceramento em massa das pessoas não brancas de hoje, por obra de uma justiça seletiva e continuamente colonial, sua eliminação pelo método do gatilho fácil das extensas execuções extrajudiciais e a usurpação de terras indígenas e camponesas que prossegue e se expande no presente. Essa história é contínua, ininterrupta, e, quando vista da perspectiva de pessoas não brancas pobres, não contém páginas excepcionais. O genocídio é fundacional e a memória dos acontecimentos permanece reconhecível nos

23. R. Segato, *Santos y daimones. El politeísmo afro-brasileiro e a tradição arquetipal.*
24. R. Segato, *La Nación e sus Otros.*

lugares que habitamos e na forma como lemos os corpos racializados – a não brancura, aqui definida como signo de uma posição na história.

As definições de raça e racismo nesses dois textos são plenamente históricas e tributárias da concepção e formulação de Aníbal Quijano, com a centralidade que ele atribui à "invenção" da raça no evento reoriginalizador do tempo, que foi a Conquista da América. A partir dessa perspectiva, do giro decolonial instalado pela formulação de Quijano, ofereço suplementos que resultam de meu próprio trabalho como antropóloga, a partir da observação analítica e comparativa das matrizes nacionais das repúblicas latino-americanas – "matrizes de alteridade", nos meus próprios termos (em artigos que criticam o multiculturalismo no Norte e mostram a diferença das matrizes históricas latino-americanas e suas modalidades de racismo, publicados desde a década de 1990 e reunidos no livro *La Nación y sus Otros*, de 2007). Na perspectiva de Quijano, uma vez que a raça, como o mais eficiente instrumento de expropriação de valor, é inventada, cristaliza-se a nova ordem mundial que ele denomina "colonialidade do poder": o "negro", o "índio", o "branco", "Europa", "América", o capital e a modernidade "nascem no mesmo dia", sendo que "América", e uma América imediatamente racializada, é a condição que possibilita toda essa nova era e sua recém-inaugurada grade de categorias (ver minha resenha geral de sua teoria no primeiro capítulo deste volume). Busco contribuir para a formulação de Quijano com a ideia de que a partir da cristalização dessa nova grade categorial – que nos permite ler os acontecimentos históricos de sua instalação única e exclusivamente em termos cunhados após esses acontecimentos, deixando-nos sem acesso a outro paradigma de leitura –, uma nova história começa e nunca para de fluir. Em outras palavras, defendo no texto "Os rios profundos da raça latino-americana", que dentro da episteme assim fundada, a racialização e o patriarcado colonial-moderno são constitutivos dos processos de "*criollización*", modernização e expansão da égide do Estado republicano, e suas consequências se exacerbam constantemente. Em outras palavras, o racismo e a misoginia patriarcal começam e continuam sua história com o agravamento progressivo de suas consequências dentro do padrão da colonialidade.

Nesse texto, em explícita alusão ao livro *Los rios profundos*, de Arguedas, a paisagem é vista como um monumento inscrito por acontecimentos de expropriação, redução à servidão e extermínio. Também os corpos são vistos como uma paisagem, "terra que anda" nas palavras de Atahualpa Yupanqui,[25] emanações de um espaço geopolítico dominado, colonizado, que nos constitui e que pode ser lido em nossa corporalidade. É por isso que, ainda que sejamos brancas aqui, deste lado do mundo, somos pessoas não brancas quando transitamos pelo espaço do Norte: nenhuma pessoa do Sul é branca lá, porque a nossa existência está impregnada pela paisagem colonial à qual pertencemos. A centralidade da raça, dimensão determinante para a perspectiva da colonialidade, apresenta-se aqui com toda a sua força: uma raça que é signo, lido nos corpos, de uma posição na história e de pertença a uma paisagem que sofreu a invasão que chamamos de "Conquista" e a expropriação colonial, sendo a própria raça uma consequência e parte dessa paisagem.

Dois destaques finais sobre esse mesmo capítulo: abandona-se aqui a concepção de miscigenação como genocídio por esquecimento compulsório do componente não branco do sangue, isto é, das linhagens não brancas que nos constituem; e a miscigenação passa a ser entendida como uma *oportunidade*. Essa oportunidade refere-se a poder ver *no espelho* – raça, corporalidade, paisagem que nos habita – quem somos, de onde viemos, que linhagens podemos recuperar, que

25. Atahualpa Yupanqui (1908-1992) foi um compositor, cantor, violonista e escritor argentino. (N.E.)

histórias interceptadas e censuradas podemos suturar com o presente de forma a lhes proporcionar futuro. É o signo racial que habita a miscigenação o que permite desandar o caminho do sangue clandestino, viajante oculto nas veias branqueadas do *criollo* – o maior expoente nestas terras do olhar racista, misógino e homofóbico sobre o mundo. Encontramo-nos, portanto, como reza o subtítulo de "A cor do cárcere", em um continente em *desconstrução,* e *a abordagem decolonial é justamente a ferramenta dessa desconstrução.*

Nesse mesmo capítulo, a seção que chamei de "Uma palavra sobre indígenas" vincula-se a um dos corolários da *antropologia litigante* que construo no texto sobre o infanticídio indígena, uma vez que nele fica demonstrado, com um exemplo etnográfico muito interessante, que o único elemento que sustenta a existência e continuidade de um povo através de vicissitudes históricas é o projeto de sê-lo: de ser um povo. Para isso, muitas vezes se suspendem costumes imperiosos, mudam-se normas que pareciam suportes essenciais da identidade, pratica-se o que descrevi alhures como coexistência "à porta entreaberta" com a sociedade dominante, para dialogar com agentes do Estado e obter os recursos que estes, porventura, ofereçam, porém sempre mantendo grande lucidez quanto à diferença entre a interlocução externa e a interlocução para dentro da própria comunidade. Nessa situação de deliberação interna, não existe subalternidade, como também é impossível negar que os povos "falem". Aqueles e aquelas que não aceitaram aderir à deserção étnica massiva que formou as maiorias de nosso continente em busca da sobrevivência valeram-se de uma inteligência estratégica espantosa para manter seu projeto histórico de permanência ao longo de cinco séculos de massacres e imposição de extrema penúria. Tal inteligência estratégica, que devemos respeitar sempre por ter garantido a sobrevivência dos povos nas piores condições imagináveis, tanto sob a administração ultramarina quanto sob a republicana, não teria sido possível em condição de "subalternidade", sem deliberação interna e sem "fala" (vide minha resposta ao texto clássico de Gayatri Spivak[26] sobre a possibilidade de uma "fala" subalterna do "colonizado").[27]

O último texto do volume, "Brechas decoloniais para uma universidade de Nossa América", foi publicado inicialmente na *Revista Casa de las Américas*, na esteira de minha participação como jurada, em 2011, quando pela primeira vez aquela nobre instituição cubana incluiu a temática racial em seu prestigioso concurso. O texto relata as reveladoras vicissitudes pelas quais passou a luta pela inclusão racial no ensino superior no Brasil a partir da perspectiva de quem foi coautora da primeira proposta de cotas para estudantes negras e negros e de acesso para estudantes indígenas discutida em uma universidade brasileira, tema que também está presente no Capítulo 6. No ensaio, revisito esse processo que ilumina o caráter eurocêntrico da universidade – sendo o eurocentrismo uma das formas de racismo, a outra face da mesma moeda. Destaco a existência de diversas linhas ideológicas, pelo menos quatro, para uma iniciativa inclusiva: a razão socialista, de quem defende um projeto histórico igualitário; a razão reparadora, reivindicada pelos movimentos negros, que reclamam o pagamento de uma dívida histórica; a razão pluralista, de quem percebe que só a pluralidade de presenças na universidade poderá garantir, com sua contribuição e suas demandas, os conhecimentos e saberes de que necessitamos; e a razão de mercado – dos setores neoliberais que buscam a expansão do mercado por meio da diversificação do público consumidor.

Assinalo nesse contexto que a democratização racial da universidade toca no próprio cerne da reprodução das classes

26. A autora refere-se ao texto da crítica e teórica indiana Gayatri Spivak (1942-) "Pode o subalterno falar?", publicado em 1985. (N.E.)
27. R. Segato, entrevista "La lengua subalterna", ou "Con quién hablan los Otros?".

dominantes. A universidade é o corredor que é preciso atravessar para acessar as posições em que se decide o destino dos recursos da nação. Por isso mesmo, a universidade é o viveiro da elite que administra o setor público e o setor privado. Ao ameaçar democratizar a universidade em termos raciais, estamos ameaçando o próprio coração da colonialidade, como padrão que garante a reprodução da ordem eurocêntrica e seu olhar racista sobre os corpos e os saberes. Os argumentos inclusivos venceram e o relato conta como isso aconteceu. No entanto, no mesmo momento daquela vitória, foram estabelecidas tacitamente, e de forma dissimulada, três garantias que comprometiam a política. Foram três manobras sub-reptícias e imperceptíveis, clássicas da traição do Estado e seus agentes, que, uma vez mais, demonstram como as instituições de uma modernidade sempre colonial dão com uma mão o que já tiraram com a outra, ou simplesmente tiram o que acabaram de entregar. Em suma, a política foi finalmente aplicada, mas três condições operaram nos bastidores devido à ausência de qualquer medida que promovesse o contrário: que as pessoas beneficiárias fossem direcionadas para carreiras individuais sem compromissos coletivos e fossem acometidas por dois tipos de amnésia: a amnésia de origem e a amnésia sobre a complexidade da luta e dos debates que lhes abriram as portas da universidade. Dessa forma, houve inclusão, mas foi uma inclusão despolitizada, ou seja, a condição de inclusão foi a sua despolitização.

****

Como exemplo da possibilidade de uma *antropologia por demanda e litigante*, que com sua *caixa de ferramentas* realiza a *escuta etnográfica* indispensável para responder aos problemas dos povos e da vida no tempo presente, ofereço esta coletânea de ensaios decoloniais, *envoltos pela perspectiva crítica da colonialidade*.

Bibliografia

ALBÓ, Xavier. "Justicia indígena en la Bolivia plurinacional", in SANTOS, Boaventura de Souza e RODRÍGUEZ, José Luis Exeni (Eds.). *Justicia indígena, plurinacionalidad e interculturalidad en Bolivia*. La Paz: Fundación Rosa Luxemburg y Abya-Yala ediciones, 2012. p. 201–248.

GLISSANT, Édouard. *Tratado del Todo-Mundo*. Barcelona: El Cobre, 2006.

POLANYI, Karl. *La gran transformación*. México, D.F.: Fondo de Cultura Económica, [1944] 2007.

SEGATO, Rita. *Las estructuras elementales de la violencia*. Buenos Aires: Prometeo, 2003a.

______. *Uma agenda de ações afirmativas para as mulheres indígenas do Brasil*, Série Antropología, nº 326 (nova versão). Brasília: Departamento de Antropología, Universidade de Brasília, 2003b.

______. *Santos y daimones. El politeísmo afro-brasileiro e a tradição arquetipal*. Brasília: Editora da Universidade de Brasília, [1995] 2005.

______. "Antropologia e direitos humanos: alteridade e ética no movimento de expansão dos direitos universais", in *Mana*, vol. 12, nº 1, 2006, p. 207-236.

______. *La Nación y sus Otros*. Buenos Aires: Prometeo, 2007a.

______. "Raza es signo", in *La Nación y sus Otros*. Buenos Aires: Prometeo, 2007b.

______. *La escritura en el cuerpo de las mujeres asesinadas en Ciudad Juárez*. Buenos Aires: Tinta Limón, [2006] 2013a.

______. Entrevista "La lengua subalterna", ou "Con quién hablan los Otros?" dada a Verónica Gago para o ciclo organizado por Lectura Mundi na Universidad Nacional de San Martín, Argentina, 2013b. Disponível em: <http://www. youtube.com/watch?v=SdYN0yx5Q2Y>. Acesso em 10 jul. 2021.

______. *Las nuevas formas de la guerra y el cuerpo de las mujeres*. Puebla: Pez en el Árbol, 2014a.

______. *Peritaje antropológico de género para el Ministerio Público de Guatemala sobre la causa del Caso Sepur Zarco, municipio de El Estor, departamento de Izabal*. Ciudad de Guatemala: Mujeres Transformando el Mundo (inédito a la espera de que se constituya el Tribunal de Máximo Riesgo que juzgará la denuncia de explotación sexual y doméstica de un grupo de mujeres maya q'eqchi'es por personal del ejército guatemalteco), 2014b.

Aníbal Quijano e a perspectiva da colonialidade do poder

No século das disciplinas da sociedade, foram somente quatro as teorias originadas no solo latino-americano que cruzaram, no sentido contrário, a Grande Fronteira, isto é, a fronteira que divide o mundo entre o Norte e o Sul geopolíticos, e alcançaram impacto e permanência no pensamento mundial. Em outras palavras, são, escassamente, quatro os vocabulários capazes de reconfigurar a história diante de nossos olhos, que lograram a proeza de atravessar o bloqueio e a reserva de mercado de influência de autoras e autores do Norte, eufemisticamente apresentada hoje sob o respeitável tecnicismo "avaliação de pares". Essas teorias, por sua capacidade de iluminar recantos que não podem ser alcançados senão por um olhar localizado – ainda que lançado sobre o mundo –, por sua novidade e eficácia na reviravolta interpretativa que instalam em seus respectivos campos têm, ademais, realizado essa façanha sem acatar as tecnologias do texto de tradição anglo-saxônica ou francesa, que dominam o mercado mundial de ideias sobre a sociedade a partir da segunda metade do século XX, e sem submissão à política de citação dominante, à lógica da produtividade em termos editoriais, ao *networking* que condiciona o acesso aos periódicos de mais ampla circulação, ou à impostura da neutralidade científica. São elas: a teologia da libertação, a pedagogia do oprimido, a teoria da marginalidade que fratura a teoria da dependência e, mais recentemente, a perspectiva da colonialidade do poder.

Aqui vou me referir à última dessas quatro orientações teóricas. Sua formulação pelo sociólogo peruano Aníbal Quijano representa uma ruptura nas ciências sociais, que deve ser entendida no contexto e em coetaneidade com a mudança de época que a queda do Muro de Berlim e o fim da Guerra Fria impuseram à história política do século XX. A enunciação dessa perspectiva radicaliza elementos embrionários e difusamente presentes nos escritos anteriores de seu formulador, para definir uma reviravolta palpável em sua história intelectual que, ao mesmo tempo, introduz um giro na história do pensamento crítico latino-americano e mundial. Essa reorientação manifesta, possível apenas quando se desmantela o paradigma dos anos 1970 e seu contexto de antagonismo enclausurado na polaridade capitalismo-comunismo, constitui hoje uma inspiração cada vez mais evidente para a construção das linguagens críticas e das metas políticas que orientam as diversas frentes de luta da sociedade, muito especialmente os movimentos indígena e ambientalista. Abordo aqui a formulação da perspectiva crítica da colonialidade do poder desenvolvida por Aníbal Quijano como um momento de ruptura de grande impacto no pensamento crítico nos campos da História, Filosofia e Ciências Sociais na América Latina, por um lado, e de nova inspiração para a reorientação dos movimentos sociais e da luta política, por outro. Partindo de uma exposição das propostas centrais do autor que inaugura essa corrente de pensamento, examinarei sua influência na obra de algumas e alguns de seus expoentes mais significativos e nos enunciados e demandas da insurgência continental contemporânea.

É importante, no entanto, advertir que, apesar de ser concebida a partir de um olhar localizado na paisagem latino-americana, e embora reconfigure o discurso da história das relações da América na estrutura de poder mundial, essa perspectiva teórica não se refere somente à América Latina, mas ao conjunto do poder globalmente hegemônico. Em outras palavras, ela imprime um novo rumo à leitura da história mundial e impõe, de tal forma, uma torção em nosso olhar, que é possível falar de um giro copernicano, ou seja, de uma franca mudança de paradigma que cancela a possibilidade de se retornar a um momento anterior ao de sua compreensão e assimilação. O impacto crescente da teoria da colonialidade deriva do fato de haver um antes e um depois de sua concepção e da remodelação do mundo que ela introduz, o que faz com que nutra, hoje, o pensamento de influentes intérpretes críticos da realidade contemporânea, como Immanuel Wallerstein, Enrique Dussel, Antonio Negri, Boaventura de Sousa Santos, entre outros. Dentro do universo acadêmico, Walter Mignolo tem sido seu grande leitor e influente divulgador. E é tão alta a capacidade de impregnação da perspectiva crítica da colonialidade do poder nos olhares do presente que, não raro, autoras e autores se esquecem de dar o devido crédito a quem instalou um discurso teórico tão potente. Reconhecer a autoria não é afirmar a propriedade sobre um discurso, como às vezes se pensou, mas atribuir a devida importância à complexidade da cena histórica que um sujeito autor captura e condensa de forma singular em sua personalidade e em sua obra. Autoras e autores são antenas de seu tempo; o reconhecimento da autoria é o respeito pela história em que se gesta um pensamento e uma posição no mundo.

Da mesma forma, a teoria sofreu expropriações que corrompem sua formulação original, sobretudo em dois aspectos, em relação aos quais seu autor já protestou publicamente em diversas ocasiões: ao classificá-la dentro dos estudos pós-coloniais, plasmados no mundo asiático e adotados, mais tarde, por autoras e autores africanos, que escrevem e publicam principalmente nas duas línguas hegemônicas, o inglês e o francês; e ao utilizar seu vocabulário como moeda de capital acadêmico por um grupo de iniciados que se beneficiam de seus créditos para construir carreiras e prestígio intelectual. Ao primeiro grupo, o autor responde que não sabe o que poderia significar "pós-colonialidade", uma vez que o padrão da colonialidade, conforme seu modelo, nunca foi desconstituído. Ao segundo grupo, responde com uma prática de ativismo constante e uma resistência em transformar os resultados da sua reflexão em outra coisa que não seja presença e influência no movimento da sociedade.

A figura criativa de Aníbal Quijano nunca aceitou migrar para o Norte – "Donde van a morir los elefantes", nas palavras do grande romancista chileno José Donoso – e permaneceu obstinadamente no Peru, exceto por breves períodos de exílio ou por algumas semanas no ano para desempenhar a função de docente no Fernand Braudel Center, da The State University of New York, em Binghamton, fundado por seu grande amigo Immanuel Wallerstein. Pensamento cultivado na conversa, vivido como tertúlia, enraizado em um estilo de vida próprio de nossas latitudes sulinas, distante dos modelos de construção do texto sociológico e das políticas de citação e publicação regidas pelas pautas do trabalho acadêmico e editorial do Norte. Ainda assim, sem fazer concessões, o autor viu seus textos reproduzidos, traduzidos em várias línguas e divulgados vertiginosamente em centenas de páginas da internet nos últimos vinte anos. O texto de Quijano, simultaneamente narrativa e análise, flui numa prosa que em momento algum abdica de grande estilo e elegância – argumento e conto da história entrelaçados; retórica historiográfica e literatura.

A queda do Muro de Berlim e a enunciação da perspectiva da colonialidade do poder

O câmbio de paradigma introduzido pela formulação da perspectiva da colonialidade, como antecipei, coincide no tempo com a libertação da clausura do pensamento sociológico dos anos 1970 sob os dilemas e lealdades impostos pela polaridade capitalismo-comunismo. De fato, entre o final dos anos 1970 e o final da década de 1980, salvo algumas republicações de textos anteriores, fez-se um hiato na produção do autor. Esse hiato corresponde ao lapso entre o momento em que ele encerra sua análise sobre o campesinato latino-americano, afirmando que o "polo marginal" e a "mão de obra marginal" se caracterizarão por uma exclusão definitiva a partir da crise do capital de 1973, e suas duas primeiras enunciações do termo colonialidade do poder, em 1988[1] e 1991.[2] Esse silêncio só é interrompido em 1985[3] e 1986[4] para tratar da questão da transição das Ciências Sociais, questão que retoma com mais amplitude em 1989[5] e 1990.[6] Esses quatro textos sobre o difícil trânsito das Ciências Sociais no período de câmbio da política mundial são importantes para entender o giro de Quijano para outra Sociologia e outra narrativa da história. Eles prenunciam a formulação definitiva da colonialidade, que, em seu pontapé inicial e versão mais radical, se dará, curiosamente, mas não surpreendentemente, em uma entrevista de difícil acesso hoje, cujo título enuncia o cerne de sua proposta: "La modernidad, el capital y América Latina nacen el mismo día".[7]

No primeiro desses textos transicionais – transição de seu próprio pensamento e transição do saber disciplinar sobre a sociedade –, com o sugestivo título braudeliano de "Las ideas son cárceles de larga duración", complementado pela frase final do próprio artigo "Mas não é indispensável que permaneçamos o tempo todo nessas prisões", Quijano fala a

1. A. Quijano, *Modernidad, identidad y utopía en América Latina.*
2. A. Quijano, "Colonialidad y modernidad/racionalidad".
3. A. Quijano, "Las ideas son cárceles de larga duración, pero no es indispensable que permanezcamos todo el tiempo en esas cárceles".
4. A. Quijano, "La tensión del pensamiento latinoamericano".
5. A. Quijano, "La nueva heterogeneidad estructural de América Latina".
6. A. Quijano, "Notas sobre los problemas de la investigación social en América Latina".
7. A. Quijano, "La modernidad, el capital y América Latina nacen el mismo día", entrevista dada a Nora Velarde.

uma Assembleia do Conselho Latino-Americano de Ciências Sociais (Clacso) obrigada a lidar com a perplexidade das Ciências Sociais face à deterioração das categorias marxistas e que tem diante de si a tarefa de pensar sociedades agora livres das ditaduras que haviam assolado o continente. No ano seguinte ele retoma sua pura linhagem mariateguiana para atender à convocatória de uma reunião em Porto Rico que o convida a responder "Marx. Para quê?".[8] Finalmente, reelabora e amplia o que foi exposto nos referidos encontros em dois extensos artigos escritos para revisar os rumos da disciplina.[9] O que Quijano neles introduz é a diferença latino-americana e insiste que, a partir dessa especificidade da experiência continental – que não equivale à excepcionalidade, como se pretendeu dizer para o caso brasileiro, por se tratar de uma especificidade de impacto global –, é necessário introduzir outra e nova leitura da história que reposicione o continente no contexto mundial e, por sua vez, entenda e represente esse contexto de uma nova maneira.

A heterogeneidade da realidade latino-americana – econômica, social e civilizatória –, em permanente e insolúvel suspensão, simplesmente não pode ser apreendida a partir das categorias marxistas. Como tampouco as categorias liberais modernas e republicanas nas quais se assenta a construção dos estados nacionais podem desenhar uma democracia tão abrangente de forma a permitir que nela se expressem os interesses e projetos da multiplicidade de modos de existência presentes no continente. E apesar de esses problemas se situarem a partir da experiência latino-americana, introduzem um desafio e um apelo por um câmbio de perspectiva do pensamento mundial. Por isso, é necessário enfatizar que, ainda que o modelo de Quijano tenha uma origem regional, não se trata de uma teoria para e sobre a região, e sim de uma teoria

8. A. Quijano, "La tensión del pensamiento latinoamericano".
9. A. Quijano, "La nueva heterogeneidad estructural de América Latina"; "Notas sobre los problemas de la investigación social en América Latina".

para o sistema-mundo, como ficará evidente um pouco mais tarde em seu célebre ensaio de 1992, escrito em coautoria com Immanuel Wallerstein. Ali, Wallerstein acolhe a torção introduzida pela proposta de Quijano a seu modelo, ao considerar a colonialidade e a invenção da raça como precondições indispensáveis para a compreensão da ordem mundial moderna. Essa, como defenderei mais abaixo, é uma das diferenças mais notáveis entre a perspectiva da colonialidade e a dos estudos pós-coloniais.

Já nos textos de transição daquele período aparece com grande força a crítica ao "eurocentrismo". Menciona-se, por exemplo, que é necessário resgatar o marxismo da longa prisão "eurocêntrica".[10] Quijano, assumindo o legado de Mariátegui, insiste numa heterogeneidade que deve permanecer, uma heterogeneidade positiva, como um modo de existência plural para o qual as explicações monocausais sistêmicas não servem e, como tal, tampouco pode ser referido a estruturas e lógicas históricas únicas de alcance e desfecho universais. Em Mariátegui, como na América Latina, tempos distintos convivem simultaneamente, Mitos e Logos coexistem e não constituem termos excludentes, naquele sentido canônico de raiz evolucionista pelo qual um terá necessariamente de devorar o outro para que sua tensão seja resolvida.[11] Da mesma forma, proletariado e burguesia não são categorias suficientes para acomodar toda a complexidade e multiplicidade de tantos modos de existência como são a classe operária e seus sindicatos; as relações próprias da ordem feudal ibérica entre proprietários e campesinato; o "polo marginal" que nunca mais será incluído e se estabilizará como tal, com seus modos próprios de reciprocidade, solidariedade e comércio; comunidades indígenas e camponesas; os territórios negros; as associações e mutualidades de vários tipos, entre outros. Trata-se "da articulação estruturada de diversas lógicas históricas em torno de uma

10. A. Quijano, "La tensión del pensamiento latinoamericano", p. 170.
11. Ibid.

lógica dominante, a do capital", e, portanto, essa totalidade é "aberta", e suas contradições derivam de "todas as lógicas históricas articuladas em uma heterogeneidade histórico-estrutural".[12] E esse é o seu primeiro passo rumo ao postulado de uma colonialidade do poder, necessária para que seja possível entender por que, como e para que categorias engendradas no Norte se aplicam como uma verdadeira cama de Procusto para captar uma realidade para a qual não foram concebidas. A opressão das categorias nada mais é do que a consequência da colonialidade no campo do saber e da subjetividade.

Quijano reconhecerá também o legado de José María Arguedas, a quem atribui a mais "vasta e complexa" narrativa dessa heterogeneidade em sua monumental penúltima obra *Todas las sangres*, de 1964. Essa heterogeneidade irredutível representa, para Quijano, o que ele propõe denominar "nó arguediano", isto é, um entrelaçamento das múltiplas histórias e projetos que terão de combinar-se e articular-se na produção de um novo tempo.[13,14] Ao contemplar essa pluralidade, constatamos como o ideal comunista, as propostas de comunidade solidária e outros postulados modernos que hoje costumam ser descartados ao serem taxados de "utópicos" foram e são, na América Latina, realidades materializadas no dia a dia dos povos indígenas, quilombolas e outros tipos de comunidades tradicionais.[15] Suas "metas de felicidade", hoje chamadas de "bem viver" a partir de categorias andinas,[16] colocam as relações humanas e o meio natural no centro da vida; não pautam sua existência por cálculo de custo-benefício, produtividade, competitividade, capacidade de acumulação e consequente concentração; e produzem, assim, modos de vida disfuncionais

12. A. Quijano, "Notas sobre los problemas de la investigación social en América Latina", p. 23.
13. A. Quijano, "El nudo arguediano", *Centenario de José María Arguedas*.
14. Ver também a ideia desse "nó" em A. Quijano, "Estética de la utopía" e "Don Quijote y los molinos de viento en América Latina".
15. R. Segato, "Introducción", in *La Nación y sus Otros: raza, etnicidad y diversidad religiosa en tiempos de políticas de la identidad*.
16. R. Segato, "O bem viver e as formas de felicidade".

ao mercado global e projetos históricos que, sem se basear em modelos e mandatos vanguardistas, são dramaticamente divergentes do projeto do capital.

Trata-se de formas de existência material vigentes em retalhos, ou mesmo fragmentos pulsantes, do tecido social latino-americano. Existência regida pelo valor-comunidade em seu centro, defendida por uma vital densidade simbólica de crenças e práticas espirituais e por formas de mercado locais e regionais, mesmo sob a ofensiva cerrada da globalização. Esses mercados locais podem, às vezes, articular-se com mercados distantes e alcançar, como no caso andino, uma riqueza considerável, mas não com o fim último da capitalização, e sim tendo como meta a vida e a festa como expressão da vida. Nesses enclaves, não é incomum que a permuta baseada no valor de uso se sobreponha ao valor de troca referido a um equivalente universal, e são constatáveis práticas como, por exemplo, a prevenção e o controle comunitário sobre a concentração ilimitada de bens por parte de seus membros, a concepção de autoridade como capacidade de serviço e não como oportunidade para o gozo de privilégios especiais, ou a noção de que o veredicto em um julgamento tem como meta a recomposição das relações comunitárias e não o castigo.[17] É a partir dessa materialidade da diferença que se realizará a marcha para o futuro, na dinâmica do que Quijano prefere não chamar de "movimentos sociais", mas de "o movimento da sociedade".

Nos meus próprios termos, como tenho defendido, em sua ideia de heterogeneidade continental instável e irredutível esboça-se a diferença entre a dualidade e o binarismo, sendo a primeira uma das formas do múltiplo, que foi capturada e fatalmente transformada em binarismo com a entrada da frente colonial do ultramar e, posteriormente, da frente

17. R. Segato, "Introducción", in *La Nación y sus Otros: raza, etnicidad y diversidad religiosa en tiempos de políticas de la identidad.*

colonial-estatal. É necessário perceber em que medida a própria estrutura da dialética é binária, e não dual.[18] Por outro lado, a ideia de heterogeneidade em Quijano não deve ser confundida com a tese do "dualismo" latino-americano, que afirma a existência de uma América Latina capitalista e outra feudal. Nessa tese, presume-se uma hierarquia entre ambas e uma inescapável dominação e evolução necessária de uma para a outra. Ideias de evolução, modernização e desenvolvimento impregnam inexoravelmente a tese dualista, e, nas poucas oportunidades em que isso não ocorre – como na obra do antropólogo brasileiro Roberto da Matta, de inspiração "gilbertofreyriana" –, encontramo-nos diante de uma franca e nostálgica defesa da ordem feudal.

A ênfase da minha leitura está colocada nessa ruptura de épocas e de discursos sociológicos, porque acredito que é somente nesse contexto de mudança de paradigmas que a linhagem mariateguiana de Quijano pode florescer, chegar a seu destino e encontrar um lugar ao sol, sendo essa linhagem aquilo que o orienta a distanciar-se do marxismo europeu e lhe garante uma aproximação com a realidade do continente livre da influência eurocêntrica. Isso só é possível nesse novo tempo, e são muitos os textos que demonstram a fidelidade de Quijano ao legado de Mariátegui, a quem prefaciou em sua edição latino-americana, dentro da galeria dos grandes ideólogos do continente, publicada pela nação venezuelana desde 1974 nos já 247 volumes da Biblioteca Mariscal Ayacucho.[19] Em Mariátegui, Quijano encontrou o "fator raça" como um indispensável construto para compreender a subordinação de nosso mundo e a figura indígena, apresentada não nos moldes culturalistas habituais, mas na posição de guia para a compreensão da história nacional e, em especial, da história da apropriação

18. R. Segato, "Género y colonialidad: en busca de claves de lectura y de un vocabulario estratégico descolonial".
19. A. Quijano, "Prólogo", in Mariátegui, J. C.: *7 ensayos de interpretación de la realidad peruana*.

da terra, que é a própria história da colonização.[20] Fiel a esse legado, o argumento que Quijano inaugura escapa do culturalismo e, mesmo quando trata da subjetividade resultante do padrão da colonialidade, nunca aceita separar essa subjetividade das condições materiais de existência. Seu exame é sempre situado em uma história densa da heterogeneidade histórico-estrutural da existência social – denominação que o autor prefere à divisão imposta pelo pensamento liberal entre os campos social, econômico, político e civilizatório –, sem descartar nenhuma das dimensões, sem abdicar de nenhuma faceta. É por isso que essa análise abre um debate que é, como insiste o autor, ao mesmo tempo indissociavelmente epistêmico/teórico/ético/estético/político, e assim o demonstram os eixos ou proposições fundamentais que constituem a arquitetura de seu ideário, sinteticamente apresentados a seguir, em conjunto com os aportes de algumas autoras e autores que contribuíram para o desenvolvimento de sua elaboração.

Eixos argumentativos da perspectiva da colonialidade do poder

O *corpus* de publicações no qual se desenvolve essa perspectiva combina e recombina as proposições que a constituem na forma de módulos em um "jogo de montar". Sua exposição, em uma multiplicidade de textos dispersos, nunca antes reunidos pelo autor, é um intrincado entrelaçamento de um conjunto de formulações que constituem a linguagem na qual o argumento se expressa. Seus eixos argumentativos são os seguintes: 1. Reordenamento da história; 2. "Sistema-mundo colonial-moderno"; 3. Heterogeneidade histórico-estrutural da existência social; 4. Eurocentrismo, identidade e reoriginalização; 5. Colonialidade do saber; 6. Colonialidade e subjetividade; 7. Racismo; 8. Raça; 9. Colonialidade e patriarcado;

20. A. Quijano, "'Raza', 'Etnia' y 'Nación' en Mariátegui: cuestiones abiertas".

10. Ambivalência da modernidade: racionalidade tecnocrático-instrumental e racionalidade histórica; 11. Poder, Estado e burocracia no liberalismo e no materialismo histórico; razão de Estado e falência democrática na América Latina; 12. Decolonialidade ou giro decolonial; 13. "O índio", o movimento indígena e o movimento da sociedade – "o retorno do futuro"; 14. A economia popular e o movimento da sociedade. Observe-se que a seleção das citações do autor para descrever o conteúdo desses eixos escolhe algumas passagens entre muitas outras possíveis, encontradas em sua bibliografia de referência. Naturalmente, o esquema compacto aqui elaborado não faz jus, de forma alguma, à riqueza, tanto em termos de complexidade e de densidade das ideias, quanto da estética da prosa dos textos utilizados como fontes.

1. Reordenamento da história

Essa corrente de pensamento, que se aglutina e se constela em torno da categoria "colonialidade do poder", formulada por Aníbal Quijano, parte de uma proposição que se encontra difusamente presente em toda a sua obra a partir desse momento e que inverte a ordem de precedência de um imaginário histórico solidificado: a ideia, sinteticamente enunciada, de que a América inventa a Europa, não somente nos conhecidos sentidos de que os metais extraídos da América foram "a base da acumulação originária do capital", ou de que "a conquista da América fora o primeiro momento de formação do mercado mundial".[21] A América, o "Novo Mundo", surge como o espaço do novo, a novidade americana desloca a tradição na Europa e funda o espírito da modernidade como orientação para o futuro. A Idade do Ouro migra, com a emergência da "América", do passado para o futuro. Assim, nos séculos XVIII e XIX, o mundo americano participa na gestação de

21. A. Quijano, *Modernidad, identidad y utopía en América Latina*, p. 11.

ideários políticos, filosóficos e científicos.[22] É importante também perceber que, antes da chegada das embarcações ibéricas a estas costas, não havia Europa, tampouco Espanha ou Portugal, muito menos América, nem "o índio", nem "o negro", nem "o branco", categorias étnicas que unificaram civilizações internamente muito diversas, com povos que dominavam alta tecnologia e ciência e povos de tecnologia rudimentar. Da mesma forma, no momento em que se inicia o processo de conquista e colonização, a modernidade e o capitalismo também davam seus primeiros passos. Portanto, é possível afirmar que a emergência da América, sua fundação como continente e categoria, reconfigura o mundo e dá origem, com esse impacto, ao único vocabulário com que hoje contamos para narrar essa história. Toda narrativa desse processo necessita de um léxico posterior a seus acontecimentos, dando lugar, por isso mesmo, a uma nova época, com um repertório novo de categorias e uma nova grade para apreender o mundo.[23] E aqui reside a grande diferença, sempre apontada por Quijano, entre a sua perspectiva e a dos Estudos Pós-Coloniais asiáticos e africanos, pois a emergência da América como realidade material e como categoria não é periférica, mas central, e em torno dela gravita todo o sistema que ali se origina. A América é o Novo Mundo no sentido estrito de que ela refunda o mundo, o "reorigina". A América e sua história não são, como nas análises pós-coloniais, o ponto de apoio excêntrico para a construção de um centro, mas a própria fonte da qual emana o mundo e as categorias que permitem pensá-lo modernamente. A América é a epifania de uma nova hora e, por isso, Quijano não admite subalternidade para esse nosso novo mundo, mas sim um protagonismo que, apesar das múltiplas censuras que lhe foram impostas a sangue e fogo, ressurge hoje, se "reoriginaliza" – para usar uma categoria cara ao autor – e, libertando-se de suas clausuras à direita e à esquerda, acolhe "o retorno do

22. Ibid., p. 12-13.
23. A. Quijano e I. Wallerstein. "La americanidad como concepto, o América en el moderno sistema mundial", p. 585-587.

futuro", pondo em marcha seus caminhos ancestrais e seus projetos históricos próprios, comunais e cosmocêntricos.

2. "Sistema-mundo colonial-moderno"

A categoria "sistema-mundo moderno", postulada por Immanuel Wallerstein, vê-se, assim, reconstituída. Quijano e Wallerstein afirmam, ao abrirem seu ensaio escrito por ocasião dos quinhentos anos da América, que "O sistema mundial moderno nasceu ao longo do século XVI. A América – como entidade geossocial – nasceu ao longo do século XVI. A criação dessa entidade geossocial, a América, foi o ato constitutivo do sistema mundial moderno. A América não se incorporou a uma economia-mundo capitalista já existente. Uma economia-mundo capitalista não teria ocorrido sem a América".[24] A novidade americana significou colonialidade, como distância em um *ranking* de estados e fronteiras administrativas definidas pela autoridade colonial; etnicidade, com a criação de categorias étnicas até então inexistentes que acabaram se convertendo na matriz cultural de todo o sistema mundial ("índio", "negro", "branco", conforme o eixo anterior); racismo, como invenção colonial para organizar a exploração no sistema-mundo moderno; e "o próprio conceito de novidade".[25] Por outro lado, as independências não desfizeram a colonialidade, que permaneceu e se reproduziu como padrão para as formas de exploração do trabalho, configuração das hierarquias sociais, administração política por parte dos agora estados republicanos nacionais, e para a subjetividade. Por isso, esses autores afirmam de forma convincente: "A americanidade foi a edificação de um gigantesco escudo ideológico para o sistema mundial moderno. Estabeleceu uma série de instituições e maneiras de ver o mundo que sustentavam o sistema e inventou tudo isso a partir do caldeirão americano."

24. Ibid., p. 584.
25. Ibid., p. 586-587.

Portanto, a precondição do sistema-mundo moderno é a colonialidade e, daí, a expressão modificada para denominar essa ordem mundial: "sistema-mundo colonial-moderno" ou, simplesmente, "colonial-modernidade".

3. Heterogeneidade histórico-estrutural da existência social

A heterogeneidade histórico-estrutural da existência social implica, indissociável e simultaneamente, as dimensões econômica, social e civilizatória. Aqui, suas raízes mariateguianas oferecem-lhe a referência e o sustento, ao recuperar "a crucial subversão teórica que implicava que, no próprio momento de tentar empregar a perspectiva e as categorias da sequência evolutiva unilinear e unidireccional dos 'modos de produção', eixo do 'materialismo histórico', para interpretar a realidade peruana, Mariátegui chegará à conclusão de que no Peru de sua época tais 'modos de produção' atuavam estruturalmente associados, conformando, assim, uma configuração de poder complexa e específica, em um mesmo momento e em um mesmo espaço histórico".[26] Em coerência com esse legado, para Quijano, "A ideia de que o capital é um sistema de homogeneização absoluta é nula",[27] pois o capital hegemoniza e apropria-se de formas heterogêneas de trabalho e exploração. Ao lado do salário, as relações de trabalho servis e escravas não desapareceram e hoje se expandem, em consequência da exclusão estrutural e de uma marginalidade permanente em relação ao mercado de trabalho. Ao mesmo tempo, formas produtivas baseadas na solidariedade comunitária e na reciprocidade não só persistiram, como nas comunidades indígenas, camponesas, quilombolas e tradicionais, mas também se reinventaram na margem não incluída, nas formas de

26. A. Quijano, *Treinta años después: otro reencuentro*, p. 8.
27. A. Quijano, "La modernidad, el capital y América Latina nacen el mismo día", entrevista dada a Nora Velarde, p. 53.

economia popular e solidária.[28] A América Latina é heterogênea não só porque nela coexistem temporalidades, histórias e cosmologias diversas, como já foi dito, mas também porque abriga uma variedade de relações de produção: "a escravidão, a servidão, a pequena produção mercantil, a reciprocidade e o salário [...] todas e cada uma articuladas com o capital." Configurou-se, assim, "um novo padrão global de controle do trabalho" e, por sua vez, um novo "padrão de poder". E isso ocorreu sem que se perdessem "suas respectivas características e sem prejuízo das descontinuidades de suas relações com a ordem conjunta e consigo mesmas".[29] E – conclui Quijano – "Desse modo, estabelecia-se uma nova, original e singular estrutura de relações de produção na experiência histórica do mundo: o capitalismo mundial".[30] Logo, nessa perspectiva, somente a partir da instalação desse cenário produtivo heterogêneo de espoliações diversas denominado "América" é que o capitalismo se torna possível, sendo, portanto, como dissemos, a América a precondição para o caminho do capital.

4. Eurocentrismo, identidade e reoriginalização

O eurocentramento é entendido, no contexto da perspectiva da colonialidade do poder, como um modo distorcido e que distorce a produção de sentido, a explicação e o conhecimento. No meticuloso compêndio do ideário que Quijano elaborou para a antologia editada por Edgardo Lander, *A colonialidade do saber: eurocentrismo e Ciências Sociais*,[31] ele se pergunta de que forma ocorre e por qual caminho se estabelece o eurocentramento da ordem mundial. Sua resposta é o próprio núcleo em torno do qual gravita todo o seu modelo explicativo. Como ele mesmo explica, a razão do controle eurocêntrico do

28. A. Quijano, *La economía popular y sus caminos en América Latina*.
29. A. Quijano, "Colonialidade do poder, eurocentrismo e América Latina", p. 227.
30. Ibid., p. 228.
31. E. Lander (org.), *A colonialidade do saber: eurocentrismo e ciências sociais. Perspectivas latino-americanas*.

sistema não reside na própria estrutura do capital, mas tem sua raiz na forma de exploração do trabalho:

> O fato é que já desde o começo da América, os futuros europeus associaram o trabalho não pago ou não assalariado com as raças dominadas, porque eram raças inferiores. [...] A inferioridade racial dos colonizados implicava que não eram dignos do pagamento de salário. [...] E o menor salário das raças inferiores pelo mesmo trabalho dos brancos, nos atuais centros capitalistas, não poderia ser, tampouco, explicado sem recorrer-se à classificação social racista da população do mundo. [...] tal articulação foi constitutivamente colonial, pois se baseou, primeiro, na adscrição de todas as formas de trabalho não remunerado às raças colonizadas.[32]

Podemos então afirmar que o pivô do sistema se encontrava na racialização, na invenção da raça e na hierarquia colonial que se estabeleceu e permitiu aos "brancos" – depois chamados de "europeus" – o controle do trabalho. Para Quijano, é aí que se origina o eurocentrismo, que logo passa a reproduzir o sistema de exploração e o critério de distribuição de valor a sujeitos e produtos. A partir disso, tal hierarquia afeta os mais diversos âmbitos da experiência, organizando sempre de forma desigual pares como "pré-capital-capital, não europeu-europeu, primitivo-civilizado, tradicional-moderno etc.",[33] bem como "Oriente-Ocidente, primitivo-civilizado, mágico/mítico-científico, irracional-racional, tradicional-moderno".[34] O referente de valor para essa hierarquia será sempre eurocentrado, resultante de um imaginário originado e sempre subliminarmente referido à racialização da mão de obra e à redução das populações não brancas ao trabalho servil ou escravo, que só se torna possível pela imposição de uma ordem colonial. É também por isso que, mais uma vez, o padrão colonial

32. A. Quijano, "Colonialidade do poder, eurocentrismo e América Latina", p. 230.
33. Ibid., p. 237.
34. Ibid., p. 232.

é o que funda e organiza, até hoje, o caminho do capital, e constitui seu ambiente originário e permanente. O ideário hegemônico e eurocêntrico do "moderno" como paradigma, a "modernização" vista como um valor, o "evoluído" e o "desenvolvido" sua instalação no senso comum e nas metas da ciência e da economia são também resultados dessa hierarquia fundacional, baseada e construída sobre o cimento da raça e da racialização orientada para a exploração do trabalho. Quijano dedica grande parte de seu texto mais importante sobre o eurocentrismo à crítica dos "dualismos" – "binarismos" em minha terminologia, como explicarei mais abaixo, ao referir-me à crítica decolonial do patriarcado, apontando para uma diferença importante entre a estrutura dual e a binária – emanados do evolucionismo eurocêntrico, isto é, a organização hierárquica de pares derivados da relação "civilizado-primitivo".[35] Valores sempre referidos à superioridade ultramarina e pautados com referência a ela, como desenvolvimento; progresso; produtividade; competitividade; neutralidade; relação desigual, desenraizada e distanciada de um sujeito que observa e administra um "objeto" – natureza reduzida a coisa e epistemologicamente objetivada; antropocentrismo em vez de cosmocentrismo são, entre outras, formas de um racismo epistêmico que não é nem mais nem menos que a faceta relacional de um mundo eurocêntrico. Eurocentrismo e racismo epistêmico são apenas dois nomes para o mesmo gesto colonial.

O contraponto necessário do eurocentrismo é a possibilidade de constituição de uma identidade continental livre de seu fardo. Em um par de ensaios antigos, "Lo cholo y el conflicto cultural en el Perú" e "Dominación y cultura", de 1964 e 1969, respectivamente,[36] mais tarde revisitados,[37] Aníbal

35. A. Quijano, "Colonialidade do poder, eurocentrismo e América Latina"; "La crisis del horizonte de sentido colonial / moderno / eurocentrado".
36. A. Quijano, "Lo cholo y el conflicto cultural en el Perú", in *Dominación y cultura*; "Dominación y cultura", in *Dominación y cultura*.
37. A. Quijano, "Colonialidad del poder y subjetividad en América Latina"; "Colonialidad del poder, cultura y conocimiento en América Latina".

Quijano busca na miscigenação uma alternativa para o projeto eurocêntrico da colonialidade e o branqueamento físico e epistêmico. Em outras palavras, vê a miscigenação em oposição à identidade *criolla*[38] – uma miscigenação de baixo, em oposição a uma miscigenação de cima.[39] Assim, no Peru, "o cholo", uma subjetividade nova e mestiça, uma "identidade social, cultural e política nova", resultante da dissolução e homogeneização impostas à identidade indígena pela "longa história de relações entre colonialidade e resistência",[40] significou, nas primeiras publicações desse autor, a possibilidade de "reoriginalização" de uma subjetividade própria, peruana. Por ser formada por confluências, poder-se-ia posicionar em oposição ao "*criollo*-oligárquico" do litoral e ao "gamonal-andino", com grande "potencial de autonomia e originalidade cultural".[41] Longe das teses *gilbertofreyrianas* no Brasil, que afirmavam a positividade da captura – sequestro, estupro, apropriação, devoramento – do elemento africano e indígena pela ganância e luxúria portuguesas, Quijano falava da emergência de um sujeito unificador da nação a partir da pessoa indígena, um sujeito adaptado à modernidade, mas andinocêntrico. Ao elaborar a esperança representada por esse novo sujeito, não branco e não eurocêntrico, o "cholo", Quijano distancia-se significativamente da glorificação da miscigenação como branqueamento e do projeto culturalista que atribui à miscigenação – antropofagia, caldeirão, tripé das três raças, no Brasil de forma paradigmática – a capacidade de resgatar a sociedade republicana de sua não brancura e do subdesenvolvimento associado, bem como a seus produtos do primitivismo próprio da condição não branca. Ao contrário da utopia mestiça brasileira, de Gilberto Freyre ao antropofagismo modernista ou à "geleia geral" do tropicalismo, o projeto de

38. O termo *criollo*, utilizado na América de colonização espanhola, designa as e os nascidos no Novo Mundo, descendentes de espanhóis. (N.T.)
39. Retomo esse tema em R. Segato, "Os rios profundos da raça latino-americana: uma releitura da mestiçagem", neste volume.
40. A. Quijano, "¡Qué tal raza!", p. 128.
41. A. Quijano, "Colonialidad del poder y clasificación social", p. 128.

reoriginalização e resgate que Quijano atribui ao "cholo" na sociedade peruana não era meramente cultural, nem sua função puramente simbólica. Sua concepção inicial foi a de atribuir a esse novo sujeito histórico, pelas complexidades e dialética interna que seu caráter mestiço incorporava, um caráter materialmente subversivo e reoriginalizador de seus componentes internos – indígenas, brancos – capaz de conduzir à "descolonização das relações materiais ou intersubjetivas de poder"; em outras palavras, à "democratização da sociedade".[42] Quijano aceitará, mais tarde, que essa possibilidade de um projeto histórico próprio encarnado pelo sujeito cholo se vê capturada e desviada pelo autoritarismo tecnocrático e modernizador do "velasquismo", que estimulou o pragmatismo, o arrivismo, a imitação e o corporativismo.[43]

5. Colonialidade do saber

A partir dessa organização eurocêntrica da produção e da subjetividade, por um lado, os próprios saberes passam a reger-se por essa escala de prestígio, e, por outro lado, o saber disciplinar sobre a sociedade estrutura-se, muito especialmente, a partir da relação hierárquica do observador soberano sobre seu objeto naturalizado.[44] A razão cartesiana aliena-se e exterioriza-se no corpo-objeto, hierarquizando a posição de quem indaga – "Europa", a "razão" desincorporada – e de quem é o objeto "natural", o corpo "objetificado" dessa indagação.[45] Em sua formulação da "*hybris* do ponto zero", Castro-Gómez[46] examina a forma como a retórica eurocêntrica se autorrepresenta persuasivamente como neutra e

42. A. Quijano, "Colonialidad del poder, cultura y conocimiento en América Latina", p. 128.
43. Ibid., p. 130-131.
44. E. Lander, "Ciencias Sociales: saberes coloniales y eurocéntricos. La colonialidad del saber: eurocentrismo y ciencias sociales".
45. A. Quijano, "Colonialidade do poder, eurocentrismo e América Latina", p. 224ss.
46. S. Castro-Gómez, *La hybris del punto cero. Ciencia, raza e ilustración en la Nueva Granada (1750-1816)*; "Decolonizar la universidad. La hybris del punto cero y el diálogo de saberes".

externa ao mundo, regendo a partir dali a produção e avaliação de saberes. Destaco também Catherine Walsh, não somente pela elaboração de uma proposta de interculturalidade crítica em seus textos,[47] mas por seu trabalho singular na construção de uma pós-graduação na Universidade Andina Simón Bolívar, onde se formam importantes lideranças dos povos não brancos do continente. A concepção desse programa de pós-graduação desestabiliza radicalmente o padrão eurocêntrico próprio das universidades do continente. Como afirmei, ao abordar o tema da universidade em nosso meio,

> *O gesto pedagógico por excelência dessa universidade eurocêntrica, inerentemente racista e reprodutora da ordem racista mundial, [...] é desautorizador: declara-nos ineptas e ineptos, impede-nos de produzir categorias de impacto global.* A ordem hierárquica da pauta colonial distribui o valor dos resultados da tarefa intelectual, e opera invariavelmente no sentido de reproduzir o diferencial do capital racial das nações e regiões, com seus respectivos parques acadêmicos.[48]

6. Colonialidade e subjetividade

Quijano descreve a subjetividade dos povos que aqui se encontravam como "continuamente interferida por padrões e elementos estranhos e inimigos".[49] Essas populações viram sua memória histórica interceptada, obstruída e cancelada.[50] Seus saberes,

47. C. Walsh, "Interculturalidad y colonialidad del poder. Un pensamiento y posicionamiento 'otro' desde la diferencia colonial"; *Interculturalidad, Estado, sociedad: luchas (de) coloniales de nuestra época.*
48. O trecho citado encontra-se no ensaio "Brechas decoloniais para uma universidade de Nossa América", neste volume. (N. T.)
49. A. Quijano, "Las paradojas de la colonial/modernidad eurocentrada (A la memoria de Andre Gunder Frank)", p. 17.
50. Ver também W. Mignolo, "A colonialidade de cabo a rabo: o hemisfério ocidental no horizonte conceitual da modernidade"; R. Segato, "Introducción" e "Raza es signo", in *La Nación y sus Otros: raza, etnicidad y diversidad religiosa en tiempos de políticas de la identidad*, "Os rios profundos da raça latino-americana: uma releitura da mestiçagem", neste volume.

línguas e formas de registro ou escrituras; suas cosmologias; "suas próprias imagens, símbolos e experiências subjetivas", que se encontraram "impedidas de objetivar";[51] seus valores; suas pautas estéticas; seus padrões de sociabilidade e "relações rituais"; e seu "controle da autoridade pública" comunitária tiveram de readaptar-se "continuamente às exigências mutantes do padrão global de colonialidade", bem como as regras de solidariedade e reciprocidade pelas quais se orientavam. Esses povos também viram seu próprio e prévio "universo de subjetividade" "desonrado" e, acima de tudo, sua autopercepção foi reduzida e aprisionada, em sua variedade e complexidade, nas categorias "negro", "índio" e "*criollo*", instrumentais para o sistema de administração colonial e para a exploração do trabalho. "Desse modo, as populações colonizadas foram submetidas à mais perversa experiência de alienação histórica".[52]

Walter Mignolo contribuiu notavelmente para a compreensão da consciência cindida típica do padrão da colonialidade, cristalizada a partir da instalação da América e da consequente reorganização da grade cognitiva. Em sua já clássica obra *The Darker Side of the Renaissance*, encontramos o tema de uma territorialidade que nunca consegue ser adequadamente inscrita no discurso dos povos; entendemos a inconsistência entre uma territorialidade "geométrica", cartográfica, que orienta o poder político e clausura a voz enunciada a partir dos sujeitos étnicos.[53] Dessa forma, o controle colonial impede que as consciências se situem em sua paisagem e se expressem a partir dela; seu discurso é capturado por um poder político que o persuade ou o obriga a localizar-se em referência a centros geográficos impostos à subjetividade pela poderosa retórica que administra o mundo, ou seja, a retórica colonial. A categoria cartográfica "Hemisfério Ocidental", diz Mignolo, para

51. A, Quijano, op. cit., p. 17.
52. Ibid., p. 19.
53. Ver, por exemplo, W. Mignolo, *The Darker Side of the Renaissance: Literacy, Territoriality, and Colonization*, p. 223.

referir-se à dupla consciência da elite *criolla* embranquecida e eurocêntrica, emerge tardiamente, no final do século XVIII, e passa a conferir uma "posição ambígua" ao continente americano, simultaneamente como "diferença" em relação à Europa e como mesmidade, como parte do Ocidente. O efeito dessa ambiguidade sobre a identidade das elites nacionais foi perturbador: "a ideia do hemisfério ocidental estava ligada ao surgimento da consciência *criolla*, anglo-hispânica" e seu papel foi fornecer um vocabulário para a flutuação incerta de sua inserção no mundo como "ocidentais" e "não ocidentais".[54] Como já afirmei, é uma "consciência autodeclarada 'mestiça' quando deseja defender suas possessões nacionais contra o outro metropolitano, e supostamente 'branca' quando deseja diferenciar-se daqueles que despoja naqueles territórios".[55] Mignolo também se referirá à exterioridade da consciência dentro do padrão colonial em relação aos seus "objetos" de dominação, administração, conhecimento, dando conta do fenômeno de uma nova subjetividade, estruturada a partir de uma distância controladora.[56] Essa ideia já estava presente no primeiro ensaio de Quijano, quando falava da exterioridade do Estado em relação à sociedade nas formas modernas de democracia.[57] Como já afirmei em outro lugar: "A exterioridade colonial-moderna – que inclui a exterioridade da racionalidade científica, a exterioridade gerencial e a exterioridade que busca expurgar o outro racializado, como discutiram Aníbal Quijano e Walter Mignolo – tem o caráter pornográfico do olhar colonial".[58,59] Sem dúvida, para todo esse grupo de au-

54. W. Mignolo, "A colonialidade de cabo a rabo: o hemisfério ocidental no horizonte conceitual da modernidade", p. 68.
55. R. Segato, "A cor do cárcere na América Latina. Notas sobre a colonialidade da justiça em um continente em desconstrução", neste volume.
56. Ibid.
57. A. Quijano, *Modernidad, identidad y utopía en América Latina*, p. 33.
58. A. Quijano, "Colonialidad y modernidad/racionalidad"; W. Mignolo, *Local Histories/Global Designs. Coloniality, Subaltern Knowledges, and Border Thinking*, p. 211-212, 315; cf. R. Segato, "Género y colonialidad: en busca de claves de lectura y de un vocabulario estratégico descolonial".
59. O trecho citado encontra-se no ensaio "Gênero e colonialidade: do patriarcado comunitário de baixa intensidade ao patriarcado colonial-moderno de alta intensidade", neste volume. (N. T.)

toras e autores, a colonial-modernidade nada mais é do que uma *pedagogia da exterioridade*.

7. Racismo

Como se depreende do item anterior, o racismo é constitutivo e instrumental na ordem vigente. Eurocentrismo nada mais é do que racismo no campo da hierarquização e atribuição de valor desigual às pessoas, ao seu trabalho e aos seus produtos, bem como aos saberes, normas e pautas de existência próprias das sociedades que se encontram de um lado e do outro da fronteira traçada entre Norte e Sul pelo processo colonial. Aqui é muito importante compreender a diferença entre outras formas de etnicismo e xenofobia desde tempos remotos, e distinguir a "raça", em um sentido moderno. As modalidades de discriminação étnica ou, como Quijano a chama, "etnicismo", provavelmente foram "um elemento frequente do colonialismo em todas as épocas", mas é apenas a modernidade de origem colonial que inventa a "raça" com um conjunto de características e consequências para o controle da sociedade e da produção originados no olhar eurocêntrico próprio do padrão moderno de colonialidade.[60] Eurocentrismo e racismo são apenas dois aspectos do mesmo fenômeno, e esta é uma importante contribuição que a perspectiva da colonialidade introduz, alertando-nos para o fato de que o racismo não fala apenas da discriminação negativa que pesa sobre o fenótipo da pessoa humana que a vincula, como signo, à posição dos grupos vencidos na história colonial; o racismo é epistêmico, no sentido de que as epistemes dos povos conquistados e colonizados são discriminadas negativamente. Racismo é eurocentrismo porque discrimina saberes e produções, reduz civilizações, valores, capacidades, criações e crenças.

60. A. Quijano, "'Raza', 'Etnia' y 'Nación' en Mariátegui: cuestiones abiertas", p. 3.

8. Raça

No sentido plenamente histórico que Quijano lhe atribui, a raça é definitivamente o eixo gravitacional de toda a arquitetura da sua teoria, e, por isso, são bastante numerosas as páginas que o autor lhe dedica. Elementos constitutivos importantes de sua perspectiva encontram-se sintetizados aqui: "A ideia de raça é, sem dúvida, o mais eficaz instrumento de dominação social inventado nos últimos quinhentos anos. Produzida nos primórdios da formação da América e do capitalismo, na transição do século XV para o século XVI, nos séculos seguintes foi imposta a toda a população do planeta como parte da dominação colonial da Europa". Destaco o caráter plenamente histórico da manobra de racializar a diferença entre os povos, no sentido de biologizá-la; o papel instrumental e funcional da raça para a extração de riquezas inicialmente nos territórios conquistados e, mais tarde, em escala planetária; o alcance mundial de sua teoria, que dá conta de relações em uma estrutura que é global; o impacto da raça na captura hierárquica de todas as relações humanas e saberes; e a dimensão racializada de noções como "modernidade", "modernização" e "desenvolvimento", com seus valores associados. Para entender a definição de "raça", em torno da qual se constelam todos os elementos do argumento, é muito importante perceber a distância desta sua acepção em relação àquela construída para fundamentar a política da identidade. Esta última, como programa global, cria uma estereotipia das identidades e perde de vista o caráter histórico da racialização e da raça como o signo nos corpos de uma posição na história e de sua associação com uma paisagem geopoliticamente marcada.[61] Destaco também a notável crítica de Quijano ao materialismo histórico pela imposição forçada sobre a realidade latino-americana de uma ideia de classe social sem menção à raça, ainda que as classificações étnicas e raciais sejam

61. R. Segato, "Raza es signo".

tão importantes para a remuneração do trabalho e a atribuição de posições sociais na América Latina. Para Quijano, essa imposição tem sua origem no caráter eurocêntrico da teoria marxista, na "cegueira absoluta" do próprio Marx, apesar de ter escrito "após trezentos anos de história do capitalismo mundial eurocêntrico e colonial-moderno", da qual resultou a invisibilidade da raça nas análises sociológicas.[62]

9. Colonialidade e patriarcado

Em uma variedade de trechos dispersos em seus artigos, Quijano aplica a mesma lógica histórica ao gênero e à raça: "Esse novo e radical dualismo" (referindo-se ao dualismo que, em sua linguagem, opõe e hierarquiza a razão sobre o corpo, a primeira, própria do mundo branco, e o segundo, próprio do mundo não branco, isto é, índio e negro)

> não afetou somente as relações raciais de dominação, mas também a mais antiga, as relações sexuais de dominação. Daí em diante, o lugar das mulheres, muito em especial o das mulheres das raças inferiores, ficou estereotipado junto com o resto dos corpos, e quanto mais inferiores fossem suas raças, mais perto da natureza ou diretamente, como no caso das escravas negras, dentro da natureza. É provável, ainda que a questão fique por indagar, que a ideia de gênero se tenha elaborado depois do novo e radical dualismo como parte da perspectiva cognitiva eurocentrista.[63]

Esse vislumbre da historicidade do gênero[64] como o conhecemos hoje deu origem a duas elaborações posteriores. Em uma delas, María Lugones, adotando o paradigma da

62. A. Quijano, "Colonialidad del poder y clasificación social", p. 359-360.
63. A. Quijano, "Colonialidade do poder, eurocentrismo e América Latina", p. 239.
64. Ver especialmente A. Quijano, "Colonialidad del poder, sexo y sexualidad".

colonialidade do poder, e a partir de materiais etnográficos e históricos, entende que o patriarcado é uma invenção colonial, inexistente antes desse período.[65] De minha parte, adotando o mesmo referencial teórico, afirmo que as relações de gênero próprias do padrão colonial capturam as formas precedentes de patriarcado que, embora existentes e hierárquicas, não obedeciam à mesma estrutura, e as transformam em uma forma muito mais letal de patriarcado, como é o moderno.[66] Apesar de inscrever minha análise no paradigma da colonialidade do poder, concluo que não se trata de uma hierarquia dual, mas binária. Reservo o dualismo para falar das relações de gênero no "mundo-aldeia", isto é, no mundo pré-intrusão colonial, e adoto o modelo binário e dos binarismos para falar da ordem moderna.

10. Ambivalência da modernidade: racionalidade tecnocrático-instrumental e racionalidade histórica

Distinguem-se, assim, duas vertentes conflitantes do movimento da modernidade – "a razão burguesa, instrumental" e tecnocrática, voltada para os meios, e sua alternativa, a "razão libertadora",[67] também chamada de "razão" ou "racionalidade histórica", voltada para os fins. Esta última instala "uma promessa de existência social racional, como promessa de liberdade, equidade, solidariedade e melhoria contínua das condições materiais dessa existência social".[68] Dispersa em seus textos encontra-se a ideia de uma confluência entre a vertente da modernidade histórica europeia, de tradição mais francesa do que britânica, com a experiência e o projeto histórico dos povos indígenas de nosso continente. Para quem escreve dentro

65. M. Lugones, "Heterosexualism and the Colonial / Modern Gender System".
66. R. Segato, "Género y colonialidad: en busca de claves de lectura y de un vocabulario estratégico descolonial".
67. A. Quijano, "La razón del Estado", p. 98.
68. A. Quijano, *Modernidad, identidad y utopía en América Latina*, p. 17.

desse referencial teórico, a razão eurocêntrica instrumental e tecnocrática vai desembocar em uma "colonialidade da natureza".[69] A "relação de exterioridade com a 'natureza'" constitui "a condição para a apropriação/exploração que está na base do paradigma ocidental do crescimento ilimitado", isto é, do desenvolvimento.[70] Somente a razão histórica, constituída pela conjunção de projetos libertários indígenas e modernos no "nó arguediano" de nossa realidade, poderá transcender esse destino, consumando o "giro decolonial".

11. Poder, Estado e burocracia no liberalismo e no materialismo histórico; "Razão de Estado" e falência democrática na América Latina

Dispersa e onipresente na literatura da colonialidade do poder encontra-se a crítica aos aspectos eurocêntricos tanto do Estado liberal quanto da tese marxista, do materialismo histórico e seus dogmas que servem de fundamento para o que Quijano chama de "socialismo realmente existente". A raiz dessa postura é a crítica ao Estado, à "razão de Estado" e sua ancoragem etnocêntrica, colonial-moderna, na racionalidade instrumental e tecnocrática, tanto no liberalismo quanto no socialismo – "atrelada às tendências de tecnocratização crescente daquela racionalidade específica".[71]

É talvez em seu ensaio *El regreso del futuro y las cuestiones del conocimiento* que o autor expressa, de forma mais eloquente, sua queixa da captura do "imaginário histórico-crítico" pela faceta mais eurocêntrica do marxismo, o "materialismo histórico", que o afasta, especialmente na América Latina, da "experiência histórica concreta" do povo, e, assim, bloqueia

69. A. Escobar, "Epistemologías de la naturaleza y colonialidad de la naturaleza. Variedades de realismo y constructivismo".
70. E. Lander, "Eurocentrismo, saberes modernos y la naturalización del orden global del capital".
71. A. Quijano, "El regreso del futuro y las cuestiones del conocimiento", p. 17.

os desdobramentos democráticos das lutas em nome de uma suposta necessidade de controlar o Estado-nação.[72] A violenta contrarrevolução venceu nessa etapa em nosso continente, mas, para a direita e para a esquerda, tratava-se – como continua a ser, e com a mesma urgência, hoje – "da libertação das pessoas da autoridade encarnada na 'razão de Estado'".[73] Em entrevista ao *Brasil de Fato* em 2006, encontramos a seguinte síntese: "A propensão homogeneizante, reducionista e dualista do eurocentrismo se expressava também nesse 'materialismo histórico' pós-Marx. Como toda teoria eurocêntrica, produziu na América Latina desvarios históricos, práticas políticas errôneas e que não levavam a lugar nenhum e derrotas cujas vítimas foram e são os trabalhadores e todas as vítimas da colonialidade do poder."[74] Para Quijano, o tecnocratismo e sua "razão de Estado", de esquerda e de direita, compromete, ameaça e impede definitivamente a vida democrática, pois bloqueia o caminho de outros projetos históricos não fundamentados nesse mesmo tipo de racionalidade. Infelizmente, ele nos diz, "o debate político mundial tem sido prisioneiro de duas grandes perspectivas eurocêntricas: o liberalismo e o socialismo, cada uma com suas próprias variantes", mas ambas dominadas pelo projeto de uma modernidade eurocêntrica instrumental e tecnocrática.[75]

No caso da América Latina, a condição dos estados nacionais ainda se agrava como consequência da ambivalente fundação das repúblicas e seu duplo discurso: o enunciado de uma legalidade moderna e republicana e sua alienação em relação a uma ordem racializada, pois o processo das independências latino-americanas resolveu-se em uma "rearticulação da colonialidade do poder sobre novas bases institucionais". Para Quijano, "em nenhum país latino-americano é possível encontrar uma sociedade plenamente nacionalizada ou um genuíno

72. Ibid., p. 9.
73. Ibid., p. 7.
74. A. Quijano, Entrevista "Romper com o eurocentrismo", p. 4.
75. A. Quijano, "Las paradojas de la colonial/modernidad eurocentrada (A la memoria de Andre Gunder Frank)", p. 32.

Estado-nação", já que "a estrutura de poder foi e ainda está organizada sobre o eixo colonial e em torno dele. A construção da nação e, sobretudo, do Estado-nação foi conceituada e trabalhada contra a maioria da população, no caso, de pessoas indígenas, negras e mestiças". Daí decorre que não se pode falar de democracia em nossas nações, onde a linguagem democrática é puramente formal e enunciada por um Estado desarraigado, alienado da sociedade, incapaz de reconhecer o padrão de colonialidade que o estrutura.[76] Em suma, o Estado das repúblicas latino-americanas emerge, nesse quadro teórico, como permanentemente colonial e colonizador.

12. Decolonialidade ou giro decolonial – "o retorno do futuro"

Com a própria afirmação da categoria colonialidade do poder, inicia-se um modo de subversão epistêmica do poder, que também é teórica/ética/estética/política, conhecida como "giro decolonial". O giro decolonial nada mais é do que uma virada na relocalização do sujeito em um novo plano histórico, emergindo de uma releitura do passado, que reconfigura o presente e tem como projeto uma produção democrática de uma sociedade democrática:

> por fim emerge outro horizonte de sentido histórico que já está aqui, que já está começando; porque não é só o discurso, não são só assembleias, estão reorganizando suas comunidades, estão associando suas comunidades, estão gerando outra forma de autoridade política no mundo que terá de competir e entrar em conflito com o Estado enquanto o Estado ainda estiver lá. Estamos com outro elemento novo. Isso não é apenas uma utopia, isso está começando; estamos começando a conviver com o futuro.[77]

76. A. Quijano, "¡Qué tal raza!", p. 237.
77. A. Quijano, "Otro horizonte de sentido histórico".

O giro decolonial evita o termo descolonização, uma vez que não se trata de um retorno ou de um movimento nostálgico, mas sim de retomar um caminho até agora bloqueado pela razão tecnocrática, de esquerda e de direita, dos estados neoliberais e real-socialistas. O giro decolonial não é um movimento restaurador, mas uma recuperação das pistas abandonadas rumo a uma história diferente, um trabalho nas brechas e fraturas da realidade social existente, dos restos de um naufrágio geral de povos que mal sobreviveram a um massacre material e simbólico contínuo ao longo de quinhentos anos de colonialidade, de esquerda e de direita. Há, em Quijano, uma alternativa à nostalgia – seja a nostalgia dos anos 1970, pelas causas vencidas nas contrarrevoluções autoritárias do continente, seja a nostalgia pelo mundo que a Conquista dominou e a colonialidade controlou. Sentimos nostalgia porque temos consciência das perdas, mas "a nostalgia nunca serve na história como substituto da esperança".[78] O giro decolonial fala dessa esperança e desse caminho nas fendas do que sobreviveu sob o domínio injusto de colonizadores ultramarinos e governantes republicanos.

13. "O índio", o movimento indígena e o movimento da sociedade – "O retorno do futuro"

Já em textos iniciais, como o publicado em coautoria com Immanuel Wallerstein,[79] Quijano concluía que "a persistência do imaginário aborígene sob as condições da dominação" havia "fundado a utopia da reciprocidade, da solidariedade social e da democracia direta", afirmando que, na "crise presente, uma parte dos grupos dominados se organiza em torno dessas relações, dentro do quadro geral do mercado capitalista". Essa ideia conecta-se com sua sugestiva noção de um "retorno do futuro", de um horizonte que se reabre ao caminho

78. A. Quijano, "Globalización y exclusión desde el futuro", p. 2.
79. A. Quijano e I. Wallerstein, op.cit., p. 590.

da história dos povos após a dupla derrota, à direita e à esquerda, do projeto do Estado liberal capitalista e do despotismo burocrático do "socialismo real", derrota que nada mais é do que a da hegemonia do eurocentrismo, que controlava os dois projetos.[80] Isso significa que o ressurgimento contemporâneo do sujeito histórico índio ou, mais precisamente, o retorno do sujeito camponês ao sujeito "índio" é, para Quijano, um sinal de que o padrão da colonialidade começa a desmantelar-se. Há, como ele nos diz, desde o início da década de 1980, uma "reidentificação em curso: de 'camponeses' e de 'índios' a 'indígenas'".[81] Mas, aqui novamente, o autor evita o culturalismo e a fetichização das identidades políticas à maneira do multiculturalismo anglo-saxão,[82] e entende esse retorno ao "índio" como um processo histórico denso, a cargo de organizações indígenas cujo projeto histórico é plenamente desestabilizador para o sistema.

Desde sua leitura da crítica mariateguiana do marxismo, Quijano já resgatava o paralelismo entre a tentativa de anulação do projeto histórico dos povos intervencionados pela colonialidade e a supressão a que a versão dominante do marxismo na Europa havia condenado os projetos comunitários realmente existentes na Rússia da Revolução Bolchevique:

> As propostas narodniks de partir da obschina ou comuna rural russa na trajetória para fora do capitalismo foram derrotadas ao mesmo tempo em que eram destruídas as próprias obschinas sob a ditadura bolchevique. As de José Carlos Mariátegui, para integrar as comunidades indígenas em toda trajetória de revolução socialista possível no Peru, foram também eclipsadas enquanto o stalinismo e seu "marxismo-leninismo" era hegemônico. Hoje essa

80. A. Quijano, "El regreso del futuro y las cuestiones del conocimiento".
81. A. Quijano, "El movimiento indígena y las cuestiones pendientes en América Latina", p. 117.
82. R. Segato, "Introducción", in *La Nación y sus Otros: raza, etnicidad y diversidad religiosa en tiempos de políticas de la identidad.*

> questão volta ao centro do debate no movimento indígena de todo o mundo, começando na América Latina e no debate sobre a questão das relações entre Estado e comunidade na luta contra o padrão de poder colonial-moderno.[83]

Fica evidente, então, que o caminho se abre, no presente, e após a crise dos paradigmas de esquerda e de direita, isto é, tanto do projeto neoliberal quanto do projeto real-socialista, à continuidade suprimida, cancelada, das soluções comunitárias para a vida. Desse modo, torna-se possível uma conjugação entre formas de vida arcaicas, que se revitalizam, e projetos históricos do presente, que nelas se enraízam e que delas bebem. Linhas históricas e memórias seccionadas são restauradas, revividas e ganham continuidade.

O futuro, nessa visão tão própria do autor, não é restauração nem nostalgia de costumes, tampouco uma busca para trás, mas sim a libertação dos projetos históricos interceptados e cancelados dos povos interferidos pelo padrão da colonialidade – sociedades dominadas que veem agora o "retorno do futuro".

> Não é a nostalgia de uma época de ouro, por ser, ou ter sido, o continente da inocência. Entre nós, o passado é ou pode ser a experiência do presente, não a sua nostalgia. Não é a inocência perdida, mas a sabedoria incorporada, a união da árvore da sabedoria com a árvore da vida é o que o passado defende, dentro de nós, contra o racionalismo instrumental, na forma de uma proposta alternativa de racionalidade.[84]

Em seu texto "'Bien vivir': entre el 'desarrollo' y la des/colonialidad del poder", que, em sua versão inicial, circulou

83. A. Quijano, "Solidaridad y capitalismo colonial moderno", p. 14, nota 7.
84. A. Quijano, "Paradoxes of Modernity in Latin America", p. 158.

amplamente em várias listas de comentários políticos, lemos que "América Latina e a população 'indígena' ocupam, portanto, um lugar basal, fundante, na constituição e na história da colonialidade do poder. Daí seu lugar e papel atuais na subversão epistêmica/teórica/histórica/estética/ética/política desse padrão de poder em crise, implicada nas propostas da des/colonialidade global do poder e bem viver como uma existência social alternativa". Porém, adverte-nos, precisamente porque "a América, e em particular a América Latina, foi a primeira nova identidade histórica da colonialidade do poder, e suas populações colonizadas, os primeiros 'indígenas' do mundo", não estamos agora perante um "movimento social a mais". Trata-se de todo um amplo e não hegemonizado "movimento da sociedade cujo desenvolvimento poderia levar à des/colonialidade global do poder, ou seja, a uma outra existência social, libertada de dominação/exploração/violência".[85]

O Bem Viver surge aqui como uma pauta inicialmente tomada de uma categoria nativa do mundo andino, mas que se expande para a definição e a busca do que se tem chamado de "outras formas de felicidade",[86] derivadas de formações sociais e economias comunitárias e coletivistas, nas quais predomina o valor de uso, radicalmente disfuncionais ao projeto do capital em suas metas, nas quais as relações entre as pessoas prevalecem sobre a relação com os bens, o que se expressa em festas, rituais e normas de sociabilidade. Essas economias e formações societárias não resultam de postulados abstratos elucubrados nas mesas de teóricos ocidentais, mas de práticas históricas dos povos indígenas, contra as quais atentou a dominação colonial e as noções de progresso e desenvolvimento impostas pelo olhar etnocêntrico.[87]

85. A. Quijano, "'Bien vivir': entre el 'desarrollo' y la des/colonialidad del poder", p. 86-87.
86. R. Segato, "O bem viver e as formas de felicidade".
87. R. Segato, "Introducción", in *La Nación y sus Otros: raza, etnicidad y diversidad religiosa en tiempos de políticas de la identidad.*

14. A economia popular e o movimento da sociedade

Em uma série de publicações encontramos, em associação com a perspectiva da colonialidade, uma variedade de expressões que indicam o vislumbre de um caminho que se abre agora para o futuro recuperado, antes referido como "novo imaginário anticapitalista", "outro horizonte de sentido histórico", "o horizonte alternativo". Todos eles apontam para a experimentação de formas de sociabilidade e de estratégias de sobrevivência material que são, para Quijano, não meros empreendimentos dos movimentos sociais, mas um verdadeiro "movimento da sociedade". Em seu livro sobre a economia popular em sua diversidade de experiências,[88] Quijano explora as alternativas a que as pessoas recorrem quando sua marginalidade em relação ao trabalho e ao mercado se estabiliza como forma de existência e se torna permanente, em paralelo com a expansão do trabalho servil e escravo. Essas estratégias de sobrevivência experimentadas ao lado e fora do mercado de trabalho dominante são aquelas que o autor subdivide em dois tipos: "economia solidária", caracterizada por um projeto ideológico compartilhado e uma consciência comum entre quem participa, e "economia popular", que não pressupõe essa comunhão de projeto ideológico e se baseia em práticas de reciprocidade e em uma organização social comunitária, ou seja, com controle democrático da autoridade, prescindindo de controles de mercado, empresariais ou governamentais. A economia popular é o produto da criatividade para a sobrevivência de setores populacionais descartados, neste período histórico, pela economia de mercado capitalista e pelas normas estatais que a sustentam, ao privilegiar a propriedade sobre a vida. Porém, adverte o autor, essas experiências não poderão reproduzir-se sem gerar um "senso comum" próprio, uma subjetividade solidária, isto é,

88. A. Quijano, *La economía popular y sus caminos en América Latina*.

necessitam, para perdurar, de uma transformação da subjetividade, não bastando a sua eficiência puramente material como estratégia de sobrevivência.

> Começou assim um processo de des/colonialidade da existência social. Um novo horizonte histórico está emergindo. Isso implica, em primeiro lugar, nossa emancipação do eurocentrismo, essa forma de produzir subjetividade (imaginário social, memória histórica e conhecimento) de modo distorcido e "distorcivo", que, além da violência, é o mais eficaz instrumento de controle que o capitalismo colonial-moderno tem para manter a existência social da espécie humana dentro desse padrão de poder. Essa emancipação é, precisamente, o que está ocorrendo; isso é o que significa descobrir que os recursos de sobrevivência dos povos "indígenas" do mundo são os mesmos recursos da vida no planeta, e descobrir, ao mesmo tempo, no mesmo movimento de nossas lutas, que já temos a tecnologia social para prescindir do capitalismo.[89]

Esse caminho pressupõe vida comunitária, no sentido de controle democrático sobre a autoridade; reciprocidade na distribuição de trabalho, produtos e serviços; e uma ética social alternativa à do mercado e do lucro colonial-capitalista.[90] A partir desses eixos, hoje firmam-se as bases de um novo debate que, partindo da crítica ao eurocentrismo, leva à descoberta da permanente colonialidade-modernidade do poder. Desde essa perspectiva, podem-se perceber e compreender as tendências que impulsionam o movimento da sociedade pelas brechas, dobras ou fissuras decoloniais abertas pela crise civilizatória de nosso tempo.

O impacto da perspectiva da colonialidade do poder e seu vocabulário pode ser constatado em uma variedade de

89. A. Quijano, "Solidaridad y capitalismo colonial moderno", p. 4.
90. A. Quijano, "'Des/colonialidad del poder': el horizonte alternativo".

documentos, como a "Declaração dos Filhos da Terra", de maio de 2008, em Lima, na qual "1.500 irmãs e irmãos das organizações dos povos Quechuas, Aymara, Kichwa, Lafquenche, Guambiano, Toba, Colla, Poccra, Asháninka, Shiwiar e demais povos originários de Abya Yala (América)", reunidos na Cúpula Nacional e Fórum Internacional Indígena, enunciam: "Não há integração sem descolonialidade de poder, saber e sentir", e elaboram um documento inteiramente inspirado nesta perspectiva. Também, o "Diálogo de Alternativas e Alianças dos Movimentos Indígenas, Camponeses e Sociais de Abya Yala", realizado em La Paz, em 26 de fevereiro de 2009, pronuncia-se "pela descolonialidade do poder" e propõe-se a "deter as ambições das oligarquias proprietárias de terras que [...] buscam interromper o exemplo para nossos povos da construção coletiva de novos paradigmas alternativos à colonialidade capitalista", e promover o "desenvolvimento de propostas e políticas públicas sobre a descolonialidade". Esse encontro conclui-se com a proclamação "Solidariedade ativa com a descolonialidade do poder na Bolívia!". Também são criados programas de estudo e pesquisa orientados pelos conceitos dessa perspectiva crítica, como o dos Estudos Culturais Latino-Americanos, da Universidade Andina Simón Bolívar, em Quito, Equador, dirigido por Catherine Walsh, no qual se estão formando importantes lideranças do movimento indígena latino-americano. Também a Cátedra América Latina e Colonialidade do Poder, da Universidade Ricardo Palma, em Lima, Peru, dirigida pelo próprio Quijano, que vem convocando e patrocinando diversos encontros entre pessoas representativas das lutas continentais, lideranças de povos, ambientalistas e professores universitários, como têm sido, entre outros, o I Simpósio Internacional sobre "Colonialidade/Descolonialidade do Poder", em agosto de 2010; o Primeiro Encontro Latino-Americano "América Latina Outra no Atual Mundo Outro: Crise e Des/Colonialidade do Poder", em abril de 2012; e o Simpósio "O Projeto Unasul: Conflitos e Perspectivas", em novembro de 2012. A esfera de influência desse pensamento expande-se e projeta-se no mundo acadêmico e nas lutas da sociedade, e seu vocabulário transcende autorias e incorpora-se às causas e debates, como moeda corrente e patrimônio de domínio público. Poderá haver desgastes no curso dessas apropriações, mas sem dúvida foi instalada uma questão que corrói a crença cega nos valores eurocêntricos tão arraigada no trabalho universitário e inaugura uma percepção mais lúcida da estreita ligação entre racismo, eurocentrismo, capitalismo e modernidade, próprio da articulação a que chamamos "colonialidade".

Bibliografia

CASTRO-GÓMEZ, S. *La hybris del punto cero. Ciencia, raza e ilustración en la Nueva Granada (1750–1816)*. Bogotá: Pontificia Universidad Javeriana, 2005.

_____. "Decolonizar la universidad. La hybris del punto cero y el diálogo de saberes", in CASTRO-GÓMEZ, S. e GROSFOGUEL, R. (eds.), *El giro decolonial. Reflexiones para una diversidad epistémica más allá del capitalismo global*. Bogotá: Siglo del Hombre Editores, 2007.

ESCOBAR, A. "Epistemologías de la naturaleza y colonialidad de la naturaleza. Variedades de realismo y constructivismo", in MONTENEGRO (ed.). *Cultura y naturaleza. Aproximaciones a propósito del bicentenario de la independencia en Colombia*. Bogotá: Alcaldía Mayor, 2011.

LANDER, E. (ed.). "Ciencias Sociales: saberes coloniales y eurocéntricos. La colonialidad del saber: eurocentrismo y ciencias sociales", in *Perspectivas Latinoamericanas*, Caracas: Faces-UCV / Unesco-Iesalc, 2000.

_____. "Eurocentrismo, saberes modernos y la naturalización del orden global del capital", in DUBE, S., DUBE, I. B. e MIGNOLO, W. (coords.): *Modernidades coloniales*. México: Colegio de México, 2004.

LUGONES, M. "Heterosexualism and the Colonial / Modern Gender System", in *Hypatia*, vol. 22, nº. 1, winter, 2007.

MIGNOLO, W. *The Darker Side of the Renaissance: Literacy, Territoriality, and Colonization*. Ann Arbor: The University of Michigan Press, 1995.

_____. *Local Histories/Global Designs. Coloniality, Subaltern Knowledges, and Border Thinking*. Princeton: Princeton University Press, 2000a. [Ed. bras.: *Histórias locais / projetos globais: colonialidade, saberes subalternos e pensamento liminar*. Belo Horizonte: UFMG, [2000] 2003].

______. "A colonialidade de cabo a rabo: o hemisfério ocidental no horizonte conceitual da modernidade", in LANDER, E. (org.). *A colonialidade do saber: eurocentrismo e Ciências Sociais. Perspectivas latino-americanas*. Colección Sur Sur, Clacso, Ciudad Autónoma de Buenos Aires, Argentina, 2005.

QUIJANO, A. "Prólogo", in MARIÁTEGUI, J. C.: *7 ensayos de interpretación de la realidad peruana*. Caracas: Biblioteca Ayacucho (Reediciones y reimpresiones: 1995; 2006; 2007), 1979.

______. "Lo cholo y el conflicto cultural en el Perú", in *Dominación y cultura*. Lima: Mosca Azul, [1964] 1980a.

______. "Dominación y cultura", in *Dominación y cultura*. Lima: Mosca Azul, [1969] 1980b.

______. "Las ideas son cárceles de larga duración, pero no es indispensable que permanezcamos todo el tiempo en esas cárceles", apresentado na sessão de encerramento do Seminário *Clacso*, XIII Assembleia Geral Ordinária, Montevideo, 3 a 6 de dez. 1985.

______. "La tensión del pensamiento latinoamericano", in *Coloquio Marx ¿Para Qué?*, Sociedade Portorriquenha de Filosofía, *La Torre. Revista General de la Universidad de Puerto Rico*, Rio Piedras, ano XXXIV, nº 131,132, 133, jan.-set. 1986.

______. *Modernidad, identidad y utopía en América Latina*. Lima: Sociedad y Política Ediciones, 1988.

______. "La nueva heterogeneidad estructural de América Latina", in SONNTAG, H. R. (ed.): *¿Nuevos temas nuevos contenidos? Las Ciencias Sociales de América Latina y El Caribe ante el nuevo siglo*. Caracas: Editorial Nueva Sociedad y Unesco, 1989a.

______. "Paradoxes of Modernity in Latin America", in *International Journal of Politics, Culture, and Society*, vol. 3, nº 2, p. 147-177, 1989b.

______. "Notas sobre los problemas de la investigación social en América Latina", in *Revista de Sociología*, vol. 6, nº 7, Departamento de Sociología, Facultad de Ciencias Sociales, Lima: Universidad de San Marcos, 1990a.

______. "La razón del Estado", in URBANO, H. e LAUER, M. (eds.): *Modernidad en los Andes*. Cusco: Centro de Estudios Regionales Andinos "Bartolomé de las Casas, 1990b.

______. "Estética de la utopía", in *Hueso Humero*, nº 27, Lima, dez. 1990c.

______. "La modernidad, el capital y América Latina nacen el mismo día", entrevista dada a Nora Velarde. *ILLA - Revista del Centro de Educación y Cultura*, nº 10, p. 42-57, jan. 1991.

______. "Colonialidad y modernidad/racionalidad", in *Perú Indígena*, vol. 13, nº 29, Lima (republicado in BONILLA, H. (comp.). *Los conquistados. 1492 y la población indígena de las Américas*, Quito: Tercer Mundo/Libri Mundi/Flacso-Ecuador), 1992.

______. "'Raza', 'Etnia' y 'Nación' en Mariátegui: cuestiones abiertas", in FORGUES, R. (ed.). *José Carlos Mariátegui y Europa: la otra cara del descubrimiento*. Lima: Editora Amauta, 1993.

______. "Globalización y exclusión desde el futuro", in *La República*, Lima, Perú, 19 ago. 1997.

______. Colonialidad del poder y subjetividad en América Latina, in PIMENTEL, C. (org.). *Poder, ciudadanía, derechos humanos y salud mental en el Perú* (primeira versão publicada en *Anuario Mariateguiano*, vol. IX, nº 9, Lima: Cecosam, 1998a (2009).

______. *La economía popular y sus caminos en América Latina*. Lima: Mosca Azul, 1998b.

______. "Colonialidad del poder, cultura y conocimiento en América Latina", in *Dispositio. Crítica Cultural en Latinoamérica: Paradigmas globales y enunicaciones locales*, vol. 24, nº. 51, p. 137–148, 1999.

______. "¡Qué tal raza!", in *Revista Venezolana de Economía y Ciencias Sociales*, Caracas, vol. 6, nº 1 e *ALAI, América Latina en Movimiento*. 2000a.

______. "Colonialidad del poder y clasificación social", in *Journal of World-Systems Research*, vol. VI, nº 2, 2000b.

______. "El regreso del futuro y las cuestiones del conocimiento", in *Hueso Húmero*, nº 38, Lima, abr. 2001.

______. "Colonialidade do poder, eurocentrismo e América Latina", in LANDER, E. (org). *A colonialidade do saber: eurocentrismo e ciências sociais. Perspectivas latino-americanas*. Colección Sur Sur, Clacso, Ciudad Autónoma de Buenos Aires, Argentina, 2005.

______. "Don Quijote y los molinos de viento en América Latina", in *Pasos*, nº 127, Departamento Ecuménico de Investigaciones (DEI), San José de Costa Rica, [2005] 2006a.

______. Entrevista "Romper com o eurocentrismo", *Brasil de Fato*, 23 jun. 2006, 2006b.

______. "Solidaridad y capitalismo colonial moderno", in *Otra Economía*, vol. II, nº 2, 1º semestre, 2008a.

______. "Colonialidad del poder, sexo y sexualidad", in Pimentel Sevilla, C. (org.): *Poder, ciudadanía, derechos humanos y salud mental en el Perú*. Lima: Cecosam, 2008b.

______. "'Des/colonialidad del poder': el horizonte alternativo", in *Alai, América Latina en Movimiento*, 2008c.

______. *Treinta años después: otro reencuentro*, 2008d.

______. "Notas para otro debate", in *Simposio Internacional Conmemorativo de la aparición de la obra clásica de José Carlos Mariátegui*, ano I, nº 2, Lima, s.d.

______. "El movimiento indígena y las cuestiones pendientes en América Latina", in *El Cotidiano*, nº 151, p. 107–120, Universidad Autónoma Metropolitana, Distrito Federal, septiembre-octubre [2005] 2008e.

______. "Las paradojas de la colonial/modernidad eurocentrada (A la memoria de Andre Gunder Frank)", in *Hueso Húmero*, abril, nº 53, Lima, 2009a.

______. "Otro horizonte de sentido histórico", in *América Latina en Movimiento*, nº 441, 2009b.

______. "La crisis del horizonte de sentido colonial / moderno / eurocentrado", in *Revista Casa de las Américas*, nº 259–260, 2010.

______. "El nudo arguediano", *Centenario de José María Arguedas. Sociedad, Nación y Literatura*, Lima: Universidad Ricardo Palma, 2011a.

______. "'Bien vivir': entre el 'desarrollo' y la des/colonialidad del poder", in *Ecuador Debate*, nº 84, Quito, dez. 2011b.

______. e Wallerstein, I. "La americanidad como concepto, o América en el moderno sistema mundial", in *Revista Internacional de Ciencias Sociales. América: 1492–1992*, vol. XLIV, nº 4, p. 584–591, 1992.

SEGATO, R. "Introducción", in *La Nación y sus Otros: raza, etnicidad y diversidad religiosa en tiempos de políticas de la identidad*. Buenos Aires: Prometeo, 2007a.

______. "Raza es signo", in *La Nación y sus Otros: raza, etnicidad y diversidad religiosa en tiempos de políticas de la identidad*. Buenos Aires: Prometeo, 2007b.

______. "Género y colonialidad: en busca de claves de lectura y de un vocabulario estratégico descolonial", in BIDASECA, K. e VAZQUEZ LABA. *Feminisimos y poscolonialidad. Descolonizando el feminismo desde y en América latina*. Buenos Aires: Godot, 2011.

______. "O bem viver e as formas de felicidade", in *Brasil de Fato*.

WALSH, C. "Interculturalidad y colonialidad del poder. Un pensamiento y posicionamiento 'otro' desde la diferencia colonial", in CASTRO-GÓMEZ, S. e GROSFOGUEL, R. (eds.). *El giro decolonial. Reflexiones para una diversidad epistémica más allá del capitalismo global*. Bogotá: Siglo del Hombre Editores, 2007.

______. *Interculturalidad, Estado, sociedad: luchas (de)coloniales de nuestra época*. Quito: Universidad Andina Simón Bolívar, 2009.

Gênero e colonialidade: do patriarcado comunitário de baixa intensidade ao patriarcado colonial-moderno de alta intensidade[1]

Quero apresentar-lhes algumas questões inspiradas na reflexão sobre as práticas de resistência que fluem na contracorrente de um mundo totalizado pela ordem da colonialidade. Onde estão as brechas que fissuram e desestabilizam a malha da colonialidade do poder hoje, e como podemos falar sobre elas? Qual o papel das relações de gênero nesse processo? Para compartilhar minhas respostas a essas perguntas, devo primeiro relatar duas de minhas experiências na luta feminista como antropóloga. A primeira foi meu envolvimento na teorização da famosa questão dos feminicídios em Ciudad Juárez, México. A segunda foi meu trabalho acompanhando a Fundação Nacional do Índio (Funai) do Brasil, em suas oficinas sobre violência de gênero para mulheres indígenas. Esses casos levaram-me a perceber como as relações de gênero são

1. O presente texto é uma tradução adaptada de "*Gender and Coloniality: From Low-Intensity Communal Patriarchy to High-Intensity Colonial Modern Patriarchy*", que foi, por sua vez, traduzido e adaptado da versão original em espanhol por Pedro Monque, para publicação na revista *Hypatia – A Journal of Feminist Philosophy*. Para a versão deste volume também foram feitas adaptações no processo de tradução, em conjunto com a autora.

historicamente modificadas pela intrusão colonial, bem como pela matriz da colonialidade cristalizada e permanentemente reproduzida pelo Estado. Assim, para compartilhar minha compreensão atual da intersecção entre gênero e colonialidade, levarei vocês por uma jornada que revela a sequência de descobertas que me conduziram a tal entendimento. Ao fazer isso, também mostrarei os fundamentos decoloniais de minha prática acadêmica.

Antropologia por demanda: rumo ao pensamento interpelado e disponível

Minha metodologia é a "escuta etnográfica".[2] Sou antropóloga de formação, uma profissão que, em alguns círculos e aldeias, converteu-se quase em um palavrão, porque seu método prioriza o distanciamento e o estranhamento mais do que qualquer outra disciplina. Castro-Gómez[3] apropriadamente chamou esse distanciamento e estranhamento de "*hybris* do ponto zero". Além disso, a atual tendência da antropologia a se fechar beira um fundamentalismo disciplinar. Então, como me deparei com o caminho decolonial dentro de minha prática acadêmica? Pelo fato de ter sido solicitada, ao longo do tempo, a usar meu *kit* de ferramentas acadêmicas de uma forma invertida, forma essa que acabei decidindo chamar de *antropologia por demanda*. A antropologia por demanda funciona invertendo a direção da interpelação: ela produz conhecimento que responde às perguntas de quem classicamente figura como "objeto" de observação e pesquisa. No início, eu me envolvi nessa prática de forma

2. Para conhecer a reflexão de Rita Segato sobre a "escuta etnográfica", ver "A célula violenta que Lacan não viu: um diálogo (tenso) entre a antropologia e a psicanálise", in *Las estructuras elementales de la violencia: contrato y status en la etiología de la violencia*, com edição em português prevista pela editora Bazar do Tempo (no prelo). (N.T.)
3. S. Castro-Gómez, *La hybris del punto cero: ciencia, raza e ilustración en la Nueva Granada 1750-1816*.

inadvertida, e, depois, de uma forma teoricamente reflexiva.[4] Em outras palavras, meu compromisso com a decolonialidade e minha compreensão particular dela decorrem do difícil trabalho de responder à demanda de teorizar a violência de gênero no México e no Brasil.

Aqui narrarei como respondi a essas demandas e explicarei como elas me levaram a uma compreensão situada do conjunto de relações estruturadas pela ordem da colonialidade. Responder a essas demandas exigiu que eu construísse argumentos e formulasse conceitos que desmontassem e substituíssem alguns esquemas e categorias antropológicas muito estabelecidas. Na verdade, como veremos, essa tarefa forçou-me a reconhecer a inadequação, e mesmo a obsolescência, de conceitos como cultura, relativismo cultural, tradição e pré-modernidade. Não terei tempo suficiente aqui para detalhar minha progressiva perda de vocabulário. Terei de ater-me a delinear alguns resultados dessa procura por um novo conjunto de conceitos que me permitiriam elaborar argumentos capazes de responder aos pedidos que me são dirigidos como antropóloga, pensadora e ativista de direitos humanos.

Que fique nítido, porém, que minha busca por novos conceitos não foi por mera preferência, mas sim por necessidade argumentativa. Também gostaria de advertir que minha contribuição aqui não é exegética nem sistematizadora, muito menos programática; em vez disso, é prática. Em outras palavras, é uma elaboração teórica que visa a dar munição a uma forma contenciosa de prática antropológica que venho desenvolvendo ao longo dos anos. O objetivo dessa prática contenciosa é fornecer dados e análises com os quais se podem construir argumentos em apoio a uma parte durante um litígio e outras disputas.

4. R. Segato, "Antropologia e direitos humanos: alteridade e ética no movimento de expansão dos direitos universais".

Feminicídio: um sintoma da barbárie do gênero colonial-moderno

Em 2003, fui convocada para ajudar a tornar inteligíveis os frequentes e extremamente cruéis assassinatos de mulheres ocorridos na fronteira norte do México, em Ciudad Juárez, Chihuahua. Esses são os crimes hoje conhecidos como feminicídios e que representam uma novidade, uma transformação da violência de gênero ligada às novas formas de guerra. O que estamos testemunhando hoje é um desenvolvimento assustador de novos métodos de ataque contra corpos femininos e feminizados. Essa fúria expande-se sem fronteiras. Os exemplos mais evidentes em nosso continente ocorrem na Guatemala, em El Salvador e no México; também na República Democrática do Congo testemunhamos a trágica continuação dos horrores de Ruanda. No Congo, profissionais da Medicina já usam o termo "destruição vaginal" para o tipo de ataque que costuma matar sua vítima. Em El Salvador, entre os anos de 2000 e 2006, em pleno período de "pacificação", os homicídios de homens aumentaram 40%, enquanto os homicídios de mulheres subiram 111%, um aumento quase três vezes maior. Na Guatemala, durante a restauração dos direitos democráticos, entre 1995 e 2005, os homicídios de homens tiveram um incremento de 68%, enquanto os de mulheres subiram 144%, mais do que o dobro dos homens. No caso de Honduras, a diferença é ainda maior: entre 2003 e 2007, os homicídios de homens elevaram-se em 40%, enquanto os de mulheres cresceram 166%.[5] A violência desencadeada sobre os corpos feminizados manifesta-se em formas inéditas de destruição corporal, bem como no tráfico e comercialização de tudo o que esses corpos podem oferecer. Tal ocupação predatória de corpos feminizados vem sendo praticada como nunca antes e, nesta etapa apocalíptica da humanidade, espolia até deixar somente restos.

5. A. Carcedo, *No olvidamos ni aceptamos: feminicidio en Centroamérica 2000-2006*, p. 40-42.

O que percebi durante meu envolvimento de uma década nas oficinas que a Funai organizou para as mulheres indígenas em todo o Brasil foi que a crueldade contra as mulheres aumenta à medida que a modernidade e o mercado se expandem, anexando novas regiões. Assim, apesar da crescente implantação de medidas legais em resposta ao que ficou conhecido como "direitos humanos das mulheres" após a Conferência Mundial de Direitos Humanos de 1993, podemos, sem dúvida, falar de uma barbárie crescente do gênero colonial-moderno, ou do que algumas pessoas já chamam de "genocídio de gênero".

A falsa contradição entre os direitos das crianças e o direito das mulheres e dos povos indígenas à diferença

Em 2006, a Funai passou a oferecer oficinas com o objetivo de informar as mulheres indígenas sobre a recém-sancionada Lei Maria da Penha contra a violência doméstica. Comecei a acompanhar a Funai nessas oficinas, o que me levou a trabalhar na defesa das mulheres indígenas contra a crescente violência que enfrentavam tanto do mundo branco quanto dos homens indígenas dentro de suas casas. À época, o dilema era o seguinte: como fazer uso dos direitos conferidos pelo Estado sem fomentar uma dependência crescente de um Estado permanentemente colonizador? Afinal, o projeto histórico do Estado não pode coincidir com o projeto de restauração e proteção da autonomia comunal e do tecido comunitário. É contraditório afirmar que as comunidades têm direito à autonomia e, ao mesmo tempo, afirmar que os grupos vulneráveis dessas comunidades devem contar com o Estado e suas leis para se defenderem quando forem prejudicados.

O fato é que o Estado oferece com uma mão o que já roubou com a outra em seu percurso rumo à ordem colonial-moderna da cidadania individual. O Estado provê uma lei que protege as mulheres de uma violência que, de início, não teria sido possível se as instituições tradicionais e os laços comunitários que as protegiam não tivessem sido destruídos. O advento da modernidade introduz o antídoto para o veneno que ela mesma inocula. O Estado moderno das repúblicas latino-americanas é herdeiro direto da administração ultramarina e, portanto, seu objetivo permanente é colonizar e intervir. O Estado enfraquece a autonomia, perturba a vida institucional, dilacera o tecido comunitário e cria dependência; com uma mão, oferece a versão da modernidade baseada no discurso igualitário crítico, enquanto, com a outra, já introduziu uma versão de modernidade baseada na razão instrumental capitalista liberal e no racismo que sujeita homens não brancos à emasculação. Retornarei a tais questões em detalhe mais adiante.

Uma antropologia contenciosa: a comunidade perante o Estado e os direitos garantidos pelo Estado

Defender o mundo-aldeia implica enfrentar dilemas. O debate a respeito da suposta prática de infanticídio dentre as comunidades indígenas, uma encenação que pretende reverter as aspirações dos povos indígenas por respeito e autonomia, é um exemplo paradigmático dos dilemas que devem ser enfrentados na defesa do mundo-aldeia e de seus valores.[6] A análise dos dilemas que enfrentamos ao tentar proteger e promover o mundo-aldeia frente ao mundo-cidadão leva-nos à discussão do gênero no contexto pré-intrusão colonial-moderna. O gênero pré-colonial persiste nas margens e dobras da colonial-modernidade, em tensão com o mundo em constante expansão dos estados nacionais, resistindo à incorporação ao cânone da colonial-modernidade e da cidadania universal.

6. Para uma compreensão mais aprofundada do tema, vide os textos "Que cada povo teça os fios de sua história: um diálogo tenso com a colonialidade legislativa 'dos salvadores' da infância indígena" e "O sexo e a norma", ambos neste volume. (N.T.)

O que aprendemos com o caso extremo do infanticídio indígena é que, em um ambiente legislativo e jurídico dominado pela episteme colonial e por um discurso hegemônico de direitos humanos universais, não é possível defender a autonomia em termos de cultura, isto é, apelando-se ao relativismo e ao direito à diferença.[7] É impossível argumentar perante um parlamento ou um tribunal de Estado republicano a favor da restauração da autonomia de sociedades colonizadas, muitas das quais submetidas a condições de tutela e controle por mais de quinhentos anos, se algumas práticas e normas dessas sociedades contradizem direitos sensíveis como são os direitos humanos e outros encampados pelo Estado, como os direitos das crianças. Por outro lado, não haverá suficiente capacidade de mediação, complexidade e pluralismo no discurso público como para acolher o real pluralismo das presenças no território da Nação. Por isso mesmo, tais direitos aparentemente infringidos contra o subconjunto mais vulnerável das minorias, como por exemplo as mulheres e as crianças, são sempre escolhidos pelo colonizador para reafirmar a sua superioridade moral e a sua missão civilizatória. Em outras palavras, é estrategicamente inviável defender a autonomia em termos de relativismo cultural dentro de um contexto de dominação estatal. Portanto, para defender a autonomia, devemos substituir os argumentos que recorrem ao relativismo e ao direito à diferença por um argumento baseado no que venho chamando de pluralismo histórico. Os sujeitos coletivos em meio a essa pluralidade de percursos históricos são os povos, cada um com autonomia deliberativa interna para produzir seu próprio caminho histórico, mudando ou inovando nas suas práticas, em contato – como sempre estiveram – com as experiências e processos de outros povos.

Um povo, na minha perspectiva, não é definido por um patrimônio cultural – concebido como substantivo, estável,

7. Ver capítulo "Que cada povo teça os fios de sua história: um diálogo tenso com a colonialidade legislativa 'dos salvadores' da infância indígena", neste volume, p. 165. (N.E.)

permanente e fixo; como uma episteme cristalizada –, mas, em vez disso, deve ser visto como um vetor histórico. Cada cultura e seu patrimônio são, por sua vez, percebidos como a destilação de um processo histórico, como sedimento de uma experiência histórica acumulativa que não para. O caráter cumulativo desse sedimento torna-se concreto naquilo que percebemos como uso, costume e outras noções que parecem fixas e repetitivas e que a noção antropológica de cultura captura, estabiliza e postula como seu objeto de estudo. No entanto, quem regressa ao seu campo etnográfico dez anos depois dirá que a aparência de estabilidade é uma miragem e o costume nada mais é do que a história em andamento.

Podemos, portanto, perceber que os costumes podem mudar e, de fato, mudam constantemente. A permanência de um povo não depende da repetição de certas práticas ou da fixação de certas ideias; logo, podemos nos livrar dessas amarras quanto à noção de identidade e reformulá-las em conexão com a ideia de povo como um vetor histórico. Um povo é um coletivo que se percebe advindo de um passado comum e dirigindo-se a um futuro comum, é uma trama que não dispensa conflitos de interesses e antagonismos de sensibilidades éticas e posições políticas, mas que compartilha uma história. Essa perspectiva leva-nos a substituir a expressão "uma cultura" pela expressão "um povo", sendo este o sujeito vivo de uma história particular em meio a articulações e trocas que projetam uma inter-historicidade mais do que uma interculturalidade. O que identifica esse sujeito coletivo, esse povo, não é uma herança cultural estável com conteúdos fixos, mas sim a autopercepção de seus membros quanto à partilha de um passado comum e um futuro comum, apesar das dissidências e dos conflitos internos.

O que é um povo, afinal? Um povo é o projeto de uma história compartilhada. Quando a história que se ia tecendo coletivamente – como a trama de uma tapeçaria em que os fios convergem e divergem para criar figuras – é interrompida pela força de uma intervenção externa, esse sujeito coletivo tentará retomar os fios, fazer pequenos nós, suturar a memória e seguir. Nesse caso, deve ocorrer o que pode ser chamado de restituição da história a um povo, ou seja, restituição da capacidade do povo de tecer seu próprio caminho histórico, retomando o traçado das figuras interrompidas, tecendo-as até o presente e projetando-as no futuro.

Em casos como esse, que papel o Estado deveria cumprir? Apesar de sua relação colonial permanente com os territórios que administra, um bom Estado, em vez de impor sua própria lei, deveria restaurar a jurisdição da comunidade, promover laços comunitários e garantir a deliberação interna. A seguir, explico como essas características de um povo são suprimidas devido à intervenção do Estado, levando a mudanças deletérias nas relações de gênero. A brecha decolonial que pode ser disputada dentro da matriz estatal torna-se possível precisamente pelo retorno da autojurisdição às comunidades e pela garantia da deliberação interna; isso nada mais é do que a restauração da capacidade de um povo de implementar seu próprio projeto histórico.

Distanciamo-nos, assim, do argumento relativista, sem prejuízo do procedimento metodológico que, ao relativizar, permite compreender o ponto de vista do outro. E distanciamo-nos estrategicamente, embora os próprios povos indígenas muitas vezes tenham recorrido ao relativismo (com algumas consequências perversas, como discuto a seguir). O argumento relativista deve dar lugar ao argumento do pluralismo histórico, que é simplesmente uma variante não culturalista do relativismo, porém imune às tendências fundamentalistas inerentes ao culturalismo. Em vez de um horizonte cultural fixo, cada povo tece sua história por meio de debate e deliberação interna, cavando as inconsistências de seus discursos culturais, tirando o máximo proveito de suas contradições e escolhendo entre alternativas que podem estar adormecidas, mas já presentes na "cultura" e que se tornam vivas em resposta às ideias que circulam no mundo ao redor, interagindo com e dentro do universo da nação, definida como uma aliança entre os povos.[8] Dada uma situação precária que ameaçava impor uma vigilância estrita sobre a aldeia por agências estatais e grupos religiosos, a única estratégia viável era substituir o relativismo cultural por um argumento mais defensável baseado no pluralismo histórico (um pluralismo de historicidades que estão sempre abertas, em fluxo, em meio a outras e em troca com elas).

Os dilemas que surgiram nesse cenário complexo obrigaram-me a pôr em prática uma *Antropologia contenciosa*, que me levou a sugerir os seguintes termos: um povo como sujeito de uma história e não como uma cultura; pluralismo histórico em vez de relativismo cultural; e a inter-historicidade em vez de interculturalidade. Esses são, creio eu, termos mais adequados para pensar e agir dentro de um projeto crítico e libertador. Meu objetivo não era inovar ou introduzir neologismos. Não penso ou proponho que esses termos devam ser eliminados, mas, sim, que sejam usados com cuidado, a fim de evitar a tendência do culturalismo para o fundamentalismo. Esse tem sido um problema do qual nem a autocrítica antropológica nem o ativismo conseguiram livrar-se.

O mundo-Estado e o mundo-aldeia

A pergunta que surge é a seguinte: após o longo processo de colonização europeia, o estabelecimento do padrão de colonialidade e o subsequente aprofundamento da ordem moderna nas mãos das repúblicas independentes – muitas delas

8. Ver A. A. An-Na'im, "Toward a Cross Cultural Approach to Defining International Standards of Human Rights: The Meaning of Cruel, Inhuman, or Degrading Treatment or Punishment".

igualmente ou até mais cruéis do que a administração ultramarina –, poderia o Estado retirar-se repentinamente? Apesar de a colonialidade ser uma matriz que ordena o mundo hierarquicamente de forma estável, essa matriz possui uma história interna. Não há apenas uma história que instala a episteme da colonialidade do poder, e a raça como seu classificador, mas também uma história da raça dentro dessa episteme, e uma história das relações de gênero dentro da própria matriz do patriarcado. Ambas respondem à expansão dos tentáculos do Estado modernizador dentro das nações, entrando com suas instituições em uma mão e com o mercado na outra, rasgando o tecido comunitário, trazendo o caos e introduzindo uma profunda desordem em todas as estruturas que aqui existiam e no próprio cosmos. Uma das distorções que acompanham esse processo é, como tentarei demonstrar, o agravamento e a intensificação das hierarquias que faziam parte da ordem comunitária pré-intrusão. Mas, uma vez que esse distúrbio foi introduzido, é possível ou desejável remover repentinamente esse Estado?

O mundo-aldeia é um arranjo que antecede a intrusão colonial, um fragmento sobrevivente que mantém algumas características do mundo anterior à intervenção colonial. Não temos palavras para falar desse mundo. E não devemos descrevê-lo como pré-moderno se quisermos evitar sugerir que o mundo-aldeia é simplesmente um estágio que precede a modernidade e se dirige inexoravelmente para ela. Esses mundos-aldeia seguiram caminhando ao lado do mundo sob intervenção da colonial-modernidade. No entanto, quando foram colocados sob a pressão da colonização, a influência da metrópole e da república exacerbou as hierarquias já existentes (as de casta, *status* e gênero como um tipo de *status*), que se tornaram autoritárias e perversas.

Podemos viver decolonialmente dentro do Estado e fazer com que ele aja de maneira a ajudar a recomposição das comunidades? Podemos fazer o Estado restituir o autogoverno e, assim, a própria história das comunidades? Essa é uma questão em aberto. É uma questão sobre a nossa situação atual, que pode ser descrita como um entre-mundo, porque tudo o que existe realmente são pontos intermediários, interfaces e transições entre o mundo-Estado e o mundo-aldeia, entre a ordem colonial-moderna e a ordem pré-intrusão. Esse entre-mundo envolve trocas de influências benignas e malignas entre o mundo-aldeia e o mundo-Estado; tanto o mundo-aldeia quanto o mundo-Estado se infiltram um no outro de maneiras deletérias e benéficas.

Quando a aldeia é penetrada pela modernidade instrumental, pela lógica do mercado e por certos aspectos da democracia representativa, que inevitavelmente atraem e cooptam líderes comunitários ou caciques, o entre-mundo que é gerado é destrutivo; no entanto, quando o discurso moderno de igualdade circula na aldeia, o entre-mundo gerado é benéfico. Isso é verificado por mulheres que recorrem a ele. Da mesma forma, quando a aldeia, com sua ordem de *status* e solidariedade baseada na família penetra na esfera pública, prejudica-a, tornando-a corporativa na estrutura e criando redes corporativas de parentesco. Por outro lado, quando a solidariedade comunitária entra na ordem moderna, ela cria laços comunitários positivos e fomenta a prática da reciprocidade.

Uma função do Estado seria, portanto, devolver ao povo sua jurisdição interna e a trama de sua história – que havia sido expropriada pelo processo e pela ordem da colonial-modernidade. O Estado deveria fazer isso ao mesmo tempo em que permite que o discurso igualitário da modernidade entre na vida comunitária. Ao fazê-lo, o Estado contribuiria para a cura do tecido comunitário dilacerado pela colonialidade e para o restabelecimento de formas coletivistas com hierarquias menos perversas do que as resultantes da hibridização com a ordem colonial e republicana posterior.

Recordemo-nos também de que há entre-mundos do sangue no que diz respeito à mestiçagem, e que esses também seguem direções díspares. Há um entre-mundo da mestiçagem como branqueamento, construído ideologicamente como o sequestro do sangue não branco na "brancura" e sua cooptação no processo de diluição progressiva do rastro negro e indígena no mundo *criollo*,[9] miscigenado-embranquecido do continente. Inversamente, há um entre-mundo da mestiçagem como enegrecimento, construído com o aporte do sangue branco ao sangue não branco, no processo de reconstrução do mundo indígena e afrodescendente, colaborando, assim, com o processo de sua reconstituição demográfica. Ambas as construções são evidentemente ideológicas, já que sua biologia é a mesma. No entanto, eles correspondem a dois projetos históricos opostos. O segundo projeto reformula a mestiçagem como o ressurgimento do sangue não branco após séculos de fluxo subterrâneo, atravessando o sangue branco para reemergir no amplo processo de ressurgimento indígena e negro atualmente em andamento em nosso continente. Assim, a pessoa mestiça aprende que carrega consigo a história indígena.[10]

Dualidade e binarismo: verossimilhanças entre igualitarismo colonial-moderno de gênero e gênero pré-intrusão

Quero falar de como as relações coloniais modernas de gênero infiltraram-se no mundo-aldeia. Algo semelhante foi apontado por Julieta Paredes[11] em sua formulação sobre o "entroncamento de patriarcados". Quando comparamos o processo de intrusão colonial e estatal com a suposta ordem ideal da colonial-modernidade, iluminamos o mundo-aldeia ao mesmo

9. O termo *criollo*, utilizado na América de colonização espanhola, designa as e os nascidos no Novo Mundo, descendentes de espanhóis. (N.T.)
10. Ver o texto "Os rios profundos da raça latino-americana", neste volume. (N. T.)
11. J. Paredes, *Hilando fino desde el feminismo comunitario*.

tempo em que revelamos aspectos do mundo-Estado que geralmente nos são opacos. Esses pontos cegos devem-se à nossa imersão na religião cívica de nosso mundo. Também quero destacar que a análise do sistema de gênero de cada mundo revela os contrastes entre seus respectivos padrões de vida em todas as áreas. Isso porque as relações de gênero são ubíquas e onipresentes na vida social, apesar de serem classificadas como um "tema particular ou especial" no discurso sociológico e antropológico.

Proponho que leiamos a interface entre o mundo pré-intrusão e a colonial-modernidade à luz das transformações no sistema de gênero do primeiro. Em outras palavras, a questão não é apenas introduzir o gênero como um "tópico especial" dentro da crítica decolonial, ou como um aspecto do padrão colonial de dominação. Em vez disso, o objetivo é dar ao gênero um *status* pleno como uma categoria teórica e epistêmica – uma categoria capaz de iluminar todas as outras transformações impostas à vida comunitária pela nova ordem colonial-moderna.

A discussão acima leva-nos ao cerne de um debate recente no feminismo, no qual situarei minha posição em relação a duas outras correntes feministas. A primeira é o feminismo eurocêntrico, que afirma que o problema da dominação patriarcal é universal e não difere muito de contexto a contexto. Sob esse ponto de vista, seria possível transmitir os avanços da modernidade no campo dos direitos das mulheres ocidentais para as mulheres não brancas, indígenas e negras dos continentes colonizados. O feminismo eurocêntrico defende a superioridade moral autodeclarada das mulheres europeias e europeizadas, autorizando-as a intervir com sua missão "moral" civilizadora, modernizadora e colonial – a chamada e conhecida *mission civilisatrice* do Ocidente. Essa posição é inevitavelmente a-histórica e anti-histórica. Ao negar a diferença, ela "forclui" a história e aprisiona-a no tempo muito lento, quase estagnado do patriarcado, e, acima de tudo, nega o reconhecimento dos efeitos radicais do tempo colonial-moderno na história das relações de gênero. Em outras palavras, o feminismo ocidentalizante eurocêntrico não consegue ver que o patriarcado é um desenvolvimento histórico, embora flua de forma extremamente lenta no tempo histórico. Consequentemente, essa posição ofusca os efeitos da época colonial-moderna na história das relações de gênero. Embora raça e gênero tenham sido instalados por rupturas epistêmicas de uma época diferente – conquista e colonização para a invenção da raça e a história da espécie para o gênero –, ambos passam por transformações históricas dentro da estabilidade da episteme que os originou.

A segunda posição, que se encontra no outro extremo, é a de autoras como María Lugones[12] e Oyèrónkẹ́ Oyěwùmí,[13] que afirmam que o gênero não existia no mundo pré-colonial. Em 2003, publiquei uma análise crítica do livro de Oyěwùmí na qual revisitei um texto que escrevi em 1986. Lá, eu havia expressado uma perplexidade semelhante sobre o gênero na civilização iorubá, com a qual trabalhei no Brasil, mas cheguei a conclusões diferentes das de Oyěwùmí.[14]

Existe uma terceira posição, que quero endossar aqui, apoiada por copiosas evidências históricas e relatos etnográficos que provam a existência de nomenclaturas de gênero nas sociedades tribais indo-americanas, africanas e de Nova Guiné. Essa posição atesta a existência de uma estrutura patriarcal nessas sociedades, embora diferente do gênero ocidental, que poderia ser descrita como um patriarcado de baixa intensidade. Além disso, nega que o feminismo eurocêntrico poderia ser eficaz ou apropriado para lidar com os problemas do patriarcado de baixa intensidade. Essa é a posição de pensadoras feministas ligadas ao processo histórico de insurgência zapatista em

12. M. Lugones, "Heterosexualism and The Colonial/Modern Gender System".
13. O. Oyěwùmí, *A invenção das mulheres: construindo um sentido africano para os discursos ocidentais de gênero*.
14. R. Segato, "Inventando a natureza: família, sexo e gênero no Xangô do Recife" e *Las estructuras elementales de la violencia: contrato y status en la etiología de la violencia*.

Chiapas,[15] que se colocam como um exemplo paradigmático de como resolver as tensões que ocorrem na luta pela autonomia indígena ao mesmo tempo que se engajam em uma luta interna que exige melhores condições de vida para as mulheres. Mulheres indígenas frequentemente denunciam a chantagem que sofrem de autoridades indígenas que as pressionam a adiar suas próprias demandas como mulheres devido ao risco de fragmentar sua comunidade na luta por recursos e direitos.[16]

Dados históricos e etnográficos sobre mundos tribais comprovam a existência de estruturas reconhecíveis de diferença e hierarquia semelhantes ao que chamamos de relações de gênero. Percebem-se hierarquias claras de prestígio entre masculinidade e feminilidade, representadas por posições que poderíamos chamar de homens e mulheres. Apesar do caráter reconhecível dessas posições de gênero, o mundo tribal permite mais trânsito e circulação entre as posições do que o gênero ocidental moderno. Povos indígenas como o povo Warao da Venezuela, Guna (Kuna) do Panamá, Aché (Guayaki) do Paraguai, Trio do Suriname, Javaé do Brasil e Inca dos tempos pré-colombianos, bem como muitos povos nativos norte-americanos, primeiras nações canadenses e todas as religiões afrodiaspóricas, têm vocabulários para identidades e práticas transgêneras, permitiam o que o Ocidente chama de casamentos do mesmo sexo e tinham outras formas de transitividade de gênero proibidas pelo rígido sistema colonial-moderno de gênero. Duas etnografias clássicas sobre esse aspecto das

15. A autora se refere ao levante zapatista iniciado no estado mexicano de Chiapas, em 1º de janeiro de 1994, dia em que entrou em vigor o Acordo de Livre-Comércio da América do Norte (Nafta), que favorecia a expansão do capitalismo e os processos de expropriação. A revolta zapatista teve repercussão em todo o país, criando um debate nacional sobre o modelo de desenvolvimento adotado, representação política e social, chamando atenção para uma realidade de pluralidade étnica e suas autonomias. (N.E.)
16. Ver A. B. Cal y Mayor, "Ciudadanas en la etnicidad: campos del proceso de ciudadanización de las mujeres indígenas en los altos de Chiapas: desafíos y oportunidades"; M. Gutiérrez e N. Palomo, Nellys. "Autonomía con mirada de mujer"; R. A. Hernández Castillo, "Re-pensar el multiculturalismo desde el género: las luchas por el reconocimiento cultural y los feminismos de la diversidad"; R. A. Hernández e M. T. Sierra, "Repensar los derechos colectivos desde el género".

sociedades indígenas na América Latina são o artigo de 1978 de Pierre Clastres sobre gênero entre os índios Aché do Paraguai,[17] e a monografia de 1969 de Peter Rivière.[18] Ambos precedem significativamente a literatura decolonial.

As dimensões de uma construção da masculinidade ao longo da história das espécies, que chamo de "pré-história patriarcal da humanidade", também são reconhecíveis no mundo pré--intrusão. Essa pré-história é caracterizada por uma temporalidade muito lenta, ou seja, uma *longue durée* que se sobrepõe ao tempo evolutivo.[19] Essa masculinidade é construída por meio da iniciação. Um sujeito é obrigado a adquirir o *status* de masculinidade enfrentando provações e até a morte, assim como na alegoria hegeliana senhor-escravo. Esse sujeito masculino deve orientar-se constantemente para a masculinidade, pois está sempre sob o olhar avaliador de seus pares. Ele deve confirmar e reconfirmar sua resistência e agressividade, bem como sua capacidade de dominar as mulheres e extrair delas o que chamo de "tributo feminino",[20] a fim de demonstrar que possui toda a variedade de poderes – físico, marcial, sexual, político, intelectual, econômico e moral – que lhe permitiria o reconhecimento como um sujeito masculino.

Isso mostra que o gênero sempre existiu, mas de uma forma diferente da dos tempos modernos. Além disso, mostra que o contato da colonial-modernidade com o gênero da aldeia traz mudanças perigosas. A colonial-modernidade infiltra-se na estrutura de relações da aldeia e as reorganiza a partir de dentro, criando a ilusão de continuidade ao mesmo tempo em que transforma seu significado, ao introduzir uma ordem agora regida por normas diferentes. Daí a verossimilhança que identifico no título da seção: as nomenclaturas persistem, mas

17. P. Clastres, "O arco e o cesto".
18. P. Rivière, *Marriage Among the Trio: A Principle of Social Organization.*
19. R. Segato, *Las estructuras elementales de la violencia: contrato y status en la etiología de la violencia.*
20. Idem.

são reinterpretadas segundo uma nova ordem moderna. Esse híbrido é verdadeiramente fatal, porque as linguagens hierárquicas anteriores se tornam hiper-hierárquicas após entrarem em contato com o discurso moderno da igualdade. Deixe-me explicar por quê. Em primeiro lugar, há uma superinflação da importância dos homens dentro da comunidade, dado seu papel de intermediários com o mundo externo – tradicionalmente, com os homens de outras casas e aldeias e, agora, com a administração branca. Em segundo lugar, os homens enfrentam a emasculação e a perda de *status* quando se aventuram fora de sua comunidade e enfrentam o poder da administração branca. Por fim, há uma superexpansão do espaço público ancestralmente ocupado pelos homens na comunidade, bem como um desmantelamento e privatização da esfera doméstica. Como consequência disso, a dualidade torna-se binarismo porque a esfera dos homens é definida como a epítome do que é público e político, em oposição à esfera das mulheres, que é despolitizada por ser definida como privada.

A aldeia sempre foi organizada em termos de *status*. É dividida em espaços distintos, cada um com suas próprias regras, diferenciais de prestígio e uma ordem hierárquica habitada por criaturas que podemos considerar – genericamente e do ponto de vista da modernidade – homens e mulheres, dados os papéis, trabalho, espaços e obrigações rituais que lhes são atribuídos. Como várias autoras feministas já apontaram, o discurso da colonial-modernidade, embora igualitário, esconde dentro de si uma hierarquia abissal deixada para trás por um processo que podemos provisoriamente descrever como a totalização progressiva da esfera pública ou o "totalitarismo" progressivo da esfera pública. É possível até sugerir que a esfera pública é o que continua e aprofunda o processo de colonização hoje. Utilizando a categoria de "contrato sexual" de Carole Pateman,[21] podemos esclarecer essa ideia afirmando

21. C. Pateman, *The Sexual Contract*.

que, no mundo-aldeia, o contrato sexual é exposto, enquanto na colonial-modernidade o contrato sexual é disfarçado pela linguagem do contrato cidadão.

Deixe-me ilustrar esse ponto narrando o que aconteceu quando tentamos realizar as oficinas da Coordenação de Mulheres da Funai nas aldeias. Esperávamos conversar com as indígenas sobre a crescente violência contra elas, problema que começou a ser notícia em Brasília. No entanto, o que normalmente acontecia, especialmente nas áreas onde a vida "tradicional" é supostamente mais bem preservada e a autonomia em relação ao Estado é um valor profundamente arraigado (como é o caso do Parque Indígena do Xingu, em Mato Grosso), era que os caciques e os homens faziam questão de comparecer às reuniões para alegar que não havia nada que o Estado precisasse discutir com suas mulheres. Para apoiar seu argumento, eles invocavam a afirmação aparentemente plausível de que seu mundo "sempre foi assim", pois "o controle que exercemos sobre nossas mulheres é algo que sempre tivemos". Como antecipei nas páginas anteriores, eles baseiam sua afirmação em um argumento culturalista – e, portanto, fundamentalista – no qual se presume que a cultura não tem história. Arlette Gautier chama essa miopia histórica de "a invenção do direito consuetudinário".[22]

Nossa resposta, realmente complexa e delicada, foi "sim e não". Embora a hierarquia de gênero sempre tenha existido no mundo-aldeia – ou seja, pelo menos um diferencial de prestígio entre homens e mulheres –, esse arranjo está agora ameaçado pela colonização e pela interferência produzida pela noção liberal de espaço público. A noção liberal de espaço público, ao proclamar o discurso da igualdade, também torna a diferença um problema. Fala do "problema do outro" e transforma a diferença em algo marginal e problemático; bane

22. A. Gautier, "Mujeres y colonialismo", p. 697.

o outro ao transformá-lo em um problema. Essa inflexão no gênero da aldeia introduzida pela colonial-modernidade resultou na cooptação dos homens como a classe ancestralmente dedicada às tarefas e aos papéis do espaço público.

As tarefas dos homens incluíram, ancestralmente, deliberar nos espaços comuns da aldeia, participar de expedições de caça, contatar aldeias e povos próximos ou remotos, e tanto travar guerra quanto fazer as pazes com eles. É por isso que, do ponto de vista da aldeia, os administradores coloniais, tanto no exterior como no território nacional, são entidades com as quais os homens negociam, fazem acordos, fazem guerras e, mais recentemente, de quem obtêm recursos e direitos que podem ser reivindicados nesta época de política identitária. A posição tribal masculina ancestral é transformada por meio de seu papel de interlocutor das agências poderosas que produzem e reproduzem a colonialidade. Era com os homens que os colonizadores guerreavam e faziam pactos, e é com os homens que o moderno Estado colonial também o faz. Segundo Gautier, a escolha de transformar os homens em interlocutores privilegiados foi intencional e no interesse da colonização: "a colonização envolveu uma perda radical de poder político para as mulheres, onde quer que este existisse, ao passo que os colonizadores negociavam com certas estruturas masculinas, ou as inventavam, com o objetivo de fazer aliados".[23] Os colonizadores também promoveram a "domesticação" das mulheres: um distanciamento e uma sujeição que facilitaram o empreendimento colonial.[24]

A posição masculina torna-se, assim, sub-repticiamente deslocada, sendo transmutada e promovida a um *status* superior próprio de uma estrutura exógena. É fortalecida por um acesso privilegiado a recursos e conhecimentos sobre o mundo do

23. Ibid., p. 718.
24. Ibid. p. 690ss.; D. de Assis Clímaco, *Tráfico de mulheres, negócios de homens: leituras feministas e anti-coloniais sobre os homens, as masculinidades e/ou o masculino.*

poder, mas essas mudanças são disfarçadas pela permanência da nomenclatura anterior. Ocorre uma ruptura e reconstituição da ordem de gênero que mantém os antigos nomes, signos e rituais de gênero, mas confere um novo conteúdo a cada posição. Os homens voltam para a aldeia alegando que são o que sempre foram, mas na verdade estão operando de acordo com um novo código. Poderíamos recorrer à fértil metáfora do "roubo de corpos" do clássico de Hollywood *Invasores de corpos*, ou ao "crime perfeito" de Baudrillard, pois a mudança de que falo está efetivamente oculta por uma falsa semelhança ou verossimilhança.

Estamos diante do elenco de gênero representando um drama que não é seu. Seu vocabulário foi capturado por uma gramática diferente. As mulheres e a própria aldeia passam a ser objetos exteriorizados para o olhar masculino que agora se contaminou, pelo contato e pela mimese, com os males da distância e da exterioridade que caracterizam o exercício do poder no mundo colonial-moderno. A posição do homem torna-se, assim, simultaneamente interna e externa, tendo adquirido a exterioridade e a capacidade objetificadora do olhar colonial, que é, simultaneamente, gerencial e pornográfico. Embora eu não possa discutir a questão em detalhes aqui, quero sugerir que a sexualidade também é transformada quando uma nova moralidade – aquela que transforma os corpos das mulheres em objetos e inocula noções de pecado, sodomia, etc. – é introduzida. A exterioridade colonial-moderna – que inclui a exterioridade da racionalidade científica, a exterioridade gerencial e a exterioridade que busca expurgar o outro racializado, como discutiram Aníbal Quijano e Walter Mignolo – tem o caráter pornográfico do olhar colonial.[25]

Paralelamente à superinflação do papel dos homens na aldeia, esses homens também são emasculados perante o mundo

25. A. Quijano, "Coloniality and Modernity/Rationality"; W. Mignolo, *Local Histories/Global Designs: Coloniality, Subaltern Knowledges, and Border Thinking*.

branco, o que os coloca sob estresse e relativiza sua posição masculina, submetendo-os ao domínio do colonizador. Isso desencadeia a violência, porque oprime os homens na cena colonial e os empodera sobremaneira na aldeia, obrigando-os a exibir sua capacidade de controle na aldeia, para restaurar a masculinidade que foi afrontada lá fora. Isso vale para todo o universo da masculinidade racializada, rebaixada pela ordem colonial à condição subordinada de não brancura.

Consequentemente, não é possível sustentar a visão de que o patriarcado não existia na sociedade pré-colonial, já que vemos que os homens pré-coloniais estão divididos entre duas lealdades: a lealdade ao código patriarcal, que os obriga a se curvar aos vencedores e a cumprir suas regras, e a lealdade ao seu povo – família, comunidade e cultura. Por isso, é possível afirmar que a presença de um domínio patriarcal pré-colonial tornou o homem vulnerável à intrusão colonial e abriu as portas para a colonização. Como a antropóloga Ruth Landes vislumbrou em um texto antigo e esquecido: na guerra de conquista, os homens são os perdedores.[26]

O sequestro da política, isto é, de toda deliberação sobre o bem comum, pela esfera pública instalada e em expansão, e a consequente privatização e marginalização do espaço doméstico também fazem parte da colonização do gênero pré-intrusão pelo gênero colonial-moderno. Os laços exclusivos entre as mulheres, que orientavam sua solidariedade e colaboração tanto nos rituais quanto no trabalho produtivo e reprodutivo, são desmantelados no processo de encapsular a domesticidade como "vida privada". Para o espaço doméstico e para as pessoas que o habitam, isso significa um colapso total de seu valor e munição política, de sua capacidade de participar de forma significativa nos processos de tomada de decisão que afetam toda a comunidade.

26. R. Landes, "Negro Slavery and Female Status".

A ruptura dos laços entre as mulheres e suas alianças políticas teve resultados fatais. As mulheres tornaram-se progressivamente mais vulneráveis à violência masculina, intensificada pelo estresse da pressão colonial. O confinamento compulsório do espaço doméstico e das mulheres que nele habitam tem consequências terríveis em termos da violência a que são submetidas. É essencial entender que essas consequências são inteiramente modernas e um produto da modernidade, e lembrar que o processo de modernização em constante expansão é também um processo contínuo de colonização.

Da mesma forma que o genocídio, por sua racionalidade e sistematicidade, se origina na modernidade, as recorrentes práticas violentas do feminicídio só se tornam possíveis na ordem colonial-moderna. Esta é a barbárie colonial-moderna de gênero que mencionei anteriormente. A razão pela qual o feminicídio frequentemente fica impune, como argumentei,[27] é a privatização do espaço doméstico, agora transformado em um espaço residual fora da esfera do interesse público. Com o surgimento da grade de uma episteme universal moderna e suas instituições (Estado, política, direitos e ciência), a cena doméstica e as mulheres que a habitam tornam-se sobras marginais fora das questões de interesse geral e importância universal.

Vários povos amazônicos e *chaqueños*[28] restringem a participação e a fala das mulheres no espaço público de sua aldeia – a deliberação sendo uma prerrogativa dos homens devido à estrita divisão dos papéis sexuais nas sociedades tribais. No entanto, é sabido que esses homens, via de regra, e muitas vezes de forma ritualizada, suspendem os seus protocolos parlamentares sem terem chegado a uma conclusão, para consultar as mulheres em casa. No dia seguinte, a assembleia

27. R. Segato, "Femi-geno-cidio como crimen en el Fuero Internacional de los Derechos Humanos: el derecho a nombrar el sufrimiento en el derecho".
28. *Chaqueños* são os povos do Chaco ou Grande Chaco, região geográfica que abrange parte dos territórios paraguaio, boliviano, argentino e brasileiro. (N. T.)

só continuará depois de consultado o mundo feminino, que só pode pronunciar-se a partir de casa. Se essa consulta não for realizada, os homens serão duramente penalizados. Essa é uma ocorrência habitual em um mundo visivelmente compartimentado onde, apesar da distinção entre espaço público e doméstico, a política atravessa os dois espaços. No mundo andino, a autoridade do *mallku* é sempre dupla: envolve uma cabeça masculina e uma feminina, embora elas sejam classificadas hierarquicamente. Todas as deliberações da comunidade contam com a presença de mulheres, que se sentam ao lado de seus companheiros (não necessariamente cônjuges) ou se agrupam fora da sala e enviam sinais de aprovação ou desaprovação durante o debate. Assim, o espaço público e seus atores não detêm o monopólio da política, como no mundo colonial-moderno. Ao contrário, o espaço doméstico é dotado de uma politicidade própria, pela regra obrigatória da consulta informal e por articular o grupo corporativo de mulheres como uma frente política.

O gênero no mundo-aldeia constitui uma dualidade hierárquica em que ambos os termos constitutivos são dotados de plenitude ontológica e política, apesar de sua desigualdade. Não há dualidade no mundo moderno, apenas binarismo. Enquanto o relacionamento dentro da dualidade é complementar, o relacionamento dentro do binarismo é suplementar. Um termo suplementa – e não complementa – o outro. O suplemento passa a ser um mero acessório do termo principal. Quando um termo se torna "universal", porque agora representa generalidade, o que era inicialmente uma hierarquia se transforma em um abismo onde o "outro" não tem lugar na grade. Assim, a estrutura binária é obviamente diferente da dual. A estrutura dual é uma estrutura de dois, enquanto a estrutura binária é uma matriz de "um" e seus outros.

De acordo com o padrão binário colonial-moderno, para que qualquer elemento alcance plenitude ontológica, plenitude de ser, ele deve ser expurgado de sua diferença radical e singularidade e ser equalizado. Em outras palavras, deve ser comensurável de acordo com uma grade de referência ou equivalência universal. Assim, qualquer manifestação de outridade constitui um problema que só pode ser sanado ao passar pela grade que digere e iguala particularidades e idiossincrasias. O "outro" indígena, o "outro" não branco e a mulher devem passar por um processo que converta sua diferença em uma identidade reconhecível dentro do padrão global. Caso contrário, eles não se encaixam no ambiente neutro e asséptico da equivalência universal, isto é, daquilo que pode ser generalizado e receber valor e consideração universais. No mundo moderno, apenas os sujeitos – individuais ou coletivos – que foram filtrados, processados e transformados nos termos universais da esfera "neutra" podem adquirir voz política. Tudo o que não pode ser convertido de acordo com essa grade torna-se excesso.[29]

Como outros autores e autoras explicaram, essa esfera, essa ágora moderna tem um sujeito nativo que pode mover-se pelo ambiente à vontade, porque é seu habitante natural. Esse sujeito criou as regras de cidadania à sua imagem e semelhança ao longo da história colonial-moderna. Ele é homem, branco, alfabetizado, proprietário e *pater familias* (uso este termo em vez de heterossexual, porque sua vida sexual é desconhecida, mas sua "respeitabilidade" como chefe de família pode ser comprovada). Qualquer pessoa que aspire a adquirir sua capacidade cívica – a capacidade de incorporar uma identidade política pública – deve converter-se a seu perfil .[30]

A *dualidade*, como é o caso da dualidade de gênero no mundo indígena, é uma variante do múltiplo. O "dois" resume e

29. Ver minha crítica às identidades políticas multiculturais em R. Segato, *La Nación y sus Otros: raza, etnicidad y diversidad religiosa en tiempos de políticas de la identidad*.
30. Ver M. Warner, *The Letters of the Republic: Publication and the Public Sphere in Eighteenth-Century America*; R. West, "Jurisprudence and Gender"; S. Benhabib, *Situating the Self: Gender, Community and Postmodernism in Contemporary Ethics*; D. Cornell, *At the Heart of Freedom: Feminism, Sex, and Equality*; I. M. Young, *Inclusion and democracy*.

representa a multiplicidade. O *binarismo*, que é característico da modernidade, resulta da episteme do mundo do "um", que se baseia no expurgo e na exterioridade. O "um" e o "dois" da dualidade indígena são apenas uma entre muitas possibilidades do múltiplo. E embora o "um" e o "dois" possam ser complementares, eles são ontologicamente completos e dotados de politicidade, apesar de serem desiguais em valor e prestígio. O segundo dentro dessa dualidade hierárquica não é um problema que deva ser transformado por meio da grade da equivalência universal, e não é concebido como o que resta do processo de transposição do um. Em vez disso, o segundo é plenamente outro, um outro completo e ontologicamente irredutível.

Diante disso, entendemos que a esfera doméstica é um espaço ontológico e politicamente completo, com política e sociabilidade próprias. É hierarquicamente inferior à esfera pública, mas capaz de autodefesa e autotransformação. As relações de gênero nesse mundo constituem um *patriarcado de baixa intensidade* quando comparadas às relações patriarcais impostas pelo colonialismo e reforçadas pela colonial-modernidade. Sem entrar em detalhes, gostaria de chamar a atenção para o notório fracasso das estratégias de gênero de prestigiosos programas de cooperação internacional, que fracassam justamente porque aplicam uma visão universalista e partem de uma definição eurocêntrica de "gênero" e das relações que ele organiza. Em outras palavras, a fragilidade evidente dessas ações cooperativas decorre de sua falta de sensibilidade para as categorias próprias dos lugares onde os empreendimentos são realizados. Tanto nas comunidades rurais quanto nas aldeias indígenas, o gênero é dual e, portanto, a dualidade organiza seus espaços, tarefas e a distribuição de direitos e responsabilidades. É a dualidade que define os coletivos ou comunidades de gênero. Consequentemente, o tecido comunitário é dividido em dois grupos, cada um com suas próprias normas internas e modos de convivência e associação para tarefas produtivas, reprodutivas e cerimoniais. Cada grupo tem sua própria politicidade.

De maneira geral, os projetos de cooperação técnica formulados por países europeus revelam como é difícil perceber as especificidades de gênero no ambiente comunitário. É por essa razão que os projetos que visam a promover a igualdade de gênero incorretamente enquadram seu trabalho como sendo sobre empoderar mulheres individualmente, ou produzir igualdade entre mulheres e homens individualmente.

O objetivo desses projetos é promover a igualdade diretamente, sem a mediação de entendimentos locais de gênero, porque a igualdade de gênero é concebida como a igualdade de indivíduos e não de grupos de gênero. Ao focar nos indivíduos, esses programas e ações projetados para promover a igualdade de gênero deixam de ser sensíveis ao contexto – eles não percebem que deveriam ter como objetivo promover o espaço doméstico e as mulheres como um coletivo face ao espaço público comunitário e aos homens como um coletivo. Em outras palavras, seu objetivo deveria ser promover a igualdade entre mulheres e homens como coletivos dentro da comunidade. Dessa forma, mulheres proeminentes poderiam agir de dentro de sua comunidade, em vez de se alienar da vida comunitária.

Outro grande erro que os programas de cooperação internacional, políticas públicas e organizações não governamentais (ONGs) cometem diz respeito ao conceito de transversalidade e sua consequente estratégia de transversalizar as políticas destinadas a remediar as hierarquias de gênero. Basicamente, o erro consiste em assumir que algumas dimensões da vida comunitária são de interesse universal – a economia, a organização social, a vida política etc. –, enquanto outras dimensões, como a vida doméstica e a vida das mulheres, representam apenas interesses parciais e particulares. A proposta de transversalização das políticas de gênero baseia-se na ideia equivocada de que, para a aldeia, assim como na esfera pública colonial-moderna, os assuntos públicos são "assuntos de interesse universal", enquanto os assuntos domésticos contam apenas como interesses particulares. Como consequência dessa classificação equivocada, o que precisa ser transversalizado é o que se supõe ser de interesse particular ou parcial, que é concebido como complementar às questões centrais de importância universal. Aqui vemos, mais uma vez, as distorções que surgem quando as instituições da modernidade são projetadas eurocentricamente nas instituições do mundo-aldeia. Transversalizar questões de preocupação supostamente particular, como questões de gênero, de modo que elas atravessem as "questões universais", é um erro flagrante quando se quer alcançar a realidade dos mundos não orientados por um binarismo colonial eurocêntrico. No mundo-aldeia, a esfera política pode ser mais prestigiosa, mas não é universal nem abrangente – ela é *uma parte* do todo, assim como a esfera doméstica. Ambos os espaços são considerados ontologicamente completos e nenhum pode substituir o outro.

Além de ser individualista, o mundo moderno é o "mundo do um", que descarta todas as formas de outridade como um problema. A antropologia, como disciplina, é prova disso, porque se funda na convicção moderna de que o "outro" deve ser explicado, traduzido, tornado comensurável e processado pela operação racional que o incorpora à grade universal. O que não pode ser processado por essa grade torna-se um resto que carece de realidade e plenitude ontológica; então é incompleto, irrelevante e descartado. A desconstrução derridiana, que desestabiliza o par binário, seria, portanto, desprovida de sentido dentro da lógica da dualidade.

Com a transformação da dualidade – uma variante do "múltiplo" – no binarismo do "um" – universal, canônico e "neutro" – e seus outros – resto, sobra, anomalia, margem –, passam a clausurar-se os trânsitos, a disponibilidade para a circulação entre as posições passa a ser colonizada pela lógica binária e o movimento entre as posições é cancelado. Uma vez que a lógica binária assume o controle, o gênero torna-se rigidamente fixado à matriz heterossexual ocidental. Isso gera a necessidade de políticas públicas que promovam a igualdade e a liberdade sexual, a necessidade de direitos para proteger as pessoas da homofobia e da transfobia e garantir o casamento entre pessoas do mesmo sexo. Os casamentos do mesmo sexo, proibidos na colonial-modernidade, haviam sido anteriormente aceitos por um amplo número de povos indígenas no continente. Giuseppe Campuzano fez uma extensa pesquisa sobre crônicas e documentos dos séculos XVI e XVII que demonstram as pressões impostas pelo colonizador às várias formas de sexualidade que encontrou entre a civilização inca e a civilização pré-colonial andina.[31] Nesses documentos, Campuzano identifica normas e punições introduzidas para incorporar essas práticas à matriz heterossexual binária do conquistador, impondo noções de pecado até então desconhecidas e difundindo seu olhar pornográfico.

Assim, podemos concluir que muitos preconceitos morais que os direitos humanos tentam combater, agora considerados "costume" ou "tradição", são, na verdade, preconceitos modernos. Esses preconceitos, costumes e tradições têm sua origem no padrão estabelecido pela colonial-modernidade. Em outras palavras, "costumes" homofóbicos e outras ideologias nocivas são de fato modernos e, novamente, descobrimos que a modernidade apresenta um antídoto legal para os males que introduziu e continua a propagar. A camisa de força da identidade também é uma característica fundamental da racialização, instalada pelo processo colonial da modernidade, que empurra seus sujeitos para posições fixas dentro do cânone binário formado pelos termos branco e não branco. De acordo com o novo padrão, o segundo termo torna-se meramente o "outro": algo anômalo, defeituoso, periférico e marginal em relação ao primeiro.

Outro resultado infeliz desse processo é a reorganização do cosmos e de toda a Terra – com todos os seus seres animados

31. G. Campuzano, "Reclaiming Travesti Histories"; "Contemporary Travesti Encounters With Gender and Sexuality in Latin America", entre outros.

e inanimados – no binarismo da relação sujeito-outro na ciência ocidental. Em meio a essa situação inédita, que é nova e que está em expansão para muitos povos expostos a um processo permanente e cotidiano de conquista e colonização, as lutas por direitos e políticas públicas inclusivas voltadas para a equidade são típicas do mundo moderno. Não se trata de se opor a elas, mas de compreender o paradigma a que pertencem. Além disso, trata-se de compreender que viver de forma decolonial é tentar abrir brechas em um território totalizado pelo esquema binário, que pode ser o instrumento mais eficiente do poder colonial-moderno.

Por isso, ao explicar a Lei Maria da Penha contra a violência doméstica nas oficinas de gênero da Coordenação de gênero e assuntos geracionais da Funai, dizia às minhas interlocutoras indígenas que o Estado oferece com uma mão o que já roubou com a outra. Quando o mundo do "um" e de seus outros marginais, periféricos, entra em contato com o mundo da multiplicidade, ele o captura e transforma a partir de dentro. Isso é consequência do padrão de colonialidade do poder, que confere posição universal a um mundo e lhe atribui grande influência sobre o outro. O que acontece, mais precisamente, é que um mundo coloniza o outro.

Nessa nova ordem dominante, o espaço público captura e monopoliza toda a deliberação e o poder decisório relacionado ao bem comum. O espaço doméstico fica totalmente despolitizado, em parte porque perde seus métodos ancestrais para influenciar as decisões tomadas no espaço público e também porque fica "nuclearizado", isto é, encapsulado na família nuclear e encerrado na privacidade. A instituição da família adota novas normas para as relações conjugais que censuram os laços estendidos que perpassavam o espaço doméstico.[32]

32. C. de J. Maia, *A invenção da solteirona: conjugalidade moderna e terror moral (Minas Gerais 1890-1948)*; L. Abu-Lughod, *Remaking Women: Feminism and Modernity in the Middle East.*

Essa erosão de laços leva à perda de um olho comunitário que supervisiona e julga o comportamento das pessoas. Assim, a despolitização do espaço doméstico torna o próprio vulnerável e frágil. Registrei inúmeros testemunhos das formas incomuns de crueldade vividas por aqueles e aquelas que gradualmente perderam a proteção da vigilância comunitária sobre a vida familiar. Em suma, desmoronam-se a autoridade, o valor e o prestígio das mulheres, bem como sua esfera de ação.

A queda da esfera doméstica e do mundo das mulheres de uma posição de plenitude ontológica para o nível periférico de "outro" marginal tem importantes consequências epistêmicas. Por exemplo, embora entendamos a ubiquidade do gênero na vida social, deixamos de conceder ao gênero seu legítimo *status* teórico e epistêmico de uma categoria central capaz de iluminar todos os aspectos da vida. Em contraste, o mundo pré-intrusão faz referência constante à dualidade em todas as esferas simbólicas, mostrando, assim, que o problema da desvalorização epistêmica do sistema de gênero não existe naquele ambiente.

O mais importante a ser notado aqui é o seguinte: *nesse contexto de mudança, as nomenclaturas são preservadas e uma ilusão ocorre – há a falsa impressão de que a velha ordem continua, com nomes, formalidades e rituais que parecem perdurar, mas essa ordem agora é governada por uma matriz diferente*. Essa é uma transição sutil e velada. Uma falta de clareza sobre as mudanças ocorridas faz com que as mulheres se submetam aos homens, sem saber como responder à sua frequente afirmação de que "sempre fomos assim". Dessa maneira, nasce uma forma insidiosa de manipulação. Os homens argumentam que, se a hierarquia de gênero for modificada, sua luta pela continuidade como povo será prejudicada, porque sua identidade como forma de capital político, cultural e simbólico será prejudicada. Danificar a identidade enfraqueceria, portanto, as demandas de seu povo por territórios, recursos e por direitos como recursos.

No entanto, na realidade, a colonização aumentou o distanciamento hierárquico na aldeia, agravando a desigualdade e elevando a posição dos que estão no poder: velhos, caciques e homens em geral. Como expliquei, embora seja verdade que a hierarquia sempre existiu, e também é verdade que as relações de gênero envolviam poder e prestígio desiguais, essas desigualdades aumentaram como resultado da intervenção do Estado colonial e da introdução da comunidade na ordem colonial-moderna. *Uma mutação ocorre sob o manto da continuidade aparente.* É por isso que uma habilidade analítica e retórica considerável é necessária para romper a ilusão de profundidade histórica da desigualdade de gênero de hoje e para demolir o argumento que solidifica a autoridade dos homens dentro da aldeia. O que encontramos aqui é uma vertente perversa de culturalismo, que leva ao fundamentalismo crescente na cultura política atual, inaugurada com a queda do Muro de Berlim, quando o debate marxista se tornou obsoleto e identidades essencializadas e politizadas se tornaram a linguagem de todas as lutas.[33]

Em suma, quando pensamos que universalizar a cidadania significa substituir a hierarquia de homens e mulheres por uma relação estritamente igualitária, estamos de fato tentando resolver os males da modernidade com soluções modernas. O Estado oferece com uma mão o que já roubou com a outra. Em contraste com a fórmula "diferente, mas igual" do ativismo moderno, o mundo indígena orienta-se pela fórmula "desigual, mas diferente", de difícil entendimento para nós. A fórmula indígena postula um mundo de múltiplos porque o outro – diferente e até inferior – não constitui um problema a ser resolvido, uma vez que não há imperativo de comensurabilidade no mundo-aldeia.

É aqui que o entre-mundo da modernidade crítica entra em cena, fertilizando hierarquias étnicas com seu discurso igualitário e

33. R. Segato, op. cit.

criando o que já se vem chamando de cidadania étnica ou comunitária. Tal cidadania só se desenvolverá por meio do autogoverno, ou seja, por meio do debate e da deliberação de seus membros à medida que vão tecendo sua própria história. Quero concluir recomendando o extraordinário filme de Ousmane Sembène, *Moolaadé*, que narra como um grupo de mulheres de uma aldeia em Burkina Faso lutou para erradicar a prática da infibulação. A luta ocorre a partir de dentro da comunidade, embora atravessada, como sempre, pelo mundo ao redor.

Bibliografia

aBU-LUGHOD, Lila. *Remaking Women: Feminism and Modernity in the Middle East*. Princeton: Princeton University Press, 1998

AN-NA'IM, Abdullahi Ahmed. "Toward a Cross Cultural Approach to Defining International Standards of Human Rights: The Meaning of Cruel, Inhuman, or Degrading Treatment or Punishment", in AN-NA'IM, Abdullahi Ahmed. *Human Rights in Cross-Cultural Perspectives: A Quest for Consensus*. Philadelphia: University of Pennsylvania Press. 1995.

ASSIS CLÍMACO, Danilo de. *Tráfico de mulheres, negócios de homens: leituras feministas e anti-coloniais sobre os homens, as masculinidades e/ou o masculino*. Dissertação de mestrado, Universidade Federal de Santa Catarina, Florianópolis, 2009.

BENHABIB, Seyla. *Situating the Self: Gender, Community and Postmodernism in Contemporary Ethics*. Cambridge: Polity Press, 1992.

CAL Y MAYOR, Araceli Burguete. "Ciudadanas en la etnicidad: campos del proceso de ciudadanización de las mujeres indígenas en los altos de Chiapas: desafíos y oportunidades", in *Anuario del Centro de Estudios Superiores de Mexico and Centro America*. Chiapas: Universidad de Ciencias y Artes de Chiapas, Centro de Estudios Superiores de México y Centroamérica, 2002.

CAMPUZANO, Giuseppe. "Reclaiming Travesti Histories", in *IDS Bulletin*, vol. 37, nº 5, p. 34-39, 2006.

______. "Contemporary Travesti Encounters With Gender and Sexuality in Latin America", *Development*, vol. 52. nº 1, p. 75-83, 2009.

CARCEDO, Ana. *No olvidamos ni aceptamos: feminicidio en Centroamérica 2000-2006*. San José de Costa Rica: Asociación Centro Feminista de Información y Acción (Cefemina), 2010.

CASTRO-GÓMEZ, Santiago. *La hybris del punto cero: ciencia, raza e ilustración en la Nueva Granada 1750–1816*. Bogotá: Editorial Pontificia Universidad Javeriana, 2005.

CLASTRES, Pierre. "O arco e o cesto", in *A sociedade contra o Estado*. Pesquisas de Antropologia Política. Rio de Janeiro: Editora Francisco Alves, 1978.

CORNELL, Drucilla. *At the Heart of Freedom: Feminism, Sex, and Equality*. Princeton: Princeton University Press, 1998.

GAUTIER, Arlette. "Mujeres y colonialismo", in FERRO, Marc. *El libro negro del colonialismo: siglos XVI al XXI: del exterminio al arrepentimiento*. Madrid: Editora Marc Ferro La Esfera de los Libros, 2005.

GUTIÉRREZ, Margarita e PALOMO, Nellys. "Autonomía con mirada de mujer", in CAL Y MAYOR, Aracely B. (coord.) *México: Experiencias de autonomía indígena*. Guatemala: International Working Group on Indigenous Affairs (IWGIA), 1999.

HERNÁNDEZ, Rosalva Aída e SIERRA, Maria Teresa. "Repensar los derechos colectivos desde el género", in *La doble mirada: voces e historias de mujeres indígenas latinoamericanas*. Ciudad de México: Instituto de Liderazgo Simone de Beauvoir (ILSB), 2005.

HERNÁNDEZ CASTILLO, Rosalva Aída. "Re-pensar el multiculturalismo desde el género: las luchas por el reconocimiento cultural y los feminismos de la diversidad", in *La Ventana: Revista de Estudios de Género*, vol. 18, p. 7–39, 2003.

LANDES, Ruth. "Negro Slavery and Female Status", *African Affairs*, vol. 52, nº 206, p. 54–57, 1953.

LUGONES, María. "Heterosexualism and the Colonial/Modern Gender System", in *Hypatia*, vol. 22, nº 1, p. 186–209, 2007.

MAIA, Cláudia de Jesus. *A invenção da solteirona: conjugalidade moderna e terror moral (Minas Gerais 1890–1948)*. Ilha de Santa Catarina: Mulheres, 2011.

MIGNOLO, Walter. *Local Histories/Global Designs: Coloniality, Subaltern Knowledges, and Border Thinking*. Princeton: Princeton University Press, 2000. [Ed. bras.: *Histórias locais / projetos globais: colonialidade, saberes subalternos e pensamento liminar*. Belo Horizonte: UFMG, [2000] 2003].

OYĚWÙMÍ, Oyèrónkẹ́. *The invention of women: Making an African sense of Western gender discourses*. Minnesota: University of Minnesota Press, 1997. [Ed. bras.: *A invenção das mulheres: construindo um sentido africano para os discursos ocidentais de gênero*. Rio de Janeiro: Bazar do Tempo, 2021.]

PAREDES, Julieta. *Hilando fino desde el feminismo comunitario*. La Paz: Cedec, Mujeres Creando Comunidad, 2010.

PASINATO, Wânia. "The Maria da Penha Law: 10 years on", in *SUR*, vol. 24, p. 155, 2016.

PATEMAN, Carole. *The Sexual Contract*. Stanford: Stanford University Press, 1988. [Ed. Bras.: *O contrato sexual*. Rio de Janeiro: Paz e Terra, 2008].

QUIJANO, Aníbal. "Coloniality and Modernity/Rationality", in *Cultural Studies*, vol. 21, nº 2-3 p. 168-78, [1992] 2007.

_____ **e WALLERSTEIN, Immanuel.** "Americanity as a Concept, or the Americas in the Modern World-System", *International Journal of Social Science*, vol. 134, p. 549-557, 1992.

RIVIÈRE, Peter. *Marriage Among the Trio: A Principle of Social Organization*. Oxford: Clarendon Press, 1969.

SEGATO, Rita. "Género, política y hibridism o na transnacionalización de la cultura Yoruba", in *Revista de Estudos Afro-Asiáticos*, año 25, 2003a. (Republicado em inglés como "Gender, Politics, and Hybridism in the Trans natio Nalization o f the Yorubá Culture", in OLUPONA, Jacob K. and REY, Terry (eds.). Orisa devotion as world religion. The globalization of Yoruba religious culture. Madison, Wisconsin: University of Wisconsin Press, 2008. p. 485-5 12.

_____. *Las estructuras elementales de la violencia: contrato y status en la etiología de la violencia*. Buenos Aires: Prometeo, 2003b.

_____. "Inventando a natureza: família, sexo e gênero no Xangô do Recife", in *Santos e Daimones: o politeísmo afro-brasileiro e a tradição arquetipal*. Brasília: Editora da Universidade de Brasília, [1986] 2005.

_____. "Antropologia e direitos humanos: alteridade e ética no movimento de expansão dos direitos universais", *Mana*, vol. 12, nº 1, p. 207-236, 2006.

_____. *La Nación y sus Otros: raza, etnicidad y diversidad religiosa en tiempos de políticas de la identidad*. Buenos Aires: Prometeo, 2007.

_____. "Gender, Politics and Hybridism in the Transnationalization of the Yoruba Culture", in OLUPONA, Jacob K. e REY, Terry. *Orisa Devotion as World Religion: The Globalization of Yoruba Religious Culture*. Madison: University of Wisconsin Press, 2008.

_____. "Los cauces profundos de la raza latinoamericana: una relectura del mestizaje", *Crítica y Emancipación*, vol. 2, nº 3, p. 11-44, 2010a.

_____. "Femi-geno-cidio como crimen en el Fuero Internacional de los Derechos Humanos: el derecho a nombrar el sufrimiento en el derecho", in FREGOSO, Rosa-Linda e BEJARANO, Cinthia. *Terror de género*. México: Unam, 2010b.

SPIELER, Paula. "The Maria de Penha Case and the Inter-American Commission on Human Rights: Contributions to the Debate on Domestic Violence Against Women in Brazil", in *Indiana Journal of Global Legal Studies*, vol. 18, p. 121, 2011.

WARNER, Michael. *The Letters of the Republic: Publication and the Public Sphere in Eighteenth-Century America*. Cambridge: Harvard University Press, 1990.

WEST, Robin. "Jurisprudence and Gender", in *University of Chicago Law Review*, vol. 55, nº 1, p. 1–72, 1988.

YOUNG, Iris Marion. *Inclusion and Democracy*. Nova York: Oxford University Press, 2000.

O sexo e a norma: frente estatal-empresarial-midiática-cristã[1]

Neste ensaio, reviso os diversos efeitos da expansão e intrusão contemporâneas da frente estatal-empresarial – sempre colonial e, também, paraestatal – nas comunidades indígenas do Brasil – que chamo aqui *mundo-aldeia* – e suas consequências para a vida das mulheres. Após esse panorama, detenho-me em alguns casos e exemplos que possibilitam perceber as mudanças no olhar sobre a sexualidade e no significado e valor dados ao acesso sexual nas sociedades pré-intervenção colonial e nas sociedades em que o processo de colonização interveio – nos países hispânicos, a sociedade *criolla*.[2] A mutação do campo sexual e o que descrevo como a introdução do *olhar pornográfico* emerge, assim, como fulcro ou ponto nodal, eixo de rotação para a mutação de um mundo em outro. Corpo objeto, alienado e colônia surgem como coetâneos e afins na nova ordem em constante expansão. Despossessão, nesse processo, é, portanto, despossessão progressiva do corpo e da sexualidade.

1. Agradeço a Patrícia de Mendonça Rodrigues, Mônica Pechincha e Saulo Ferreira Feitosa, interlocutoras e interlocutor de referência para a construção deste texto.

2. O termo *criollo*, utilizado na América de colonização espanhola, designa as e os nascidos no Novo Mundo, descendentes de espanhóis. (N. T.)

"Mundo-aldeia" e "frente colonial/estatal-empresarial-midiática-cristã" em expansão

As mulheres indígenas vivem, atualmente, situações de intensas mudanças no continente e veem, como nunca, apesar da multiplicação de leis, políticas públicas e da presença do Estado e das organizações não governamentais (ONGs), sua desproteção aumentar. O processo político em que se articulam e se organizam progressivamente em todos os países tenta frear as novas formas de violência e expropriação que enfrentam, mas muitas vezes colocando todas as expectativas nas garantias estatais e legais de proteção. As perguntas que tento responder aqui são: Pode o Estado proteger as mulheres indígenas? Há indícios de que o esteja fazendo? Por quais caminhos deveria fazê-lo? A situação histórica das mulheres indígenas, com relação às privações que sofrem e à violência que suportam, melhorou, manteve-se estável ou piorou com a democratização dos países do continente latino-americano? Com o propósito de responder a essas perguntas, enumerarei, sinteticamente, em forma de lista, a descrição dos danos que emerge dos testemunhos coletados em reuniões oficiais, do movimento social indígena, e mistas, com representantes de agências estatais e de associações de povos no Brasil. Considero que o Brasil é um campo de observação dessa realidade porque, embora não seja uma nação com maioria indígena, contava com 305 povos e quase 900 mil indígenas em 2010, de acordo com o censo do Instituto Brasileiro de Geografia e Estatística (IBGE) – desses, 324.834 vivem em cidades e 572.083 em áreas rurais – e tem sido palco, nas últimas décadas, de um processo rigoroso de reordenamento da máquina administrativa e de uma expansão vertiginosa de agências do Estado e de ONGs, em grande medida financiadas por fundos estatais. Esse Estado que, até vinte anos atrás, estava ausente em vastas porções territoriais do espaço nacional e não era um interlocutor relevante para uma numerosa fração da população brasileira, tornou-se fortemente presente para todas as pessoas, em todos os lugares, no decurso de uma década.

No Brasil, as mulheres começaram a se organizar em associações exclusivas nos anos 1980, com algumas associações de mulheres amazônicas (Amarn e Amitrut),[3] e continuaram nos anos 1990, criando, em 2002, por ocasião do primeiro encontro de mulheres indígenas amazônicas, o Departamento de Mulheres Indígenas dentro da influente Coordenação das Organizações Indígenas da Amazônia Brasileira (DMI/Coiab). A partir de então, surgiram organizações de mulheres na Articulação dos Povos e Organizações Indígenas do Nordeste, Minas Gerais e Espírito Santo (Apoinme) e na Articulação dos Povos Indígenas da Região Sul (Arpinsul).[4]

Em meio a essa progressiva articulação política, duas mulheres, Rosane Kaingang e Miriam Terena,[5] solicitaram, em 2002, ao então presidente da Fundação Nacional do Índio (Funal), órgão estatal responsável pela gestão da política indigenista no país, a realização de uma oficina em que mulheres de povos indígenas de todas as regiões pudessem obter um vocabulário com conceitos da teoria de gênero e uma instrução sobre direitos humanos, direitos dos povos indígenas e direitos das mulheres, em especial das mulheres indígenas, e sobre políticas públicas das quais se pudessem valer. A solicitação tinha caráter de urgência porque estávamos às vésperas da posse do presidente Lula, do Partido dos Trabalhadores, em seu primeiro mandato, e se pretendia concluir a reunião com uma lista de demandas para apresentar a ele. Dessa forma, organizou-se uma "Oficina de capacitação e discussão sobre direitos humanos, gênero

3. As siglas referem-se à Associação das Mulheres Indígenas do Alto Rio Negro (Amarn) e à Associação das Mulheres Indígenas do Distrito de Taracuá, Rio Uaupés e Tiquié (Amitrut). (N.T.)
4. Para um panorama desse processo, ver as contribuições publicadas em R. Verdum, *Mulheres indígenas, direitos e políticas públicas*.
5. O segundo nome, em vez de sobrenome, faz referência ao povo da pessoa em questão, como é costume no Brasil; ou seja, Rosane é indígena Kaingang e Miriam é indígena Terena. Assim se constituem a maioria dos nomes próprios neste texto.

e políticas públicas", com duração de uma semana, a portas fechadas, em uma hospedagem nos arredores de Brasília, com 41 mulheres de povos de todas as regiões do país, e eu tive o encargo de conduzir essa oficina, que teve um formato interativo. Em primeiro lugar apresentei um vocabulário básico com noções de gênero e de direitos, acompanhando as categorias com alguns casos da etnografia mundial e, em seguida, ao longo desses dias, teve início uma conversa fluida e intensa, na qual numerosos casos foram relatados e eu tentei oferecer um léxico que tipificasse os casos particulares e as demandas que deles emanavam. O exercício resultou em um livreto subdividido em duas partes, uma primeira com conceitos básicos de gênero, direitos humanos e ações afirmativas em políticas públicas sensíveis à situação de mulheres indígenas, e uma segunda parte com as demandas resultantes dos casos relatados pelas mulheres durante a reunião, classificadas, segundo o ordenamento da gestão pública, como temas de administração pública; educação; justiça; segurança; saúde; economia e trabalho; assistência social, entretenimento, esportes e meios de comunicação; meio ambiente; e patrimônio cultural material e imaterial.

Relato isso porque são precisamente os testemunhos recolhidos nessa reunião, assim como nas reuniões que a sucederam, que me deram acesso a narrativas de casos e queixas que permitem esboçar um perfil das formas contemporâneas de violência e subjugação sofridas pelas depoentes, assim como também expõem a mutação que experimentaram os tipos de agressão. Vou dedicar este texto, de forma bastante programática, a explorar essa mudança que qualifiquei como *mutação*, com toda a radicalidade de diferenciação que essa palavra aponta. Sou obrigada a basear-me nos relatos recolhidos nas reuniões mencionadas como fonte principal porque no Brasil não se construiu, como no caso da antropologia mexicana em relação à interpelação do movimento de Chiapas, uma literatura específica sobre a violência de gênero no mundo indígena que possa servir de base para uma análise desse tipo, assim como são escassas no país as etnografias que têm como foco as relações de gênero nas comunidades.[6] Por outro lado, uma publicação tão importante como o relatório *Violência contra os povos indígenas no Brasil*, do Conselho Indigenista Missionário (Cimi), que vem sendo publicado desde 1993, não contém dados sobre a violência sofrida especificamente por mulheres indígenas.[7]

Em geral, esse tema fica subsumido nos estudos de parentesco e família e há uma reserva muito grande, no meio dos etnólogos e etnólogas brasileiras, em falar sobre a questão de gênero no mundo indígena, pois o consenso ainda dominante no campo é que esse tema introduz uma beligerância e uma política – de minorias, de direitos humanos, de direitos das mulheres – espúrias e impostas de fora da visão de mundo ameríndia.

Uma vez concluída a experiência dessa primeira oficina, a cartilha que dela resultou,[8] com a sua lista de demandas, permitiu reivindicar, ao Ministério do Planejamento, recursos para prosseguir com uma sequência de reuniões de mulheres indígenas de diversos povos, que passaram então a ser realizadas por região.[9] Em 2007, a Funai cria a Coordenação das Mulheres Indígenas, que é transformada, em 2008, em Coordenação de Gênero e Assuntos Geracionais (Coger), com a inclusão da gestão dos temas das juventudes indígenas. Em 2012, o campo de atuação da coordenação é ampliado para incluir a

6. Ver, como exemplo, o dossiê publicado pela *Revista de Estudos Feministas* de 1999 dedicado ao tema, com uma apresentação de Bruna Franchetto e artigos de Cristiane Lasmar, Vanessa Lea, Cecília McCallum e Patrícia de Mendonça Rodrigues. Ver também B. Franchetto, "Mulheres entre os Kuikúro"; A, Sacchi, "Mulheres indígenas e participação política: a discussão de gênero nas organizações de mulheres indígenas"; C. Lasmar, *De volta ao lago de leite: gênero e transformação no Alto Rio Negro*; P. deM. Rodrigues, *O Povo do Meio: tempo, cosmo e gênero entre os Javaé da Ilha do Bananal*, *A caminhada de Tanyxiwè – uma teoria Javaé da História*; F. Vinente dos Santos, "Mulheres indígenas, movimento social e feminismo na Amazônia: empreendendo aproximações e distanciamentos necessários"; e M. R. de Carvalho, "A questão do gênero em contextos indígenas".
7. Cimi, *Relatório Violência contra os povos indígenas no Brasil – dados de 2011*.
8. R. Segato, *Uma agenda de ações afirmativas para as mulheres indígenas do Brasil*.
9. A autora refere-se às macrorregiões geográficas brasileiras que são determinadas pelo Instituto Brasileiro de Geografia e Estatística, a saber: Norte, Nordeste, Centro-Oeste, Sul e Sudeste. (N.T.)

gestão da mobilização social, quando passa a ser denominada Coordenação de Gênero, Assuntos Geracionais e Mobilização Social (Cogem). Esse órgão, desde sua criação e em todo o curso de suas transformações, esteve a cargo de uma mulher indígena, Sineia Bezerra do Vale, da etnia Wapichana.

A partir da oficina de 2002, de caráter nacional e generalista em sua amplitude geográfica e de conteúdos, a questão da mulher e das relações de gênero estabelece-se como temática dentro do órgão indigenista oficial. Além disso, pleiteiam-se e obtêm-se os fundos que permitirão, a partir de então, uma gestão com perspectiva de gênero e, posteriormente, a consolidação de uma coordenação específica. Duas séries de oficinas foram realizadas. A primeira, até 2006, teve como foco apoiar as atividades produtivas a cargo das mulheres nas comunidades, partindo do pressuposto de que, oferecendo fomento aos trabalhos das mulheres, fortalecer-se-ia a posição das mesmas em suas respectivas comunidades. Em 2006, a Lei Maria da Penha contra a Violência Doméstica é ratificada no Brasil. Ainda em 2006, realiza-se em Brasília um Encontro Nacional de Mulheres Indígenas com a participação de 28 representantes de vários povos de todas as regiões. A partir de 2007, realiza-se uma nova série de oficinas regionais, agora com foco na divulgação da nova lei entre as mulheres indígenas. A partir de 2011, iniciam-se experiências, com uma primeira reunião piloto que teve lugar nesse mesmo ano, para tentar alcançar os homens das sociedades indígenas e conquistá-los como aliados na estratégia de diminuição da violência, tal como as mulheres indígenas solicitaram repetidamente. Certamente não é uma tarefa fácil, porque se trata de um mundo compartimentalizado em termos de gênero. Isso quer dizer que os homens falam com os homens e as mulheres falam com as mulheres. Respeitar essa diferença do "mundo-aldeia" foi e é uma diretriz ineludível. Por fim, em junho de 2013, realizou-se o primeiro encontro de uma nova série dirigida aos homens, no caso, para homens indígenas da região Nordeste do país.

Desde a primeira oficina, que conduzi em 2002, surgiram os relatos que permitiram tipificar os tipos de violência sofridos na atualidade pelas mulheres indígenas, e esses tipos repetiram-se de forma quase idêntica em todas as reuniões seguintes, reportados pelas mulheres para as diversas regiões e associados precisamente à localização dos territórios indígenas: aldeias em regiões fronteiriças com presença de destacamentos militares que custodiam a soberania nacional, aldeias em regiões fronteiriças afetadas pelo tráfico de drogas, aldeias afetadas pelo trânsito de traficantes, aldeias próximas a locais onde se processam drogas, aldeias localizadas em santuários naturais remotos, aldeias vizinhas a áreas de proteção ambiental ou sobrepostas a elas, aldeias em regiões de expansão do agronegócio, aldeias em regiões com atrativos turísticos e empreendimentos hoteleiros, aldeias em regiões com jazidas de pedras e metais preciosos, aldeias em regiões de jazidas de minerais de interesse estratégico, aldeias em regiões próximas a jazidas de hidrocarbonetos, aldeias em regiões em que são planejadas ou construídas usinas hidrelétricas, aldeias próximas a rodovias nacionais e estaduais, aldeias localizadas nas periferias urbanas ou englobadas pelas cidades em sua expansão, comunidades desaldeadas e urbanizadas.

Em cada uma dessas localidades, as mulheres sofrem formas específicas de agressão e desapossamento; sua subjetividade e corporalidade mudam de significado e passam a ser agredidas e apropriadas de uma nova forma. As hierarquias de gênero próprias da vida em comunidade, que descrevi como "patriarcado de baixo impacto",[10] por motivos que examinarei mais tarde, são transformadas no patriarcado moderno, de alto impacto e de ampliada capacidade de causar danos. Usando uma nomenclatura que precisa de poucas explicações por ser em grande parte autoevidente, podemos dizer que o "mundo-aldeia", com o tecido de relações comunitárias que lhe são próprias, como voltarei a insistir, é atropelado pelo caminho

10. Ver também capítulo "Gênero e colonialidade", p. 85.

arriscado da expansão vertiginosa da "frente colonial/estatal--empresarial-midiática-cristã". Isso não significa meramente a mudança do pano de fundo, do cenário de sua existência, mas o seu atravessamento por práticas e discursos poderosos que se afirmam e se respaldam nos valores dominantes de desenvolvimento e acumulação, de produtividade, de competitividade e de cálculo custo-benefício próprios da economia de pleno mercado e sua "teologia", ou seja, sua fé absoluta na inescapabilidade de seu destino e irreversível expansão como valor eurocêntrico de um mundo em "progresso".

Trata-se, sem dúvida, de uma novidade. Essa irrupção que atropela o mundo-aldeia captura todos os elementos de sua vida comunitária de outrora, engloba-os e os reconfigura como componentes de um novo programa, uma virada, uma reciclagem, porém, com dimensões antes desconhecidas com relação ao que foi a primeira investida colonial que se seguiu imediatamente ao processo de conquista. Difere, por sua natureza, da fase republicana de expansão dos recém-criados estados nacionais sobre os territórios indígenas. Trata-se de um processo que dá continuidade àquelas investidas de expansão precedentes, mas agora, insisto, em uma etapa qualitativamente diferente, pois caracterizada pela existência consolidada de um mercado global que compete, agride e erode os mercados regionais e locais; por governos centrais de todas as orientações que aspiram a inscrever as economias nacionais sob sua administração no horizonte desse mercado global; e pela expansão da esfera pública, da linguagem dos direitos e políticas cidadãs introduzidas no mundo-aldeia por órgãos estatais e organizações não governamentais.

Embora possa parecer que essas facetas da contemporaneidade se encontram em tensão, isto é, embora se possa pensar que o pacto estatal-empresarial que abre as portas à agressão do mercado global está em contradição com a expansão dos direitos e serviços cidadãos no mundo-aldeia, eles não constituem, como por vezes pensamos, termos antagônicos e, sim, facetas de um processo coetâneo e complementar: a colonização econômica e a colonização pelo discurso dos direitos e da esfera pública. Desse tipo de estrutura internamente contraditória nos fala Gil Gott,[11] em sua brilhante análise da "dialética aprisionada" (*arrested dialetics*). Na situação contemporânea, como afirmei, o estado cidadão vai a reboque do estado empresarial, ambos amparados pela representação midiática. Uma mão tenta, torpemente, remediar os males que a outra mão vai semeando; tenta amenizar as mortes que a outra causa e patrocina em seu caminho arrebatador, causando dano em espiral, porque a linguagem dos direitos já se encontra inserida na linguagem da modernidade, do desenvolvimento, do progresso entendido unilateralmente como capacidade de acumulação. Com uma das mãos introduz o mal, com a outra inocula a vacina. Duas faces da mesma moeda, numa tensão que se resolve, definitivamente, em prol do aprofundamento do padrão de colonialidade – colonialidade entendida aqui com um sentido ainda mais preciso, no contexto dessa modernidade e capitalismo avançados.

Mudanças no padrão de vitimização das mulheres indígenas

Em forma de lista, enumerarei as modalidades de violência que afetam as mulheres indígenas hoje. A ênfase foi colocada nas agressões diretas ou indiretas que são características de cada localização das comunidades e sob pressão da transformação dos contextos regionais devido à expansão da frente estatal-empresarial. Essas modalidades de violência foram reiteradas, de forma quase idêntica, em todas as reuniões das quais participei. Aqui as sistematizo de forma compacta, convencida de que o processo que atropela e massacra a vida das mulheres indígenas no Brasil contemporâneo se torna

11. G. Gott, "Imperial Humanitarianism: History of an Arrested Dialectic".

autoevidente apenas com um passar de olhos, em uma leitura sumária da lista a seguir.

Aldeias em regiões de fronteira com presença de destacamentos militares que custodiam a soberania nacional:

- atração enganosa ao casamento e abandono após mudança dos efetivos militares;
- atração à prática da prostituição mediante engano;
- atração ao serviço doméstico escravo ou semiescravo nas casas de oficiais e suboficiais;
- introdução do olhar pornográfico e alienante sobre o corpo indígena;
- estupros;
- violência doméstica exacerbada pela presença disruptiva e pressão sobre a vida cotidiana exercida pelos destacamentos militares das imediações;
- influência, sobre os homens indígenas, de modelos de virilidade próprios da cultura masculina dos destacamentos militares.

Aldeias localizadas em santuários naturais:

- assédio por parte de missionários cristãos bem equipados tecnologicamente que, desde a primeira metade do século XX, têm acesso privilegiado e exclusivo a essas regiões e que, com sua prática de rondar à espreita e de forçar o ingresso na vida da aldeia, transformam disruptivamente as relações de autoridade e os padrões cosmológicos que servem de referência às relações de gênero;

- consequente interferência nas concepções de sexualidade e na vida conjugal e matrimonial;

- introdução disruptiva e prejudicial de ideias de pecado e malignidade associadas ao corpo feminino e à sexualidade, com consequentes preconceitos morais misóginos e homofóbicos que afetam a posição da mulher e das pessoas homoafetivas no contexto comunitário;

- introdução da equivalência, de cunho ocidental, entre acesso sexual e "fazer mal";

- introdução da exterioridade do olhar sobre o corpo próprio da metafísica ocidental e cristã que conduz à pulsão escópico-pornográfica, até então inexistente no mundo ameríndio.

Aldeias em situação de isolamento voluntário ou com pouco tempo de "contato"[12] *que estão na mira do agronegócio e dos grandes projetos hidrelétricos*:

- a vida em permanente estado de tensão e alerta para a fuga, assim como o medo constante de ser capturado pelos empreendimentos da frente estatal-empresarial em expansão, leva o grupo, em especial as mulheres, a não conceber mais filhos e filhas, provocando risco de extinção do povo.

Aldeias reconstituídas pelo próprio Estado nacional por meio de remoção, realocação e reagrupamento aleatório de comunidades para permitir a construção de estradas, a instalação de empreendimentos agrícolas ou a construção de usinas hidrelétricas em seus territórios:

- reagrupamento e abandono de povos ancestralmente inimigos em novas aldeias, deixando as mulheres expostas

12. Dados do Centro Indigenista Missionário (Cimi) indicavam noventa povos nessa situação, em 2010.

à captura e violação, tanto por parte dos homens brancos encarregados da "frente de atração" que "atraiu", aprisionou e realocou as comunidades quanto por parte dos homens da sociedade inimiga com quem foram obrigadas a dividir o novo assentamento;

- configuração de uma situação paraconcentracionária que deixou, para as mulheres que sobreviveram ao processo e as que nasceram dele, as alternativas únicas de celibato, relacionamentos breves e estigmatizantes, ou relacionamentos estáveis com homens violentos e alcoolistas;

- intervenção estatal, por meio das "frentes de atração" ou das autoridades responsáveis pelos novos assentamentos, que impôs a formação de casais e a reprodução forçada de mulheres com homens de outros povos;

- interferência autoritária no direito de eleição de cônjuges e no modo de socialização das crianças por parte de agentes da associação público-privada do Estado, especialmente com empresas hidrelétricas.

Aldeias em regiões de expansão do agronegócio:

- expropriação de territórios e expulsão das comunidades locais com a consequente disrupção da vida familiar e do tecido coletivo e introdução de tensões até então desconhecidas na vida doméstica;

- gangsterismo patrocinado por proprietários e aspirantes a proprietários para introduzir o terror por meio de execuções seletivas e massacres, ameaçando especialmente os homens, impedindo-os de desempenhar seu papel masculino habitual de proteger a vida de mulheres e crianças nas comunidades;

- corrupção ativa de suas lideranças e autoridades políticas e religiosas, com consequente ruptura das formas de convivência e cooperação entre os gêneros e ingresso de modelos de virilidade estranhos e distanciados dos códigos e das práticas comunitárias;

- atração dos homens para o trabalho em empreendimentos agropecuários e para cargos políticos e de serviço remunerado nos municípios, com a consequente exposição a modelos de virilidade que não lhes são próprios e que erodem os padrões indígenas de relação e complementaridade entre os gêneros;

- ruptura das lealdades dos homens com suas respectivas famílias ou impossibilidade de atender as demandas próprias dessas lealdades;

- emasculação de homens indígenas devido à incapacidade de cumprir com suas responsabilidades de gênero e consequente apelo à exacerbação da agressividade e capacidade violenta como estratégia de restauração de sua imagem masculina decaída;

- escalada da violência de gênero como consequência da indução ao desalento e à depressão, ao suicídio, à dependência química e à autodestruição da juventude pelo sentimento de desamparo e impotência resultantes da ameaça e terror constantes, dos assassinatos de lideranças, da restrição de recursos, da facilitação do acesso a bebidas alcoólicas, da dependência alcoólica promovida;

- alienação da vida familiar e comunitária e escalada da violência nos espaços doméstico e público devido à exacerbação da pressão sobre os membros das comunidades e seu efeito psicológico;

- nuclearização progressiva da família como consequência da progressiva influência do modelo de família ocidental e colonial-moderna, com o consequente enfraquecimento do controle comunitário e das autoridades indígenas sobre a vida familiar;

- desgaste e quebra da capacidade mediadora e do prestígio das lideranças indígenas, com desarticulação do tecido comunitário e o fim da salvaguarda que ele representa para a proteção das mulheres.

Aldeias vizinhas ou sobrepostas às áreas de proteção ambiental:

- imposição de limites muito precisos à necessidade cíclica de cisão das comunidades devido a conflitos internos, com o consequente encerramento dos conflitos no interior das comunidades;

- exacerbação das tensões domésticas devido ao impedimento de que grupos em conflito possam dividir-se e que suas partes dissidentes possam trasladar-se para lugares próximos, formando novas aldeias.

Aldeias em regiões com atrações turísticas e empreendimentos hoteleiros:

- intrusão nos territórios e consequente introdução de fatores de estresse na vida comunitária e doméstica;

- recrutamento de indígenas para as tarefas de construção de estabelecimentos hoteleiros e de prestação de serviço nas suas instalações, com consequente abandono de suas atividades habituais e exposição a uma economia mercantilizada e a modelos de gênero alheios a seus padrões de existência;

- forte introdução do dinheiro e fetichização e mercantilização dos componentes do modo de vida indígena e de seu ambiente natural, incluindo a comercialização da imagem corporal de mulheres e homens indígenas com a consequente objetificação dos corpos;

- recrutamento de mulheres indígenas para a prostituição.

Aldeias em regiões com jazidas de pedras e metais preciosos:

- intrusão do meio por aventureiros que agem sem referência às normas, causando impactos disruptivos na vida comunitária e doméstica;

- ocupação de territórios por meio de práticas mafiosas e de intimidação, semeando o terror com execuções seletivas e massacres;

- convocação a um modelo de virilidade que é estranho às relações de gênero comunitárias;

- atração das mulheres para a prestação de serviços sexuais; promoção da prostituição;

- estupros;

- relacionamentos interétnicos disruptivos para as regras comunitárias;

- como em todos os casos, a pressão intrusiva sobre o grupo promove o estresse e a agressividade no espaço doméstico e comunitário;

- conflitos e confrontos entre garimpeiros e comunidades, com severa vitimização das mulheres no contexto bélico que assim se origina.

Aldeias em regiões de jazidas de minerais de interesse estratégico, de reservatórios de hidrocarbonetos e aldeias em regiões em que se projetam ou instalam usinas hidrelétricas:

- intrusão por empreendimentos de sondagem e exploração do subsolo que introduzem pessoas de fora da comunidade, com suas pautas próprias de relacionamento, incluindo o gênero, seus valores baseados no desenvolvimento definido pelo produtivismo, competitividade e capacidade de acumulação, e seus modelos de agência viril associados a essa relação de exterioridade com o meio natural e humano entendido exclusivamente como oportunidade para a extração de lucro e vantagens – uma pedagogia do corpo e da natureza alienáveis, presas disponíveis à apropriação, ao controle jurisdicional e à exploração até onde se queira, objetificação que incide na percepção das mulheres como corpo a ser apropriado e rapinado;

- os acampamentos das instalações extrativas e das barragens destinados à sondagem, à construção de grandes obras e ao seu gerenciamento incluem vigilância privada que, como parte de suas estratégias "defensivas", realiza ações de intimidação que incluem execuções seletivas, ameaças e massacres, intervindo na região de forma disruptiva e introduzindo alto grau de estresse e tensão nas relações comunitárias e familiares das pessoas indígenas habitantes da região;

- alcoolismo derivado da presença da frente branca, com o resultado de violência que a alienação alcoólica, somada ao estresse causado pela intrusão e intervenção no tecido comunitário, provoca nas relações familiares;

- instalação de casas noturnas e prostíbulos no perímetro das empresas e, em alguns casos, dentro de suas instalações, com a consequente oferta de bebidas alcoólicas e do corpo feminino como objeto a ser abordado a partir de uma exterioridade apropriadora e mercantil.

Aldeias em regiões fronteiriças afetadas pelo tráfico de drogas e aldeias afetadas pela circulação de traficantes:

- recrutamento de jovens para o tráfico com o impacto dessa forma de empoderamento masculino sobre as relações de gênero;

- oferta de enriquecimento e novas formas de controle da vida social por meio do dinheiro e consequente impacto negativo dessa maneira de empoderamento masculino sobre as relações de gênero;

- fornecimento de armas para exercício do controle territorial e exacerbação da violência, com consequente impacto nas relações de gênero e na vida doméstica;

- formação e proliferação de gangues ligadas ao tráfico com seus códigos e práticas de competitividade e espetacularização da crueldade com base em um estilo mafioso de virilidade;

- introdução disruptiva de armas e drogas na aldeia associadas ao controle territorial e à exibição de capacidade violenta com consequente vitimização das mulheres;

- aplicação de castigos e tratamentos cruéis com fins de exemplaridade para o controle jurisdicional e afirmação viril dos chefes;

- proliferação de violações sexuais no espaço público e no espaço doméstico;

- ruptura e inversão da hierarquia tradicional de autoridade baseada em faixas etárias, com a consequente redução da capacidade de controle e mediação por parte das autoridades indígenas;

- violência doméstica exacerbada pela introdução de um novo modelo de virilidade típico das organizações mafiosas.

Aldeias próximas a estradas nacionais e estaduais, e grupos de indígenas sem território próprio acampados à beira de rodovias:

- intrusão e desarticulação das normas de vida comunitárias por parte da sociedade não indígena, causando estresse e desorientação nas relações de gênero e familiares;
- proximidade de prostíbulos e de ações ligadas ao tráfico de pessoas e ao tráfico de drogas;
- introdução do olhar objetificante e da pedagogia do corpo-objeto;
- atração ao alcoolismo e às drogas, com seu consequente efeito violentogênico e de ruptura de códigos;
- em condições de carência, falta de acesso à saúde, à educação, à alimentação, à água e ao saneamento básico, nos grupos acampados de indígenas sem território próprio, a autoridade parental sofre a perda da guarda de seus filhos e suas filhas porque as famílias são acusadas de maus-tratos ou negligência por agentes estatais;
- no lugar do Estado, mães e pais são castigados com a perda de seus filhos e suas filhas, retirados das famílias e entregues para adoção em cidades próximas;
- as meninas encontram-se, nesses assentamentos transitórios às margens das rodovias, em situação de extrema

vulnerabilidade e expostas à violência sexual e a várias formas de exploração;

- alta incidência de suicídios entre meninas e adolescentes.[13]

Aldeias localizadas nas periferias urbanas ou englobadas pelas cidades em sua expansão, comunidades "desaldeadas" e indígenas em contexto urbano:

- carência de todo tipo de acesso a direitos específicos e políticas públicas especializadas por parte das mulheres indígenas nessa situação, negados a elas, por um lado, por municípios que dizem não atender a saúde, a educação ou a assistência social de indígenas e, por outro, por órgãos estatais indigenistas, que não reconhecem indígenas "desaldeados" como tais;

- exploração sexual infantil e casos de esquemas organizados por comerciantes locais para a vitimização sexual das jovens indígenas;

- retenção de documentos de mulheres grávidas ou mães recentes para o recebimento de pensões e auxílios estatais.

Todas as comunidades indígenas do país:

- desarranjo das relações de gênero devido à exposição dos homens ao modelo de virilidade *criollo*, colonial-moderno;

- introdução do olhar pornográfico e objetificante sobre o corpo;

- aumento da frequência e do grau de crueldade da violência de gênero em suas diversas modalidades, tanto intrafamiliar quanto extrafamiliar;

13. Ainda que o suicídio seja maior entre homens, há um número alto de suicídios de mulheres jovens e meninas entre os Guarani Kaiowá.

- vulnerabilidade das mulheres ao assédio sexual por parte de agentes estatais assalariados que atuam como professores, trabalhadores da saúde, forças de segurança, etc., mesmo quando estes também são indígenas;

- vulnerabilidade das mulheres ao alcoolismo e uso de drogas por parte de seus parceiros ou por elas mesmas.

Aldeias em estado de guerra com invasores ou vítimas de assaltos bélicos a seus territórios:

A essa longa lista de formas de vulneração da vida e do bem-estar das mulheres, à medida que avança a expropriação de seus povos, agrega-se uma forma de violência extrema associada às formas contemporâneas de guerra, como a que ocorreu no Brasil no chamado Massacre do Paralelo 11. A cobiça pela jazida de diamantes, localizada na Terra Indígena Roosevelt, uma das dez maiores do mundo, com uma área de 2,6 milhões de hectares situada nos estados de Rondônia e Mato Grosso, levou a constantes incursões e expedições punitivas de garimpeiros aliados a seringueiros contra o povo Cinta Larga, donos ancestrais desse território. Em 1963, aconteceu um dos episódios mais cruéis dessa invasão: enviados da empresa Arruda Junqueira & Cia, depois de jogar açúcar envenenado e dinamitar uma aldeia em festa a partir de um avião alugado pela companhia, perseguiram as e os indígenas e, ao localizá-los nas proximidades do Paralelo 11, os surpreenderam, matando um grupo com formas extremas de crueldade. Uma mulher foi pendurada viva e cortada ao meio com um facão.[14] Isso configura o que venho categorizando como um crime de *femigenocídio*, por seu caráter totalmente público e pelo contexto bélico em que ocorreu.[15] O episódio lembra, por suas características, os crimes cometidos contra as

14. J. Dal Poz e C. Junqueira, "*Cinta Larga*". *Povos indígenas no Brasil.*
15. R. Segato, "Femi-geno-cidio como crimen en el Fuero Internacional de los Derechos Humanos: el derecho a nombrar el sufrimiento en el derecho".

comunidades indígenas da Guatemala no corpo de suas mulheres, exterminadas com extrema crueldade como forma de exibir espetacularmente a capacidade violenta sem limite, o domínio territorial e a soberania sobre a vida na jurisdição em disputa, modalidade operativa típica das novas formas de guerra.[16]

Na Argentina, Silvana Sciortino registra, em sua etnografia junto a mulheres indígenas reunidas no movimento de mulheres, uma série de depoimentos que remetem a situações de violência exercidas contra elas. Nos espaços de debate que as indígenas conformam no âmbito dos Encontros Nacionais de Mulheres, muitas se dispõem a descrever situações de violência em suas comunidades, nas cidades e nos espaços de mobilização social. Entre algumas das situações mencionadas, estão violação sexual perpetrada pelo patrão no contexto de trabalho doméstico, violação sexual por homens indígenas ou por *criollos* ou *winkas* em suas comunidades, bem como violações de jovens indígenas que migram para as cidades para trabalhar ou estudar; violência doméstica associada principalmente ao problema do alcoolismo; mortes por abortos clandestinos; maus-tratos, abuso e imposição de práticas médicas; dificuldade para acessar a participação política e fazer uso da palavra; imposição de modelos de beleza ocidentais.[17]

Esse painel e a variedade de situações compiladas falam por si só a respeito das metas e alianças de um Estado que vê nos territórios habitados pelos povos indígenas não mais que uma oportunidade para dar continuidade ao saque colonial. A partir de um quadro de atrocidades como o aqui delineado, é possível concluir que o projeto do Estado nacional não é

16. R. Segato, *Territorio, soberanía y crímenes de Segundo Estado: la escritura en el cuerpo de las mujeres asesinadas en Ciudad Juárez.*
17. Ver os debates das mulheres indígenas na Argentina em torno da incorporação da violência de gênero como tema na agenda de seus povos em S. Sciortino, *Una etnografía en los Encuentros Nacionales de Mujeres: políticas de identidad desde la afirmación de las "mujeres de los pueblos originarios".*

outro senão o de uma frente de exploração do território para a qual se unem instituições estatais ao interesse empresarial em expansão. Trata-se, sem dúvida, do lado mais sombrio da modernidade, sempre imbuída de sua natureza colonial. Uma colonial-modernidade, como nos fez notar Aníbal Quijano, a partir da fundação colonial do processo moderno e do próprio capitalismo.[18] Portanto, não são apenas empreendedores privados que afetam a vida indígena e transformam em um verdadeiro calvário a existência das mulheres indígenas, pois esses empreendedores não poderiam existir sem aliança e respaldo estatal.

É na esteira desse dano permanente e consistente que o Estado traz à tona sua capacidade legislativa, mas sempre lado a lado com o dano ou posteriormente a ele. Na ambivalência inevitável do Estado, determinada pela natureza francamente incompatível de sua pretensão democrática com sua adesão ao projeto do capital, radica a chave do fracasso de suas políticas reparadoras. É assim que podemos repetir o que já afirmamos outras vezes ao observar o processo de avanço da frente estatal-empresarial: *que o Estado e a modernidade que ele representa tenta oferecer com uma das mãos o que já retirou com a outra* e, pela precedência e magnitude do dano, que além do mais não se detém, a mão reparadora – esquerda em todas as alegorias – é sempre mais débil que a agressora.

Mundo-aldeia e sociedade colonial-moderna: normativa e sexualidade como dobradiça

Não é fácil a tarefa de desentranhar e expor o caráter permanentemente colonial da frente estatal e a forma como, em seu avanço, intervém e decompõe o tecido comunitário do

18. A. Quijano, "La modernidad, el capital y América Latina nacen el mismo día"; "Colonialidad y modernidad/racionalidad", entre outros, e R. Segato, *Uma agenda de ações afirmativas para as mulheres indígenas do Brasil*.

mundo-aldeia, pois trata-se de uma intrusão molecular, que se apodera das estruturas nas quais gravita todo um ordenamento da vida, e as transforma carcomendo-lhes o miolo e deixando a casca oca. Essa carcaça, ou superfície das instituições da vida social, apresenta uma aparência de continuidade e permite, por exemplo, seguir falando de relações de gênero, de normas do grupo, de "autoridade tradicional" ou de seus "costumes", produzindo uma miragem de continuidade histórica entre o mundo-aldeia antes e depois de sua intervenção pela frente colonial e interceptação de sua história pelo projeto histórico moderno. Por trás de uma aparência de continuidade de algumas estruturas, como paradigmaticamente o gênero, esconde-se uma ruptura, uma verdadeira mutação. As nomenclaturas permanecem, mas agora imbuídas de um sentido muito diferente, por terem incorporado uma nova lógica, uma nova ordem que é a ordem da colonial-modernidade. Acontece, então, o efeito de uma verossimilhança do que chamamos gênero e do que chamamos lei própria do mundo da aldeia, cuja consequência é uma normativa que nos parece atroz, mas que, quando vista mais de perto, revela o engano de nossa leitura inicial.[19]

Também nos trai a propensão generalizada a nos deixarmos cegar pelo engano das retóricas da modernidade e da fé acrítica no Estado, na esfera pública, nas leis e, enfim, nas instituições da modernidade, que nos leva, incautas e incautos, a uma *alterofobia*[20] e a uma desconfiança visceral dos outros mundos, dos mundos não brancos. Alguns feminismos também são acometidos por uma cegueira própria. São aqueles feminismos universalistas, que não percebem que a própria sexualidade, que o acesso sexual em si, tem significados muito distintos, constituindo-se inclusive no pivô da mutação dos mundos com a entrada do olhar colonial-moderno, sempre objetificador, rebaixador e pornográfico, como tentarei

19. R. Segato, *Las estructuras elementales de la violencia.*
20. M. C. Álvarez Degregori, *Sobre la mutilación genital femenina y Otros demonios.*

demonstrar com o relato de alguns casos. Da mesma forma, criticam-se aqui certos pluralismos, incluindo algumas vertentes do pluralismo jurídico que, mesmo bem intencionado, positivam a norma, o mito e as cosmologias, fundamentando-se em um relativismo cultural essencialista e metafísico que não contempla o *pluralismo histórico*, o qual, como afirmei em outro lugar, é a dimensão mais radical do *direito à diferença*.[21]

Um breve exame de alguns exemplos de como se entende mal o trânsito de estruturas de um mundo a outro quando não se levam em conta as devidas mediações, servirá para melhor entender o que exponho. Muito se tem falado sobre o pleito das mulheres contra a lei consuetudinária de numerosas sociedades tribais de países africanos como Sudão, Zâmbia, Uganda, Nigéria e Zimbábue, que as proíbe de receber herança dos mais velhos ou de seus cônjuges. Em 2012, foi celebrada a decisão de um juiz de Botsuana que permitiu que duas irmãs recebessem a herança da casa paterna. O debate, ali, com grande cegueira histórica, foi colocado em termos da oposição entre a barbárie de uma lei interna que impede as mulheres de herdar e as transforma em párias, e o caráter "civilizado" de uma lei moderna que deve prevalecer impondo a igualdade de direitos. O debate omite, no entanto, que um mal precede à barbárie do enunciado contemporâneo da "lei tribal". Essa omissão deve-se à forma como, no preceito moderno, decompomos a vida, fragmentando seus componentes como se fossem passíveis de serem observados separadamente. De fato, uma norma de herança patrilinear existe associada a e indivisível de outras normas da vida comunitária que garantem o gozo coletivo do patrimônio.

O primeiro erro, então, não é a proibição de herança às mulheres, mas a dissolução do coletivo. Entretanto, podemos falar aqui de uma cegueira instrumental, pois vê a barbárie

21. R. Segato, "Que cada povo teça os fios da sua história: o pluralismo jurídico em diálogo didático com legisladores".

de deixar as mulheres sem posses, mas não vê a barbárie da desarticulação colonial-moderna da vida comunitária e muito menos se preocupa em criar os mecanismos necessários para restaurar o tecido coletivo danificado. Quando falamos, portanto, de lei tribal, não podemos esquecer da maneira holística como esta é concebida e funciona, em articulação e conexão indissociável de normativas referidas a todos os aspectos da vida comunitária e sem permitir o isolamento de uma regra particular, como, nesse caso, a regra de herança.

Outro caso muito revelador desse *mal-entendido* generalizado que nos leva a apostar todas as fichas na lei moderna e no avanço do Estado como "benfeitor do indígena" pode ser entendido a partir de uma impressionante história que me foi relatada pela professora xavante Isabel Rẽ'amo Wadzatsé da aldeia Imaculada Conceição, localizada na Terra Indígena São Marcos. No mundo ameríndio, diferentemente da lei moderna, a violação sexual não é um crime, mas uma forma de castigo, uma figura da lei consuetudinária que estabelece que determinadas contravenções por parte das mulheres têm como punição o estupro coletivo. De uma perspectiva moderna, é difícil entender que, por décadas, até recentemente, antropólogos e antropólogas que visitaram aldeias distantes souberam da existência dessa sanção, mas não tiveram jamais a oportunidade de ver ou saber de sua aplicação. Como eu disse, tratava-se, sobretudo, de uma figura do discurso jurídico interno que colocava um firme limite em possíveis infrações femininas, como, por exemplo, espionar os segredos da iniciação masculina na casa dos homens.

Acontece que, com a intrusão da concepção burocrática moderna do que é uma norma jurídica, a lei especializou-se e mecanizou-se: não existem, em princípio, normas que não sejam aplicáveis, a lei deixa de ser entendida como uma figura do discurso, ainda que, de fato, com frequência, continue a sê-lo. O caso que me relatou a professora Isabel mostra, justamente, essa dramática mudança no papel e na função da lei, bem como em seu sentido. Em uma família de sua aldeia xavante, uma jovem casada cometeu adultério com um indígena do mesmo povo morador da cidade. O indígena que seduziu a jovem havia sido cooptado e corrompido pela sociedade branca e ocupava um cargo político eleitoral no município. Manteve uma relação com ela e depois a abandonou. A jovem, então, pediu para retornar a sua casa, seu jovem marido a perdoou e abriu-lhe as portas para que voltasse, e seus pais também estavam dispostos a receber a jovem de volta; porém, a lei tribal havia-se tornado automática. No caso de a jovem retornar, duzentos jovens guerreiros a violariam, aplicando maquinalmente e concedendo materialidade ao que antes sempre foi uma fórmula do discurso.

Hoje, segundo a professora Isabel e outras participantes xavantes das oficinas de divulgação da Lei Maria da Penha contra a violência doméstica, multiplicaram-se os casos de estupro nas aldeias, e o que antes era uma forma de ameaçar e amedrontar, materializa-se regularmente. Sociedades que sempre apresentaram os mais baixos índices de violência sexual são hoje sociedades com índices altos por nenhuma outra razão além da mutação no significado e papel da lei. Portanto, é importante compreender que quando dizemos "lei interna", direito consuetudinário, não deveríamos estar falando de normas que se burocratizam e se tornam independentes a ponto de impor sua sanção como um *Deus ex machina*, a partir do exterior do contexto particular, mas sim de leis que desempenham um papel de outro tipo no jogo das narrativas que se entrecruzam no cotidiano de uma comunidade indígena.

É preciso esclarecer que, ao falar de uma pena de violação, o segundo termo, ou seja, a própria violação, não tem o mesmo valor e significado que o mesmo ato adquire na sociedade moderna, pois a sexualidade é organizada e encaminhada de outra forma. A violação sexual não tem o sentido de um assassinato moral, de um dano à moral, que destrói o prestígio e o valor de alguém. Não há vergonha ou perversidade endossados na agressão sexual, e essa não desonra a vítima e suas figuras tutelares. A agressão sexual é uma entre outras possíveis, um castigo corporal, mas não uma punição moral, e não constitui uma redução moral da vítima e, através dela, de sua família e comunidade inteiras, como é o caso no Ocidente moderno.

Em ambos os casos, tanto no da lei que interdita a herança feminina quanto no da norma que sanciona a punição por violação sexual, estamos diante da típica manobra moderna, que pinça um elemento e o arranca de seu contexto originário, impondo-lhe uma torção que faz com que o elemento mantenha sua aparência – lei, norma, sanção, punição, nesses dois casos –, mas o conteúdo desse nome e a significação desse elemento são alterados. Um novo sentido é contrabandeado como referente de uma denominação que permanece. É muito relevante nos determos aqui para enfatizar esse efeito de verossimilhança e falseamento do sentido original das normas, para entender o que acontece com as regras que orientam as relações de gênero a partir da interferência da frente colonial sobre o mundo-aldeia, ou seja, quando a masculinidade própria do mundo-aldeia é interpelada e convocada pela masculinidade do mundo colonial-moderno e deve responder a esta na guerra, na negociação da paz, na política e na oferta de trabalho.

No campo do direito e da antropologia jurídica, essa crítica tem sido enunciada com eficiência por Esther Sánchez Botero, em um longo exame do que ocorre e do que não deveria ocorrer ao tentar realizar o, em princípio, saudável movimento de considerar regras e "costumes" como uma "justiça" ou um "direito" próprio das sociedades indígenas. A autora descarta a forma como o Banco Interamericano de Desenvolvimento (BID) implementou um projeto global que se propõe a "positivar esses direitos", ou seja, transformá-los em um catálogo de normas extraídas das culturas e lidas a partir de um marco universal, a partir da ótica de um direito positivo ocidental.[22] Essa positivação, como venho argumentando aqui e como Sánchez Botero assinala, é uma falsa compreensão do que essas normas são e significam no seio das comunidades nas quais se originaram. E essa falsa compreensão, no campo do gênero, leva-nos a abominações escrupulosas dos enunciados do mundo do outro. Uma hermenêutica da própria norma torna-se aqui indispensável, porém, não a temos.

Não tem sido frequente o foco de etnógrafas e etnógrafos sobre esse fenômeno, que aqui tento cercar, da captura e desenraizamento da norma e, em especial, das normas que constroem o gênero, como processo inerente à intervenção da frente branca, para incluí-la em um novo conjunto de relações. Tampouco contamos com etnografias da vida sexual do mundo ameríndio. Já mencionei várias vezes, acima, o fato de que a sexualidade, em especial a masculinidade ameríndia, se vê afetada pela exposição aos padrões de virilidade da sociedade dominante. Também listei a pedagogia pornográfica que tem o efeito de introduzir o olhar alienado, objetificante e fetichizador sobre o corpo. A isso se agrega a moralização da sexualidade, introduzida pela associação entre mal e sexo, entre dano e sexo, o "pecado". O acesso sexual passa a ter a conotação de profanação e apropriação. O corpo passa a ser não apenas um território acessível, mas também expropriável e objeto de rapina. Alguns exemplos ajudam-nos a expor o nó dessas mudanças, verdadeiras mutações para cuja descrição não temos ainda construída uma capacidade retórica nem um vocabulário que nos permita examinar e expor as perdas e ganhos impostos. Só temos o vocabulário que a colonial-modernidade, com sua grade cognitiva que emerge como episteme depois da conquista, nos oferece. E esse vocabulário

22. E. Sánchez Botero, "Aproximación desde la antropologia jurídica a la justicia de los pueblos indígenas", p. 190-191.

é insuficiente quando temos de ver as mudanças em sua profundidade estrutural.[23]

Em um experimento de "antropologia reversa" entre indígenas matis da Terra Indígena Vale do Javari, no estado do Amazonas, que Bárbara Maisonnave Arisi expõe em seu artigo "Vida sexual dos selvagens (nós): indígenas pesquisam a sexualidade dos brancos e da antropóloga", está o efeito causado pela chegada de filmes pornográficos em aldeias extremamente distantes dos grandes centros:

> Na aldeia Aurélio, uma das transformações havia sido provocada pela existência de uma placa solar, antes usada para a iluminação da escola e, agora, conectada a um conversor e uma bateria de caminhão que provia de energia a televisão e um aparelho de DVD. Na outra aldeia, 7 horas de canoa com motor 8HP rio Ituí abaixo, a televisão e o DVD eram alimentados por um gerador movido a combustível – chamado "combustol" no Amazonas. Em ambas as tevês, um dos programas era assistir a filmes pornôs, comprados ou trocados nas cidades de Atalaia do Norte, Benjamin Constant ou Tabatinga (AM), no Brasil, ou em Letícia, na Colômbia.[24]

Recomendo o relato da autora sobre esse encontro do olho indígena com a pornografia: a surpresa, a perplexidade, a curiosidade, o assombro dos Matis diante das cenas que, em comunidade, pessoas idosas, adultas, jovens e crianças, atônitas, assistiam a cada tarde tentando decifrar em que consistia tudo aquilo que entendiam como "sexo de branco". Mas há que se entender que não se trata, como enfatiza a autora citada, apenas de uma diferença em relação às formas que a

23. Ver uma crítica aos feminismos que têm uma compreensão universalista da sexualidade em K. Bidaseca, "Mujeres blancas que buscan salvar a las mujeres color café de los hombres color café. Desigualdad, colonialismo jurídico y feminismo postcolonial".
24. B. Maisonnave Arisi, "Vida sexual dos selvagens (nós): indígenas pesquisam a sexualidade dos brancos e da antropóloga", p. 56.

própria prática sexual assume (posições etc.), mas a relação mesma dos sujeitos com sua sexualidade e com o corpo, o que nos aproxima, de alguma forma, das distintas pedagogias do sexo que emanam da diferença apontada por Foucault entre uma "*ars erótica*", com sua ênfase na experiência do prazer, e uma "*scientia sexualis*", com sua ênfase na representação e na exterioridade.[25] Está sugerida também a diferença entre o sexo como gozo fálico de poder apropriador e administrador – *perverso*, na linguagem lacaniana – e o sexo como prazer de relação – *neurótico*, para Lacan. Aqui se distinguem a *pornografia* do *erotismo*: o gozo de um sujeito exterior que fantasia a apropriação do corpo explorado e abusado, como diferente do prazer da conjunção em que a entrega é compartilhada.

A exterioridade do olhar pornográfico e perverso sobre o corpo e a representação focalizada e objetivada de seus prazeres encontra-se associada à exterioridade colonial-moderna – exterioridade da racionalidade científica, exterioridade rapinadora da natureza, exterioridade administradora dos recursos, exterioridade expurgadora do outro e da diferença, já apontadas por Aníbal Quijano e Walter Mignolo em seus textos e que aqui traduzo em termos desse caráter pornográfico do olhar colonizador.[26] A implantação desse olhar exterior, pornográfico, alienador do corpo e da sexualidade, e sua importância na expansão do processo colonial mostra-se também na coincidência, que não poderei examinar aqui em toda a profundidade e densidade de suas afinidades, entre os grandes empreendimentos extrativos e a presença de bordéis: revela-se aqui uma relação expropriadora e apropriadora, rapinadora e exterior com o meio ambiente natural e com relação ao corpo feminino. Recebi também o relato de que quando jovens de regiões patagônicas com grande presença da população indígena mapuche, na Argentina, migram para as capitais regionais

25. M. Foucault, *The History of Sexuality*.
26. A. Quijano, "Colonialidad y modernidad/racionalidad"; W. Mignolo *Histórias locais / projetos globais*, p. 290-291, 424.

recrutados como soldados no quartel, o primeiro passo de sua absorção no novo meio é levá-los aos bordéis das imediações do destacamento em que receberão treinamento militar. Em consonância com isso, é interessante o fato de que, após a proibição dos prostíbulos na cidade de Buenos Aires em 1935 e em toda a Argentina em 1936, com a lei 12.331, eles tenham voltado a ser permitidos novamente em 1944 somente nas proximidades dos quartéis militares.[27] Uma vez mais estamos diante da pedagogia do olhar pornográfico sobre o corpo-objeto das mulheres. Uma pedagogia do banquete sacrificial do corpo consumido como alimento do pacto entre os homens que, assim, em frente a seus restos, se concelebra e consolida. Pedagogia necessária de insensibilidade, bloqueio da empatia e distância rapinadora, para gerar o *esprit de corps* da irmandade masculina.[28] Pouco importa se, como afirma Lacan ao referir-se à pulsão escópica e ao "olhar", não é o observador e sim o objeto mirado o que captura, ou seja, que é o agente, o ativo em colocar o olho em foco, revelar seu desejo.[29] E importa pouco, porque, para colocar-se efetivamente nesse lugar, o *objeto* deve, por sua parte, objetificar o olhar do espectador, ensinar-lhe a desejar desde fora, desde a falta, e ser capaz de sequestrá-lo e educá-lo a dirigir-se ao que exibe. Apesar de ativo, o "objeto" do olhar que, por sua vez, o objetifica, encontra-se, portanto, cativo e obrigado a comportar-se como sujeito eficiente dessa *pedagogia da crueldade que é a pedagogia do olhar pornográfico*. Desse ponto de vista, essa modalidade de olhar faltante e faltoso é plenamente histórica.[30]

27. R. Schnabel, *Historia de la trata de personas en Argentina como persistencia de la esclavitud*.
28. Sem dúvida, faz eco aqui o olhar dos públicos ocidentais diante das exposições dos vasos mochicas nos museus do mundo. É um olhar pornográfico sobre cenas que são plenamente eróticas e que nada têm a ver com a malícia que essas audiências lhes atribuem, já que o que eles expõem é uma celebração da vida e do prazer sem componente de dano.
29. J. Lacan, *The Four Fundamental Concepts of Psycho-Analysis*.
30. K., em *Male Subjectivity at the Margins*, p. 407, parece confirmar esta historicidade quando, em uma nota, cita um comentário de Lacan a respeito da conversão autoconsciente desse olhar, que se torna explícito: "*I saw myself seeing myself ... [this formula] remains[...] correlative with that fundamental mode to which we referred in the Cartesian cogito.[...]*" Ninguém duvidaria hoje de que o *cogito* cartesiano é uma virada plenamente histórica.

Na mesma direção está o exemplo do que sucedeu com o antigo ritual xavante de nominação das mulheres. O filme *Pi'õnhitsi, mulheres xavante sem nome*, de 2009, produzido pelo projeto Vídeo nas Aldeias (VNA) e dirigido por Tiago Campos Torres e Divino Tserewahú, mostra essa mudança, essa mutação moral e normativa a que me venho referindo. No filme é relatada a dificuldade da aldeia Sangradouro, em Mato Grosso, para filmar o ritual de iniciação feminina, realizado completamente pela última vez em 1977. A dificuldade se dá porque o ritual *Pi'õnhitsi* prescreve que, durante a longa festa, o irmão do marido tenha acesso sexual à mulher que está sendo iniciada, sendo isso considerado uma honra para o próprio marido e sua jovem esposa. Como consequência da presença de uma missão católica na aldeia, o olhar já catequizado é inoculado com o veneno do olhar ocidental e surge a culpa e a desonra. O ritual é, então, realizado novamente uma vez nos anos 1980 e pela última vez em 1995, mas, por incidência dos sacerdotes católicos, ocultando ou retrabalhando seu verdadeiro roteiro original, para ser depois definitivamente abandonado, pela consciência da leitura que o branco faria. O olho xavante aprende a ver o mundo, seu próprio mundo, com o olho do branco. Desde então, as mulheres ficaram sem nome, pois era através de *Pi'õnhitsi* que o nome lhes era dado.

Uma conversa entre seu diretor indígena, Divino, e seu diretor branco, Tiago Torres, na mesa de montagem, enquanto assistem a imagens de arquivo, é reveladora. Divino vai revisitando algumas memórias de sua vida e relata ao codiretor, em frente à câmera, que, durante sua clausura na casa dos homens – chamado *Ro* entre o povo Xavante –, enquanto estava no processo de iniciação masculina, chamava-lhe a atenção que, além de sua mãe, outra mulher levava sua comida até o recinto. Em uma de suas saídas do resguardo, perguntou à sua mãe quem era aquela mulher, ao que ela respondeu revelando que era da casa de seu tio paterno que vinha a comida. Foi assim que Divino ficou sabendo que sua paternidade biológica era de seu tio e não do marido da mãe. Recorda, então, sua reação ao relato dela: "Sou um filho de puta, então!" Sua resposta foi rechaçada sem hesitação pela mãe e pelo pai, marido dela, que lhe dizem: "Não, não é assim. Entre nós as coisas são de outra maneira." Nessa exclamação de Divino, considero, encontram-se criptografadas todas as contradições entre o patriarcado de baixo impacto próprio do mundo-aldeia, comunitário, e o patriarcado perverso da colonial-modernidade apropriadora, pois no contexto do *Pi'õnhitsi* não há olhar pornográfico, ou seja, não existe acesso sexual expropriador e que cause deterioração moral, no sentido que revela o olhar, confuso ante sua própria colonização, do cineasta indígena. Dessa forma, a aldeia quer recuperar hoje o ritual *Pi'õnhitsi*, mas o maior obstáculo vem dos jovens maridos das mulheres que deveriam participar. Esses jovens aprenderam a entender o corpo de suas esposas com um olhar pautado pelos valores da virilidade do colonizador. O homem branco é o seu interlocutor e par preferencial no presente. Da mão desse interlocutor dominante, o umbigo do cosmos se vai deslocando da aldeia para o mundo do branco, e é a fragilidade dos homens, tão facilmente cooptáveis pelo mundo dominante, que o permite.

Ocorre que o mundo branco, com seu preconceito e pecado, com sua visão de sexo como dano, mácula, redução e sujeição do outro penetrado, feminizado, opera indubitavelmente com um duplo padrão de moralidade. Sua moral não é consistente. Um caso que dividiu as antropólogas feministas na Argentina expõe esse duplo padrão muito nitidamente. Trata-se do caso da menina wichí, na região do chaco saltenho, tomada como esposa pelo marido de sua mãe, com o consentimento de ambas. Denunciado pela diretora da escola em que a menina estudava, a história de um "padrasto violador" do povo Wichí percorreu o país e provocou um confronto acirrado entre as antropólogas que trabalham sobre o tema de gênero. O feminismo universalista afirma que o acesso sexual do marido da mãe sobre uma menor de idade é crime em todos os casos e para qualquer sociedade. O feminismo decolonial afirma que é necessário ouvir o que dizem as pessoas e, de fato, durante os sete anos em que o jovem marido de ambas as mulheres wichí permaneceu preso, foram elas que levaram diariamente sua comida na cadeia, porque o acesso sexual não tem, para as mulheres wichí, o mesmo significado que tem para nós, e porque duas mulheres podem compartilhar um homem. Uma informação complementar torna-se indispensável para revelar o sentido oculto dos esforços dos agentes estatais em criminalizar o jovem marido wichí: nessa região há o costume do "*chineo*", ou seja, da iniciação sexual dos jovens *criollos* por meio da violação das meninas wichís das aldeias próximas. Acontece que, ao contrário do que ocorreu com respeito à suposta "violação" da menina wichí por seu padrasto, quando as meninas wichís são violadas por homens *criollos*, o Estado é omisso e a impunidade é garantida. Aquele empenho demonstrado em velar pela integridade sexual das meninas indígenas em relação aos homens também indígenas, encarcerando-os sem ouvir os argumentos do próprio povo, desvanece e dá lugar à omissão e à indiferença quando o agressor das meninas indígenas é o homem branco.[31] A hipocrisia do olhar do branco sobre o indígena fica, dessa maneira, exposta.

A *diferença* que tento mapear aqui entre a função normativa e seu impacto no controle de gênero e da sexualidade mostra sua relevância até nos casos em que a própria sobrevivência do grupo está em jogo. Isso é demonstrado no relato que recebi, em 2009, durante uma reunião da Coordenação de Gênero da Funai em Tangará da Serra, Mato Grosso, para a divulgação da Lei Maria da Penha contra a violência doméstica, de uma mulher indígena tapuia da Aldeia Carretão, estado de Goiás, nascida em 1952. Ao inquirir sobre sua pele branca, cabelos ondulados e aparência europeia, Ana Lino Tapuia,

31. Ver A. Cebrelli, "El caso de la niña wichi en la prensa: violencia y exclusion detrás de los discursos sobre la igualdad"; E. Corvalán, "La 'costumbre' de violar niñas Wichi"; K. Bidaseca, op. cit.

minha colega de quarto na hospedagem que ocupávamos, explicou-me que seus traços físicos são o resultado do processo de reconstrução de seu povo. Uma variante dessa história, ela me esclareceu, ainda que não exatamente igual, já havia sido relatada pela própria mãe, décadas antes, à antropóloga Rita Heloísa de Almeida Lazarin, que a registrou em tese e publicações.[32] Certamente, a história que recolhi em Tangará da Serra, por efeito do pudor colonial, difere e complementa a história oficial do povo Tapuio, cuja síntese se difunde na importante página web de divulgação etnográfica do Instituto Socioambiental do Brasil.[33] De acordo com o extraordinário relato de Ana Lino, o povo Tapuio, que havia sido um dos povos mais numerosos nos tempos da invasão portuguesa, depois das guerras e massacres, chegou a sua quase extinção por uma série de epidemias que receberam como um golpe de misericórdia. Da sequência de infortúnios, restaram somente três mulheres vivas nas primeiras décadas do século XX, uma delas, a bisavó de Ana Lino. Frente à iminência do fim do mundo a que pertenciam, as três colocaram em prática uma estratégia que lhes permitiu vencer a morte, pessoal e coletiva. Essa estratégia consistiu em praticar conjunção carnal com todo forasteiro, de qualquer origem e cor, que atravessasse suas terras. Homens brancos, xavantes e negros foram igualmente abordados e convocados para tarefa de procriar e, assim, reconstruir as bases demográficas que permitiram refazer o povo Tapuio, até que a garantia de sua continuidade e condição de ocupar o território que lhes fora concedido pela coroa portuguesa no fim do século XVII lhes deu descanso. Hoje, com cerca de trezentos membros, a comunidade está fora de perigo e continua a crescer, apesar da pobreza.

Essa extraordinária história ressalta, por um lado, a capacidade das mulheres de administrar sua própria sexualidade, isto

32. R. H. de A. Lazarin, *O aldeamento do Carretão: duas histórias* e *Aldeamento do Carretão segundo os seus herdeiros tapuios: conversas gravadas em 1980 e 1983*.
33. ISA, "*Povo Tapuio*". *Enciclopédia Povos Indígenas no Brasil*.

é, sua agência e soberania sexual e procriadora, e a suspensão total e irrestrita de todos os parâmetros que hoje consideramos constituir a normativa positiva de uma cultura: regras de conjugalidade e parentesco, crenças com relação à vida e suas práticas reprodutivas, noções de identidade que colocam barreiras entre sociedades etc. As três regeneradoras do mundo tapuio abjuraram deliberada e estrategicamente de todos os conteúdos que servem de referência para o que conhecemos como etnicidade, e a identidade e identificações que dela derivam, e trabalharam estritamente por um projeto como povo obedecendo a uma pulsão de futuro coletivo a partir da consciência de um passado comum. O vetor aqui é a própria ideia de ser um povo em busca de continuidade.

Outras sociedades também enfrentaram a morte como sujeitos coletivos e resgataram-se dessa dramática circunstância por meio de estratégias semelhantes. Os Tapirapé de Mato Grosso viram-se reduzidos a 56 pessoas na década de 1970, e hoje são aproximadamente mil. Do povo Avá-Canoeiro de Tocantins, na mesma década de 1970, havia onze sobreviventes e hoje são vinte pessoas, algumas delas filhas do que chamaríamos de violação ou de relações incestuosas. Suas mães, no entanto, nunca falaram sobre isso, pois é a determinação de reconstruir-se como povo o que consideraram relevante.

Gênero e colonialidade: do patriarcado de baixo impacto ao patriarcado moderno

Iniciei minha exposição com uma lista das formas de agressão sofridas pelas mulheres indígenas à medida que avança a frente estatal-empresarial-midiática-cristã, que não deixa dúvidas sobre a participação do Estado nos danos infligidos. Argumentei que todos os esforços em termos de legislação, políticas públicas e ações estatais pouco podem contra essa máquina avassaladora que avança sobre as comunidades, pois a proteção ensaiada pelo Estado e seus agentes vai a reboque da destruição que esse mesmo Estado impõe aos povos. Tratei até aqui da transição do que chamei mundo-aldeia, por falta de um nome melhor para representar as relações sociais antes da intrusão colonial, ao mundo interceptado pela administração colonial, primeiro ultramarina e depois republicana, com o foco na mutação da concepção da norma, especialmente das normativas de gênero e sexualidade.

Minhas observações são o resultado de um período de dez anos de observação da expansão da frente estatal "democrática" no mundo indígena do Brasil e na vida das mulheres. A frente estatal "democrática" a que faço referência é a da pós-ditadura em nossos países, que atinge a fronteira indígena, o mundo-aldeia, com leis e políticas públicas, empresas e ONGs. Essa frente, sempre colonial, irremediavelmente intrusiva e interventora no que resta do mundo-aldeia, tenta entregar com uma mão o que já retirou com a outra, esforça-se em oferecer antídotos, sob a forma de direitos, para conter a ação do veneno que já inoculou. Devido à forma em que se constitui o Estado e à baixa consciência, entre seus agentes, da diferença entre a "cidadania" como massa de indivíduos formalmente titulares de direitos e uma organização comunitária e coletivista da vida, a consequência de suas ações é, quase inevitavelmente, disruptiva no que diz respeito ao tecido das relações e ao sistema de autoridade próprio do mundo-aldeia, além de produzir um rompimento dos fios da memória de seus membros. Tenho visto esse processo desdobrar-se, expandir-se e afetar a vida das mulheres por meio de uma forma de infiltração específica, como é a das relações de gênero da ordem colonial-moderna nas relações de gênero no mundo-aldeia; compreendi a torção radical introduzida pela entrada do tempo colonial-moderno na história das relações de gênero.

Dados documentais, históricos e etnográficos do mundo ameríndio mostram a existência de estruturas reconhecíveis de diferença, semelhantes – mas não idênticas – ao que chamamos relações de gênero na modernidade, determinando hierarquias claras de prestígio entre a masculinidade e a feminilidade, representadas por figuras que podem ser entendidas como homens e mulheres. Apesar do caráter reconhecível das posições de gênero, nesse mundo são mais frequentes as aberturas ao trânsito e à circulação entre as posições que se encontram interditadas em seu equivalente moderno ocidental. Como se sabe, povos indígenas como os Warao da Venezuela, Guna (Kuna) do Panamá, Guayaquís (Aché) do Paraguai, Trio do Suriname, Javaés do Brasil e o mundo incaico pré-colombiano, entre outros, assim como uma quantidade de povos nativos norte-americanos e das primeiras nações canadenses, além de todos os grupos religiosos afro-americanos, incluem linguagens e contemplam práticas transgêneras estabilizadas, casamentos entre pessoas que o Ocidente entende como sendo do mesmo sexo, e outras transitividades de gênero bloqueadas pelo sistema de gênero absolutamente engessado da colonial-modernidade.[34]

Também são reconhecíveis, no mundo pré-intrusão, as dimensões de uma construção da masculinidade que acompanhou a humanidade ao longo de todo o tempo da espécie, no que chamei de "pré-história patriarcal da humanidade", caracterizada por uma temporalidade lentíssima, ou seja, de uma *longue durée* que se confunde com o tempo evolutivo.[35] Essa masculinidade é a construção de um sujeito obrigado a adquiri-la como *status*, atravessando provações e enfrentando a morte – como na alegoria hegeliana do senhor e do escravo. Sobre esse sujeito pesa o imperativo de ter de conduzir-se e reconduzir-se a ela ao longo de toda a vida sob o olhar e avaliação de seus pares, provando e reconfirmando habilidades

34. Para uma lista de identidades transgêneras em sociedades históricas e contemporâneas, ver G. Campuzano, *Andróginos, hombres vestidos de mujer, maricones ... el Museo Travesti del Perú*, p. 76.
35. R. Segato, *Las estructuras elementales de la violencia*.

de resistência, agressividade, capacidade de domínio e exação do que chamei de "tributo feminino",[36] para poder exibir o pacote de potências – bélica, política, sexual, intelectual, econômica e moral – que lhe permitirá ser reconhecido e titulado como sujeito masculino.

Portanto, ao contrário do que afirmaram outras autoras também críticas da colonialidade,[37] o gênero parece-me existir em sociedades pré-coloniais, mas o faz de uma maneira diferente do que na modernidade. Como argumentei aqui, quando essa colonial-modernidade se aproxima do gênero na aldeia, modifica-o perigosamente, intervém em sua estrutura de relações, captura-as e as reorganiza de dentro, mantendo a aparência de continuidade, mas transformando os sentidos. Acontece então, como disse, um efeito de verossimilhança, uma vez que as nomenclaturas permanecem, mas são reinterpretadas à luz da nova ordem moderna. Julieta Paredes apontou algo semelhante com sua ideia de "entroncamento de patriarcados".[38]

Esse cruzamento é realmente fatal, porque um idioma que era hierárquico, em contato com o discurso igualitário da modernidade, transforma-se em uma ordem super-hierárquica e desenraizada, devido a:

- *emasculação* dos homens no ambiente extracomunitário, diante do poder dos administradores brancos, que requer reconstrução por meio do uso da violência;

- *hiperinflação dos homens* no ambiente comunitário, por seu papel de intermediários com o mundo exterior, isto é, com a administração do branco, com quem fazem guerra e negociam recursos;

36. Idem.
37. M. Lugones, "Heterosexualism and the Colonial / Modern Gender System"; O. Oyěwùmí, *A invenção das mulheres. Construindo um sentido africano para os discursos ocidentais de gênero*, e outras.
38. J. Paredes, *Hilando fino desde el feminismo comunitário.*

- transmutação do *espaço público*, habitado ancestralmente pelos homens, em uma *esfera pública* que sequestra toda a politicidade e torna-se, dessa forma, inflacionada e pretensamente universal, sendo suas leis positivadas;

- colapso, privatização e nuclearização do *espaço doméstico*, agora transformado em resto e margem desprovida de politicidade;

- *binarização* da *dualidade* que estrutura o gênero no mundo-aldeia, com totalização de um de seus dois termos constituído como público e universal, em oposição a outro, constituído como privado, particular e marginal: relações de complementaridade duais converteram-se em relações binárias em que um dos termos é suplementar;

- individualização e massificação de um mundo que era compartimentalizado, subdividido por categorias de gênero com seus espaços coletivos próprios;

- inoculação do olho pornográfico, conceito que sintetiza o olhar exteriorizado e objetificante, assim como a compreensão do acesso sexual como dano, profanação e apropriação.

Uma reflexão surgiu entre as feministas na América Latina sobre o papel desempenhado pelo gênero e pela sexualidade na instauração e no aprofundamento do padrão de colonialidade do poder, advertindo sobre a fragilidade dessa perspectiva teórica no que diz respeito à equação de gênero.[39] Também Francesca Gargallo,[40] em seu exame do que ela entende como sistema racista-sexista de origem colonial, com desdobramentos posteriores às independências nacionais,

39. Ver, especialmente, B. Mendoza, *Ensayos de crítica feminista en Nuestra América*.
40. F. Gargallo Celentani, *Feminismos desde Abya Yala. Ideas y proposiciones de las mujeres de 607 pueblos en Nuestra América*.

desenvolveu essa crítica levantando as vozes das mulheres indígenas do continente.[41]

De minha parte, examinei longamente esse processo em meu texto "Gênero e colonialidade", publicado neste mesmo volume, para concluir invertendo a máxima "diferentes, mas iguais" dos direitos humanos, que expressa seu propósito de universalizar a cidadania por meio da expansão da égide estatal. Ao pesar perdas e ganhos decorrentes da captura das instituições do mundo-aldeia pelas do mundo "do branco", concluo que, no "desiguais, mas distintos" da comunidade sem intervenção, ou seja, na possibilidade da diferença não constituída como problema, radica-se um novo ponto de partida.

Bibliografia

áLVAREZ DEGREGORI, María Cristina. *Sobre la mutilación genital femenina y Otros demonios*. Barcelona: Publicacions d'Antropologia Cultural, Universitat Autònoma de Barcelona, 2001.

BIDASECA, Karina. "Mujeres blancas que buscan salvar a las mujeres color café de los hombres color café. Desigualdad, colonialismo jurídico y feminismo postcolonial", in *Andamios – Revista de Investigación Social*, Universidad Autónoma de la Ciudad de México, México, D.F., vol. 8, nº 17, set./dez. 2011.

BUENO SARDUY, Aida. *El ocaso del sacerdocio femenino en el xangô de Recife: la "ciudad de las mujeres" que no será*. Tese de doutrorado, Programa de Antropologia da Universidad Complutense de Madrid, Madrid, 2015.

CAMPUZANO, Giuseppe. *Andróginos, hombres vestidos de mujer, maricones ... el Museo Travesti del Perú*. Lima: Museu Travesti, 2009.

41. Outros exemplos na mesma direção merecem destaque aqui, como as teses recentemente defendidas por K. Ochoa Muñoz. *La lucha del pueblo Nanncue Ñomndaa: un camino hacia la constitución de nuevos sujetos políticos indígenas femeninos. El caso de Xochistlahuaca, Guerrero* e S. Sciortino, op. cit.. Também a tese de doutorado de A. Bueno Sarduy, *El ocaso del sacerdocio femenino en el xangô de Recife: la "ciudad de las mujeres" que no será*, mostra como, junto com a expansão da égide colonial-estatal modernizadora nos terreiros de religião afro-brasileira, as mulheres estão perdendo a posição de autoridade que sempre tiveram nesse meio.

CIMI. Conselho Indigenista Missionário. *Relatório violência contra os povos indígenas no Brasil – dados de 2011*. Brasília: Cimi/Adveniat, 2011.

CARVALHO, Maria Rosário de. "A questão do gênero em contextos indígenas", in *Revista Coletiva*, nº 10, jan./abr. 2011.

CEBRELLI, Alejandra. "El caso de la niña wichi en la prensa: violencia y exclusion detrás de los discursos sobre la igualdad", in *Diagonal. Psicoanálisis y cultura*, vol. 4, nº 14, 2007.

CORVALÁN, Elena. "La 'costumbre' de violar niñas wichi", in *Reflexiones Marginales*, nº 16, 11 set. 2011.

DAL POZ, João e JUNQUEIRA, Carmen. *"Cinta Larga". Povos indígenas no Brasil*. Brasília: Instituto Socioambiental – ISA, 2013. Disponível em: <http://pib.socioambiental.org/pt/povo/cinta-larga>. Acesso em: 10 jul. 2021.

FOUCAULT, Michel. *The History of Sexuality*. vol. 1. An introduction. Penguin Books, 1990. [Ed. Bras.: *A história da sexualidade*, vol. 1: A vontade de saber. Rio de Janeiro: Paz e Terra, 2020].

FRANCHETTO, Bruna. "Mulheres entre os Kuikúro", in *Revista de Estudos Feministas*, vol. 4, nº 1, p. 35–54, 1996.

_____. "Apresentação". *Revista de Estudos Feministas*, v. 7, n. 1–2, p. 141-142, 1999.

GARGALLO CELENTANI, Francesca. *Feminismos desde Abya Yala. Ideas y proposiciones de las mujeres de 607 pueblos en Nuestra América*. Bogotá: Ediciones Desde Abajo, 2012.

GOTT, Gil. "Imperial humanitarianism: history of an arrested dialectic", in: HERNÁNDEZ-TRUYOL, Berta Esperanza (Ed.). *Moral Imperialism: a Critical Anthology*. Nova York: New York University Press, 2002.

ISA. Instituto Socioambiental. *"Povo Tapuio". Enciclopédia Povos Indígenas no Brasil*. Brasília: ISA, 2009. Disponível em: <http://pib.socioambiental.org/pt/povo/tapuio/1016>. Acesso em: 7 jul. 2021.

LACAN, Jacques. *The Four Fundamental Concepts of Psycho-Analysis*. Nova York: Norton, 1978. [Ed. Bras.: *O Seminário*, livro 11: Os quatro conceitos fundamentais da psicanálise. Rio de Janeiro: Zahar, 1985].

LASMAR, Cristiane. "Mulheres indígenas: representações". *Revista de Estudos Feministas*, Florianópolis, v. 7, n. 1–2, p. 143–156, 1999.

_____. *De volta ao lago de leite: gênero e transformação no Alto Rio Negro*. São Paulo: Editora Unesp, ISA, 2005.

LAZARIN, Rita Heloisa de Almeida. *O aldeamento do Carretão: duas histórias*. Dissertação de mestrado, Departamento de Antropologia, Universidade de Brasília, Brasília, 1985.

_____. *Aldeamento do Carretão segundo os seus herdeiros tapuios: conversas gravadas em 1980 e 1983*. Brasilia: Funai/Dedoc, 2003.

LEA, Vanessa Rosemary. "Desnaturalizando gênero na sociedade Mebengôkre", in *Revista de Estudos Feministas*. Número duplo – Dossiê Mulheres Indígenas, vol. 7, nº 1–2, p. 176–194, 1999.

LUGONES, María. "Heterosexualism and The Colonial / Modern Gender System", in *Hypatia*, vol. 22, nº 1, p. 186 -209, inverno, 2007.

MCCALLUM, Cecília. "Aquisição de gênero e habilidades produtivas: o caso Kaxinawá", in *Revista de Estudos Feministas*, vol. 7, nº 1–2, p. 157–175, 1999.

MAISONNAVE ARISI, Bárbara. "Vida sexual dos selvagens (nós): indígenas pesquisam a sexualidade dos brancos e da antropóloga", in SACCHI, Ângela e GRAMKOW, Marcia Maria. *Gênero e povos indígenas*. Brasília, Rio de Janeiro: Museu do Índio, GIZ, 2012.

MENDOZA, Breny. *Ensayos de crítica feminista en Nuestra América*. Ciudad de Mexico, D.F.: Editorial Herder, 2013.

MIGNOLO, Walter. *Histórias locais /projetos globais*. Belo Horizonte: Editora UFMG, [2000] 2003.

OCHOA MUÑOZ, Karina. *La lucha del pueblo Nanncue Ñomndaa: un camino hacia la constitución de nuevos sujetos políticos indígenas femeninos. El caso de Xochistlahuaca, Guerrero*. Dissertação de pós-graduação em Desenvolvimento Rural, Universidad Autónoma Metropolitans, México, D.F., 2011.

OYĚWÙMÍ, Oyèrónkẹ́. *The Invention of Women. Making an African sense of Western gender discourses*. Minneapolis: University of Minnesota Press, 2008. [Ed. bras.: *A invenção das mulheres. Construindo um sentido para os discursos ocidentais de gênero*. Rio de Janeiro: Bazar do Tempo, 2021].

PAREDES, Julieta. *Hilando fino desde el feminismo comunitario*. 3ª ed. La Paz: Cedec, Mujeres Creando Comunidad, 2010.

QUIJANO, Aníbal. "La modernidad, el capital y América Latina nacen el mismo día", entrevista dada a Nora Velarde, in *ILLA – Revista del Centro de Educación y Cultura*, Lima, nº 10, p. 42–57, 1991a.

_____. "Colonialidad y modernidad/racionalidad", in *Peru Indigena*, vol. 13, nº 29, Lima (republicado in BONILLA, H. *Los conquistados. 1492 y la población indígena de las Américas*. Quito: Tercer Mundo/ Libri Mundi/ Flacso-Ecuador), 1991b.

RODRIGUES, Patrícia de Mendonça. *O Povo do Meio: tempo, cosmo e gênero entre os Javaé da Ilha do Bananal*. Dissertação de Mestrado, Departamento de Antropologia Social, Universidade de Brasília, Brasília, 1993.

_____. "O surgimento das armas de fogo: alteridade e feminilidade entre os Javaé", in *Revista de Estudos Feministas*, vol. 7, nº 1- 2, p. 195–205, 1999.

_____. *A caminhada de Tanyxiwè – uma teoria Javaé da História*. PhD Thesis, Department of Anthropology, Universidade de Chicago, Chicago, 2008.

SACCHI, Angela. "Mulheres indígenas e participação política: a discussão de gênero nas organizações de mulheres indígenas", in *Anthropologicas*, vol. 14, p. 105-120, 2003.

SÁNCHEZ BOTERO, Esther. "Aproximación desde la antropologia jurídica a la justicia de los pueblos indígenas", in SOUSA SANTOS, Boaventura de e GARCÍA VILLEGAS, Maurício. *El caleidoscopio de las justicias en Colombia*. Tomo II. Bogotá: Siglo del Hombre Editores, 2003.

SCHNABEL, Raúl A. *Historia de la trata de personas en Argentina como persistencia de la esclavitud*. Buenos Aires: Dirección General de Registro de Personas Desaparecidas, 2009.

SCIORTINO, Silvana. *Una etnografía en los Encuentros Nacionales de Mujeres: políticas de identidad desde la afirmación de las "mujeres de los Pueblos originarios"*. Tese de doutorado, IdIHCS, Centro Interdisciplinario de Investigaciones en Género, Universidad Nacional de La Plata, La Plata, 2002.

SEGATO, Rita. *Uma agenda de ações afirmativas para as mulheres indígenas do Brasil*. Brasília: Departamento de Antropologia, Universidade de Brasília, Fundação Nacional do Índio - Funai, Deutsche Gesellschaft fur Technische Zusammenarbeit - GTZ, 2003a.

_____. *Las estructuras elementales de la violencia*. Buenos Aires: Prometeo, 2003b.

_____. *Territorio, soberanía y crímenes de Segundo Estado: la escritura en el cuerpo de las mujeres asesinadas en Ciudad Juárez*. México, D.F.: Ediciones de la Universidad del Claustro de Sor Juana, 2006.

_____. "Femi-geno-cidio como crimen en el Fuero Internacional de los Derechos Humanos: el derecho a nombrar el sufrimiento en el derecho", in FREGOSO, Rosa-Linda e BEJARANO Cynthia (Eds.). *Feminicidio en América Latina*. México, D.F.: Unam-Ciiech, Red de Investigadoras por la Vida y la Libertad de las Mujeres, 2011.

_____. "Que cada povo teça os fios da sua história: o pluralismo jurídico em diálogo didático com legisladores", in *Direito. UnB - Revista de Direito da Universidade de Brasília*, vol. 1, nº 1, p. 65-92 2014. Disponível em: <https://periodicos.unb.br/index.php/revistadedireitounb/article/view/24623>. Acesso em: 7 jul. 2021.

SILVERMAN, Kaja. *Male Subjectivity at The Margins*. London: Routledge, 1992.

VERDUM, Ricardo (Org.). *Mulheres indígenas, direitos e políticas públicas*. Brasília: Inesc, 2008.

VINENTE DOS SANTOS, Fabiane. "Mulheres indígenas, movimento social e feminismo na Amazônia: empreendendo aproximações e distanciamentos necessários", in *Revista EDUCAmazônia*, vol. 8, nº 1, p. 94-104, 2012.

Que cada povo teça os fios de sua história: um diálogo tenso com a colonialidade legislativa "dos salvadores" da infância indígena

O primeiro direito do ser humano é ter um povo.

Suportes e limites para a construção de um argumento difícil

Em agosto de 2007, fui convocada pela Comissão de Direitos Humanos da Câmara dos Deputados do Congresso Nacional brasileiro para apresentar um argumento de cunho antropológico com a finalidade de explicar a parlamentares sobre o tema do assim chamado "infanticídio indígena". A explanação era necessária para que pudessem decidir seu posicionamento à hora da iminente votação de uma lei que criminalizaria tal prática. Neste artigo, detalho o conjunto de considerações e conhecimentos que envolveram a preparação de minha argumentação para a ocasião, apresento o texto com o qual questionei a aprovação do projeto de lei e apresento as conclusões de alcance teórico que surgiram no processo de sua elaboração. De fato, como explicarei, ao finalizar o exercício retórico cuja confecção aqui descrevo, as categorias *povo* e *história* haviam-se imposto como as únicas capazes de permitir a defesa de um processo de devolução do exercício da justiça própria às comunidades indígenas por parte do Estado nacional.

Ao receber o convite, percebi que teria de tecer minhas considerações de forma complexa, obedecendo ao princípio que eu mesma havia estabelecido ao falar de uma antropologia cujo lema deveria ser, a partir de agora, permanecer disponível para as demandas de suas e seus "estudados"[1] e consciente do padrão de colonialidade típico da intervenção do Estado na vida das comunidades. A intervenção legislativa foi, sem dúvida, uma dessas formas de intrusão. O primeiro problema é que me encontrava dividida entre dois discursos diferentes e opostos, ambos vindos de mulheres indígenas, e dos quais eu tinha conhecimento. Um deles era o repúdio que, na primeira reunião extraordinária da recém-criada Comissão Nacional de Política Indigenista (CNPI), realizada nos dias 12 e 13 de julho de 2007, a Subcomissão de Gênero, Infância e Juventude havia manifestado a respeito dessa lei.[2] O segundo discurso era a queixa apresentada por uma mulher indígena, Edna Luiza Alves Yawanawa, da região fronteiriça entre Brasil e Peru, no estado do Acre. Ela, durante a oficina de direitos humanos para mulheres indígenas que assessorei e conduzi em 2002 para a Fundação Nacional do Índio (Funai), havia descrito a norma do infanticídio compulsório de um dos gêmeos entre os Yawanawá como fonte de intenso sofrimento, para a mãe, por isso também vítima da violência daquele preceito. Essa era, em sua experiência, uma das contradições difíceis de

1. R. Segato, "Antropologia e direitos humanos: alteridade e ética no movimento de expansão dos direitos universais", p. 228.
2. "[...] tramita projeto de lei no Congresso Nacional que trata da prática de infanticídio nessas comunidades, tendo havido já duas audiências no Congresso sem a participação das mulheres indígenas, que estão sendo criminalizadas, sendo que há ainda campanha nacional contra o infanticídio e a subcomissão pode se posicionar e exigir participação nas audiências" (*Ata da 1ª Reunião Extraordinária da Comissão Nacional de Política Indigenista*, p. 35).

resolver entre o direito à autonomia cultural e o direito das mulheres.[3] Tinha, portanto, diante de mim a ingrata tarefa de argumentar contra aquela lei, mas, ao mesmo tempo, fazer uma forte aposta na transformação dos costumes. Deveria também construir um argumento baseado em considerações e evidências que seriam aceitáveis para o Congresso de um Estado nacional com forte influência cristã, herdeiro da administração colonial ultramarina e estruturado por um padrão de permanente colonialidade. Esse Congresso era, portanto, formado em sua grande maioria por homens brancos, muitos dos quais proprietários de terras em localidades com presença indígena e, no caso dessa lei, representados pela agressiva Frente Parlamentar Evangélica, cujos membros são muito articulados entre si e atores fortemente mancomunados na política brasileira. Foi justamente um membro dessa Frente Parlamentar Evangélica o proponente do Projeto de Lei nº 1057 de 2007[4] em discussão, Henrique Afonso, deputado federal do Partido dos Trabalhadores (PT) pelo estado do Acre e membro da Igreja Presbiteriana do Brasil.

Se, por um lado, amparava-me a Constituição Federal de 1988 e a ratificação pelo Brasil, em 2002, da Convenção 169 da Organização Internacional do Trabalho (OIT), com sua defesa

3. R. Segato, "Uma agenda de ações afirmativas para as mulheres indígenas do Brasil", p. 31.
4. O Projeto de Lei (PL) nº 1057/2007 foi aprovado no Plenário da Câmara dos Deputados em 26 de agosto de 2015. Remetido então à consideração do Senado Federal, onde tramita como Projeto de Lei da Câmara (PLC) nº 119/2015, recebeu parecer favorável do senador Telmário Mota (Pros/RR), na Comissão de Direitos Humanos e Legislação Participativa em 2019 e aguarda apreciação da Comissão de Constituição, Justiça e Cidadania, antes de ir à votação. Em 4 de fevereiro de 2021 foi apresentado requerimento, pelo mesmo senador cujo parecer foi aprovado na Comissão referida, para a tramitação conjunta do PLC 119/2015 com o PLS 169/2016, que dispõe sobre o Estatuto dos Povos Indígenas. O texto proposto no PLS 169/2016 dá especial atenção à liberação da mineração em terras indígenas, sendo o pedido de tramitação conjunto bastante revelador ao corroborar, mais de uma década depois, o argumento que a autora desenvolve no presente texto. Também o pronunciamento da Comissão Nacional de Política Indigenista, em 2009, denunciou a proposição do PL como um artifício que tenta mobilizar a opinião pública contra os povos indígenas, para viabilizar a intrusão de interesses de exploração dos recursos naturais e de submissão das comunidades à administração externa, em continuidade com uma prática adotada por grupos religiosos na história recente que perdeu legitimidade com a mudança no paradigma que orienta a política pública indigenista a partir da Constituição de 1988. (N. T.)

do direito indígena à diferença, por outro, a defesa da vida apresentava-se como um limite intransponível para qualquer tentativa de relativizar o Direito. Com efeito, a Constituição de 1988, especialmente no artigo 231 e nos artigos 210, 215 e 216, reconhece e garante a existência da diversidade de culturas no interior da nação e o direito à pluralidade de formas particulares de organização social. A partir dessa visão constitucional pluralista da ordem cultural, intérpretes como Marés de Souza Filho[5] e Carvalho Dantas[6] afirmam que a Carta de 1988 assenta as bases para o exercício progressivo dos direitos próprios por parte das sociedades indígenas no Brasil. Além disso, a ratificação da Convenção 169 da OIT, em 2002, foi um passo adiante no caminho do reconhecimento das justiças próprias, embora a norma consuetudinária ali, apesar de adquirir o *status* de lei devido a sua inclusão na legislação a partir do processo de constitucionalização do instrumento jurídico internacional, siga limitada pela obrigatoriedade de respeitar as normas do "ordenamento jurídico nacional" e dos "direitos humanos internacionalmente reconhecidos".

Porém, por razões que não podem ser examinadas aqui, e apesar de contar hoje com aproximadamente 220 sociedades indígenas e um número total de aproximadamente 800 mil indígenas (0,5% da população), o Brasil está muito longe de um efetivo pluralismo institucional e ainda mais distante da elaboração de pautas de articulação entre o direito estatal e os direitos próprios, como ocorre na Colômbia e na Bolívia. As próprias comunidades indígenas não demandam do Estado a devolução do exercício da justiça com o mesmo empenho com que demandam a identificação e demarcação de seus territórios, nem têm nítido o que significaria essa restituição no processo de reconstrução de suas autonomias. Não há investigação suficiente a esse respeito, mas esse atraso no tocante às

5. C. F. Marés de Souza Filho, *O renascer dos povos indígenas para o Direito*.
6. F. A. de C. Dantas, *O sujeito diferenciado: a noção de pessoa indígena no Direito brasileiro*.

justiças próprias poderia atribuir-se à inexistência, no direito colonial português, da figura dos *cabildos indígenas*, depositários, em toda a América Hispânica, da administração da justiça quando a infração não afetava os interesses da metrópole ou de seus representantes. Por outro lado, no Brasil, houve mais avanços na identificação e demarcação de territórios indígenas. No entanto, esses territórios não se comportam como verdadeiras jurisdições; a demarcação de terras não foi acompanhada por um processo equivalente de reflexão e reconstrução das instâncias de resolução de conflitos, graus crescentes de autonomia institucional no exercício da justiça própria e recuperação paulatina da prática processual. A figura da tutela, vigente até hoje no "Estatuto do Índio",[7] apesar de sua revogação parcial no novo texto constitucional, contribui para reduzir cada pessoa indígena, em sua individualidade, ao ambivalente regime de subordinação / proteção do Estado nacional.

Às cautelas já expostas, devo acrescentar que minha apresentação não poderia se centrar numa análise das diversas razões cosmológicas, demográficas ou higiênico-práticas que pareceriam reger a permanência da norma do infanticídio em uma variedade de sociedades. Muito menos tentar invocar a profundidade da diferença nas concepções de "pessoa", "vida" e "morte" nas sociedades ameríndias. O paradigma relativista da antropologia, em seu século de existência, não impactou a consciência pública, inclusive a de parlamentares, para permitir o debate nesses termos no campo jurídico-estatal. Isso me colocou diretamente diante da questão central de minha tarefa: *com quais argumentos nós, que defendemos a erosão decolonial de um Estado imbuído da ordem da colonialidade, podemos dialogar com nossos representantes e defender a autonomia, quando as normativas em questão instituem práticas*

7. O Estatuto do Índio é a Lei 6001 de 1973. Essa lei conflita com a Constituição de 1988 e com o Novo Código Civil de 2002. Uma nova versão está tramitando há 25 anos no Congresso. (N.T.)

tão inaceitáveis como a eliminação de crianças? Estávamos, sem dúvida, perante um caso limítrofe para a defesa do valor da pluralidade.

Essa dificuldade era agravada pela quantidade de material jornalístico de diversos tipos que as organizações religiosas tinham divulgado sobre crianças que alegavam ter resgatado da morte, estratégia que culminou na interrupção da audiência pública para permitir a entrada de um contingente de dez crianças, com algumas mães, muitas das quais com diferentes graus de deficiências, para mostrar gratidão à organização que afirmava tê-las salvado de morrer nas mãos de suas respectivas sociedades. "Atini – Voz pela vida",[8] uma organização não governamental (ONG) evangélica local, mas com ramificações internacionais em rádios e *sites* de internet em inglês,[9] estava por trás dessa demonstração de poder de comunicação social e mídia, e chegou a produzir um pequeno manual ou cartilha chamada "O direito de viver", da série "Os direitos da criança". O folheto, "dedicado a Muwaji Suruwaha, mulher indígena que enfrentou as tradições de seu povo e a burocracia do mundo de fora para garantir o direito à vida de sua filha Iganani, que sofre de paralisia cerebral", inclui as seguintes legendas, alusivas às situações em que várias sociedades indígenas supostamente cometem infanticídio: "Nenhuma criança é igual à outra, mas todos têm os mesmos direitos"; "O direito da criança é mais importante do que sua cultura"; "É dever da comunidade proteger suas crianças"; "Os gêmeos têm direito a viver"; "Filhos de mãe solteira têm direito a viver"; "Crianças com problemas mentais têm direito a viver"; "Crianças especiais, que nascem com algum problema, têm direito a viver"; "Crianças que os pais não querem criar, ou não podem criar, têm direito a viver"; "Crianças cujo pai é de outra etnia têm

8. Entre as pessoas que fundaram a ONG Atini encontra-se Damares Alves, ministra da Mulher, Família e Direitos Humanos do governo anti-indígena e de extrema-direita de Jair Bolsonaro. (N.T.)
9. Ver a página <http:voiceforlife.glorifyjesus.com>.

direito a viver"; e informa também sobre a legislação em vigor para a proteção da vida das crianças (Convenção das Nações Unidas sobre os Direitos da Criança; Estatuto da Criança e do Adolescente do Brasil; e a cláusula 2ª do artigo 8º da Convenção 169 da OIT, que estabelece limites aos costumes).

Tanto as notícias plantadas por essa organização em jornais e revistas de ampla distribuição nacional quanto a entrada comovente no auditório do Congresso onde a sessão estava ocorrendo resultam, naturalmente, em uma imagem das sociedades indígenas como bárbaras, homicidas e cruéis com seus próprios bebês indefesos. Imagem oposta à de um movimento religioso que pretende "salvar as crianças" dos povos que as assassinam. A legítima defesa da vida de cada criança e o desejo de uma vida boa para todos e todas transformavam-se, assim, em campanha de proselitismo anti-indígena e na pregação da necessidade de aumentar o controle sobre a vida nas aldeias. O fundamento era a suposta necessidade de proteger a pessoa indígena de sua incapacidade cultural de cuidar da vida. Da individualidade e particularidade de cada caso, passava-se, a partir de uma perspectiva cristã, a uma política geral de vigilância da vida indígena e de desprezo pelo próprio modo de vida, com as bases cosmológicas que a estruturam. A missão apresentava-se, assim, como indispensável para o bem-estar de incapazes "primitivos" e "primitivas" e para a erradicação de seus costumes selvagens – ou seja, para sua salvação não só celestial, mas também mundana. A lei que se propunha era, portanto, o corolário de um projeto de igrejas que se autopromoviam como "salvadoras da criança" indígena (parafraseando intencionalmente aqui o título irônico da já clássica obra de Anthony M. Platt).[10]

Em julho de 2008, as forças e os interesses representados pela Frente Parlamentar Evangélica não haviam conseguido aprovar essa lei, tampouco impedir a liberalização de outras leis

10. A. M. Platt, *The Child Savers, the Invention of Delinquency*.

relacionadas à gestão da vida humana. A ofensiva legislativa contra o aborto, as uniões homossexuais, a experimentação com células-tronco etc. permite vislumbrar a dimensão biopolítica da intervenção religiosa contemporânea na esfera pública.[11] Como parte desse intervencionismo biopolítico, o diretor de Hollywood David Cunningham (cujo pai, Lauren Cunningham, é um dos fundadores da entidade missionária *Youth with a Mission – JOCUM*) lançou o filme *Hakani: buried alive – a survivor's story*, que transmite a falsa impressão de tratar-se do registro documental do sepultamento de duas crianças vivas, já crescidas, por indígenas de uma aldeia Suruwaha. O filme, realizado por atrizes e atores indígenas evangelizados e rodado em propriedade daquela missão evangélica, é gravemente prejudicial à imagem dos povos indígenas do Brasil e do povo Suruwaha em particular.[12] Para a infelicidade da produção, o filme, que foi exibido em vários programas com grande audiência da televisão brasileira como um documentário, ou seja, como um registro falso de cenas verídicas, foi, em programa de domingo, visto por seu elenco em uma aldeia Karitiana em Rondônia. Qual não foi sua perplexidade ao perceber que o roteiro não era sobre o que lhes havia sido dito: a vida dos povos indígenas como fora "antigamente", em tempos remotos. Ao contrário, ao assistirem ao filme, constataram que o mesmo afirmava ser o sepultamento de crianças vivas uma prática corrente e contemporânea. Recorreram, então, ao Ministério Público do estado de Rondônia e iniciaram um processo contra a produção. Apesar disso, nada menos que a sede da Ordem dos Advogados do Brasil (OAB), seção Brasília, ofereceu em 2012 um "curso" sobre "infanticídio indígena" durante o qual, para minha surpresa e sob meus protestos, o filme *Hakani* foi exibido como um documentário.

11. Ver R. Segato, "Closing Ranks: Religion, Society and Politics Today".
12. Segundo informações enviadas à época por David Rodgers à lista <http://br.groups.yahoo.com/group/Nuti_Pronex>, o filme poderia ser baixado em <http://www.hakani.org/en/premiere.asp≥, hoje já indisponível. O filme pode, contudo, ser facilmente encontrado no Youtube.

O projeto de lei, sua inspiração e a coincidência de agendas no âmbito internacional

Os autores do Projeto de Lei nº 1.057 de 2007 deram-lhe o nome de "Lei Muwaji", em alusão a uma mãe Suruwaha que afirmavam ser a salvadora de seu bebê, que tinha paralisia cerebral.

Não vou me dedicar aqui a criticar o projeto de lei em termos jurídicos. Basta dizer que indiquei, reiteradamente, que esta lei "sobrecriminaliza" o infanticídio indígena porque, por um lado, repete a sanção que já pesa sobre atos anteriormente contemplados na Constituição e no Código Penal e, por outro, inclui não apenas as e os autores diretos do ato, como também todas as suas testemunhas reais ou potenciais, ou seja, toda a aldeia onde ocorreu, além de outras testemunhas como, por exemplo, representantes da Funai, antropólogas e antropólogos, agentes de saúde, entre demais possíveis visitantes.

Os principais argumentos a favor da lei vieram de Edson e Márcia Suzuki, um casal de missionários que atua entre o povo Suruwaha e que apareceu na mídia impressa e televisiva com grande audiência por supostamente ter resgatado a menina Ana Hakani, alegadamente condenada à morte por uma disfunção hormonal congênita severa, e que cursou o ensino fundamental em uma escola particular de alto padrão em Brasília. Em duas reportagens consecutivas de página inteira no principal jornal do Distrito Federal, *Correio Braziliense*,[13] intituladas, respectivamente, "A segunda vida de Hakani" e "O sorriso de Hakani", uma profusão de fotografias mostrava a menina em seu novo meio, fazendo uso de sua imagem para fins de propaganda da ação missionária. Depois de um repugnante manuseio da história, o cronista afirma que a recepção de Hakani por seus colegas do ensino fundamental deu "[...]

13. Ver M. Abreu, "A segunda vida de Hakani" e "O sorriso de Hakani" (N.T.)

um chute em qualquer sinal de preconceito" porque, segundo o depoimento de uma colega, Hakani "[...] é igualzinha à gente. Eu nem lembro que ela é índia". O jornal relatava o que teria sido o processo de rejeição sofrido pela menina em seu ambiente original, mas não oferecia nenhum tipo de informação contextual capaz de tornar o que foi relatado inteligível para quem leu a matéria.

Por coincidência, logo após receber o convite para participar da audiência pública, recebi uma mensagem indignada de minha amiga e colega Vicki Grieves, ativista, antropóloga e professora universitária aborígine. Em sua carta, Vicki informava à comunidade internacional sobre uma nova lei promulgada em seu país, a Austrália, dizendo: "Queridos amigos, vocês já devem estar cientes das ultrajantes incursões nas comunidades aborígines nos Territórios do Norte sob o disfarce de 'salvar as crianças'". Percebi então que a retórica da suposta salvação de crianças era invocada simultaneamente na Austrália, alegando a necessidade de protegê-las de mães e pais abusadores. Assim, ficamos sabendo que a intervenção nos Territórios do Norte da Austrália passava a ser justificada em nome da luta contra uma suposta epidemia de "abuso infantil". Precisamente em 17 de agosto de 2007, dezenove dias antes da audiência pública da qual participei, o parlamento da *Commonwealth* "aprovou sem emendas" um pacote de medidas que implementava nacionalmente a resposta urgente do governo federal ao *Ampe Akelyernemane Meke Mekarle*, o relatório "As crianças pequenas são sagradas". A nova legislação possibilitava todo tipo de intervenção nos territórios aborígines, redução de direitos e liberdades e suspensão do direito consuetudinário.[14] Em uma conferência magnífica, Jeff McMullen desvenda as falhas e os interesses por trás das ações em "defesa das crianças":

14. M. Davis. "Constitutional Niceties or the Care and Protection of Young Children?: Aboriginal Children and the Silencing of Debate", p. 1.

> Este dramático ataque por parte do Governo Federal a mais de setenta comunidades remotas pertencentes ao povo aborígine no Território do Norte começou com palavras equivocadas e sem consulta a seus proprietários tradicionais. Todo líder indígena afirmará que se trata de uma das ofensas mais graves [...].[15]

É significativa a analogia do álibi intervencionista no Brasil e na Austrália. Da mesma forma, os contra-argumentos deverão ser do mesmo tipo: a única solução possível será a consulta, o respeito às autonomias e a delegação de responsabilidades aos povos junto com os meios necessários para resolver os problemas. Em conversas subsequentes com ativistas daquela região do mundo, concordamos com o fato de que as agendas tendentes a intervir nos territórios indígenas pareciam coincidir, num e noutro continente, a estados intervencionistas e colonizadores. Uma nova surpresa foi constatar que o projeto de lei brasileiro de sobrecriminalização do chamado "infanticídio indígena" se encontrava traduzido para o inglês e disponível na internet[16] – algo inusitado até mesmo para a legislação sancionada e vigente.

Breve panorama da prática nas sociedades indígenas brasileiras

Pego as informações que nos permitem compreender o caso de Hakani – utilizadas pela Frente Parlamentar Evangélica para divulgar o projeto de lei – do ensaio final apresentado para a Cátedra Unesco de Bioética da Universidade de Brasília, por Saulo Ferreira Feitosa (vice-presidente do Conselho Indigenista Missionário – Cimi), Carla Rúbia Florêncio Tardivo e Samuel José de Carvalho.[17] Por sua vez, os autores e autora vale-

15. J. McMullen, "Closing the Space Between US – The Rights of Aboriginal Children", p. 4.
16. Disponível, à época, em: <www.voiceforlife.blogspot.com/>.
17. S. F. Feitosa; C. R. F. Tardivo e S. J. de Carvalho, *Bioética, cultura e infanticídio em comunidades indígenas brasileiras: o caso Suruahá.*

ram-se, para sua informativa síntese, de dois estudos que eram provavelmente os únicos na bibliografia brasileira a abordar, à época, a questão do infanticídio.[18] Segundo essas fontes, os Suruwaha, da família linguística Arawá, que vivem no município de Tapauá, estado do Amazonas, a 1.228 quilômetros de rio da capital Manaus, permaneceram em isolamento voluntário até o final da década de 1970. Tiveram o primeiro contato com uma equipe missionária católica do Cimi que, ao perceber que se tratava de "um povo capaz de garantir sua autossustentabilidade e manter viva sua cultura, desde que se mantivesse livre da presença de invasores", compreenderam que "deveriam adotar uma atitude de não interferência direta na vida da comunidade" e intervir apenas lutando pela demarcação e proteção de seu território – que não demorou a se concretizar. Essa equipe limitou-se, então, a acompanhar o grupo a distância, manter uma agenda de vacinação e respeitar seu isolamento voluntário. No entanto, quatro anos depois, a Missão Evangélica Jocum, dos missionários Suzuki, decidiu estabelecer-se entre os Suruwaha de forma permanente.[19]

A aldeia que sofreu a intervenção das duas equipes missionárias da Jocum apresenta as seguintes características, elencadas de forma muito sintética: constituem uma população de 143 pessoas na qual, entre 2003 e 2005, "ocorreram 16 nascimentos, 23 mortes por suicídio e uma morte por doença"; "a idade média da população, em 2006, era de 17,43 anos".[20] Em comunicação oral, Saulo Feitosa, um dos autores da monografia, explicou que a equipe do Cimi registrou em seu diário relatos de dois casos de abandono e desassistência de bebês recém-nascidos. Por outro lado, de acordo com os dados que obtivemos para a elaboração de um documento sobre o assunto para o Fundo de Emergência Internacional das Nações

18. G. Kroemer, *O povo do veneno* e J. Dal Poz Neto, "Crônica de uma morte anunciada: do suicídio entre os Sorowaha".
19. S. F. Feitosa; C. R. F. Tardivo e S. J. de Carvalho, op. cit., p. 6.
20. Idem.

Unidas para a Infância (Unicef) em 2010, não houve, durante toda a última década, nenhuma notícia confiável da prática do infanticídio, nem entre o povo Suruwaha, nem por parte de outros povos, o que confirma seu progressivo abandono voluntário, à medida que se expandem os fatores de sobrevivência e o discurso dos direitos humanos no Brasil. Os autores e a autora da citada monografia também nos informam que, entre o povo Suruwaha, "por trás do viver ou do morrer está uma ideia, uma concepção do que seja a vida e a morte", em outras palavras, do que é a vida "que vale a pena viver ou não". Por isso, citando Dal Poz, acrescentam: "as consequências desse pensamento são percebidas em números. 'Os fatores de mortalidade entre os Suruwaha são eminentemente sociais: 7,6% de todas as mortes são causadas por infanticídio e 57,6% por suicídio'".[21] Nesse ambiente faz sentido viver quando a vida é agradável, sem sofrimento excessivo para o indivíduo ou para a comunidade. Por isso se pensa que a vida de uma criança nascida com defeitos ou sem pai para colaborar com a mãe em sua proteção será pesada demais para ser vivida. Da mesma forma, "para evitar um futuro de dor e perda de prestígio na velhice, a criança passa a conviver, desde pequena, com a possibilidade de cometer suicídio".[22]

Pode-se comprovar, a partir das citações, que no fundo do problema estão as próprias ideias sobre a morte entre os Suruwaha, que são substancialmente diferentes dos significados que lhe são atribuídos pelo pensamento cristão. Também constatamos que se trata de uma visão complexa, sofisticada e de grande dignidade filosófica, que nada deve ao cristianismo. A evidência da ineficiência secular da antropologia é precisamente o seu fracasso em formar uma imagem convincente, no Ocidente, da qualidade e respeitabilidade das diferentes ideias sobre tais questões fundamentais.[23] Por isso mesmo, o retrato

21. Ibid. p. 7 e J. Dal Poz Neto, op. cit., p. 99.
22. Idem.
23. Sobre a complexidade das diferenças que cercam a prática do infanticídio e uma crítica

desse grupo que as equipes missionárias divulgam nos meios de comunicação cria a percepção de ignorância e barbárie, assim como a certeza de sua incapacidade de cuidar, de maneira adequada, da vida de sua prole.

Como mencionei anteriormente, etnografias que tratam do tema do infanticídio indígena são praticamente inexistentes no Brasil. Em primeiro lugar, porque não há relatos dessa prática nos últimos anos e, certamente, nenhuma testemunha ocular que a tenha reportado. Mesmo em tempos anteriores, quando essa prática ocorreu, era sempre rara, incomum e nunca realizada sob os olhos de quem visitava ou etnografava a aldeia. Houve, possivelmente também por parte de etnógrafas e etnógrafos, um consenso geral de que revelar essa prática poderia causar grandes danos às comunidades e deixá-las expostas à intervenção policial ou a investidas mais intensas por parte de equipes missionárias das diversas igrejas cristãs. Apesar disso, sabe-se, pela comunicação oral de vários etnólogos e etnólogas, que, na categoria "infanticídio", reunimos práticas que, quando submetidas a um escrutínio mais rigoroso, se mostram muito diversas, tanto no seu sentido e papel dentro do grupo como no significado que poderiam adquirir no campo dos direitos. Por exemplo, em algumas sociedades, a regra que determina a eliminação de um ser recém-nascido, quando se trata de gêmeos, seria emanada da cosmologia e deveria ser obedecida pela comunidade. Em outras sociedades, é a comunidade, a família ou a mãe que se encarrega da decisão, sujeita a considerações sobre a saúde da criança, as condições materiais da mãe ou do grupo para poder garantir-lhe a vida a curto e médio prazo, ou sobre a ausência da figura paterna para colaborar com seu cuidado, em um ambiente no qual os recursos para a subsistência são limitados e não existe excedente. Em suma, contudo, fica evidente pela diversidade de testemunhos que recebemos ao preparar, em 2010, um relatório sobre o assunto para o Unicef, *que nem a*

a essa denominação, ver M. A. F. Holanda, *Quem são os humanos dos direitos? Sobre a criminalização do infanticídio indígena.*

regra de base cosmológica nem as demais causalidades alegadas determinam propriamente sua obediência, ou seja, fazem efetivamente e, de forma automática, com que a prática seja executada. O que ocorre, de acordo com reiterados relatos, é que a forma encontrada para contornar a regra consiste na circulação da criança para ser criada por pessoas ou famílias próximas, de confiança ou ligadas à mãe e ao pai por parentesco.

Devemos passar, portanto, a analisar a questão considerando, separadamente, a *norma ou prescrição* do infanticídio – cosmológica, de saúde ou relativa à escassez de recursos – e deixar de lado a consideração das práticas efetivas, caso existentes, pelas razões expostas acima: *a regra, como toda norma, não mantém uma relação causal com as práticas*. Em outro lugar argumentei que tampouco é possível, no direito moderno e ocidental, atribuir à lei o papel de causa dos comportamentos, uma vez que a lei só modifica as práticas se consegue persuadir as pessoas de que é o meio mais eficiente de harmonizar a interação social. Isso é facilmente verificável considerando as diversas leis que não têm eficácia material, ou seja, que não são cumpridas,[24] e é ainda mais verdadeiro nas sociedades comunitárias, nas quais a norma não tem exatamente a mesma função ou leitura do que no Direito moderno. Neste último tipo de sociedade, a norma é um enunciado ou atualização do cosmos, uma maneira de falar do mesmo, e não necessariamente uma lei de aplicabilidade universal para todos os casos e todos seus membros, já que não há tipificação, no direito tribal, nem do delito nem das ações humanas. Tratei do assunto neste mesmo volume, no capítulo "O sexo e a norma", ao discutir o efeito nocivo da positivação de normas e categorias de infração com a expansão da intrusão do Estado no *mundo-aldeia*.

Algo semelhante acontece com o que tem sido chamado, no

24. R. Segato, "Femi-geno-cidio como crimen en el Fuero Internacional de los Derechos Humanos: el derecho a nombrar el sufrimiento en el derecho".

universo judaico-cristão, de "abominações" ou "atrocidades bíblicas". Afirmar, por exemplo, que algumas cosmologias indígenas prescrevem a morte de crianças gêmeas, e que essa prescrição determina, por si mesma, sua eliminação, isto é, provoca automaticamente sua morte, equivale a dizer que numerosos versículos da Bíblia que prescrevem o que se conhece por "atrocidades bíblicas" serão obedecidos mecanicamente. É o caso dos mandatos para extermínio da prole de inimigos, em Levítico 26:22, Oseias 13:16 e Salmos 136:9; apedrejar alguém até a morte por não observar os dias de guarda, em Números 15: 32-36; ou matar pela mesma razão, em Êxodo 35:2; entre outros exemplos possíveis. Em nenhuma sociedade, indígena ou não, a prática do infanticídio constitui ou constituiu consequência automática da norma cultural, ou seja, "costume" pautado por normas positivas e incontornáveis. As leis e as normas nunca devem ser entendidas como uma causa mecânica das condutas humanas. Quando ocorre a prática do infanticídio, em qualquer sociedade humana, inclusive nas sociedades indígenas, ela constitui uma medida adaptativa, circunstancial e contingente às condições históricas, de acomodação a circunstâncias muito adversas na família ou na comunidade.

Em relação à regra do infanticídio propriamente dita, percebe-se que, dependendo da fonte de onde emana, muda a forma como os direitos humanos podem ser acionados, pois, se é a comunidade quem decide, a mãe poderá sentir-se lesada em seu direito de manter o bebê. Quando é a mãe quem deve decidir, a violação de direitos privados será percebida como recaindo sobre o menino ou a menina. Em diferentes sociedades, razões cosmológicas ou pragmáticas sobre as possibilidades de sobrevivência do bebê ou do próprio grupo, ou o cálculo avaliativo da mãe ou de parentes imediatos orientam a decisão de acolher ou não uma nova vida. Vejamos algumas características e significados que afetam essa prática em duas sociedades, às quais tive acesso por meio da comunicação oral de um antropólogo e uma antropóloga.

Durante o Seminário Interamericano de Pluralismo Jurídico que organizei em Brasília, em novembro de 2005, na Escola Superior do Ministério Público da União (ESMPU), em colaboração com a Sexta Câmara de Coordenação e Revisão – Populações Indígenas e Comunidades Tradicionais do Ministério Público Federal, o antropólogo Iván Soares, atuando na época junto ao Ministério Público do estado de Roraima, na fronteira norte do Brasil, com grande população indígena, divulgou detalhes importantes sobre como o preceito do infanticídio era compreendido entre os Yanomami. Seu objetivo era responder a um procurador que defendia o império universalista dos direitos humanos em todos os casos. Para esse fim, ele relatou que as mulheres Yanomami têm total poder de decisão sobre a vida de seus bebês recém-nascidos, uma vez que as mães não se consideram totalmente separadas deles. O parto acontece na floresta, fora da aldeia; nesse ambiente de retiro, fora do contexto da vida social, a mãe tem duas opções: se ela não tocar no bebê ou pegá-lo nos braços, deixando-o no chão onde ele caiu, significa que ele não foi acolhido no mundo da cultura e das relações sociais, e que não é, portanto, humano. Assim, do ponto de vista indígena, não seria possível afirmar que ocorreu um homicídio, uma vez que o que permaneceu na terra não constituiria uma vida humana. Portanto, entre o povo Yanomami, o nascimento biológico não é a porta de entrada para a humanidade, pois, para que isso ocorra, terá de haver um "nascimento pós-parto", ou seja, produzido na cultura e dentro do tecido social. Tal concepção está presente em muitos outros povos indígenas do Brasil[25] e permite contrapor as concepções ameríndias à biopolítica dos direitos humanos, levando a dilemas como os examinados por Giorgio Agamben, em sua obra sobre o Homo Sacer, com a separação entre Zoé e

25. E. B. Viveiros de Castro, "A fabricação do corpo na sociedade xinguana".

Bios na Antiguidade.[26]

Por sua vez, Patrícia de Mendonça Rodrigues,[27] etnógrafa do povo Javaé, que habita a ilha do Bananal, no estado do Tocantins, no Brasil central, relatou-me o que acreditava estar por trás da prática do infanticídio nesse grupo. Para o povo Javaé, o bebê recém-nascido vem ao mundo como uma alteridade radical, um outro não humano que deve ser humanizado ritualmente por meio do cuidado e da nutrição a cargo de seus familiares. Ele chega ao mundo contaminado e com o corpo aberto, pois sua matéria é composta pela mistura de substâncias de sua mãe e de seu pai. A tarefa social é humanizá-lo, ou seja, trabalhar para que seu corpo se feche e o constitua como sujeito individual e social. Portanto, sua extinção aqui também não é entendida como homicídio.

> O fato de que nasce como um estranho absoluto, segundo acredito, justifica a prática do infanticídio. Os Javaé não dizem isso abertamente, mas tudo indica que a justificação consciente para o infanticídio, na maior parte dos casos, é que o bebê não tem um provedor (seja porque a mãe não sabe quem é o pai, seja porque o pai a abandonou, ou por outra razão) não somente para sustentá-lo economicamente, mas, e sobretudo, para se encarregar do requerido para os longos e complexos rituais que o identificarão novamente com seus ancestrais mágicos, conferindo-lhe sua identidade pública de corpo fechado. Cabe ao pai, principalmente, a responsabilidade social pela transformação pública do filho de corpo aberto num parente de corpo fechado, isto é, um ser social. Um filho sem pai social é o pior insulto possível para um Javaé e um motivo plenamente aceitável para o infanticídio.[28]

26. G. Agamben, *Homo sacer. El poder soberano y la nuda vida*.
27. P. de M. Rodrigues, *A caminhada de Tanyxiwè. Uma teoria Javaé da História*.
28. P. de M. Rodrigues, em comunicação oral.

Constatamos, uma vez mais, que não é a ignorância o que se esconde por trás da diferença no tratamento da vida recém-nascida nas sociedades originárias do Novo Mundo, mas sim outra concepção do que seja humano e das obrigações sociais que o constituem. Apesar de a antropologia, de uma forma ou de outra, já saber disso há muito tempo, quando dialogamos com o Estado por meio de seus representantes, não podemos invocá-lo. Teremos de meditar profundamente, em algum momento, sobre os motivos pelos quais isso não é possível, sobre por que as outras concepções de vida, na radicalidade de sua diferença e na inteligência de seus termos, não entram no imaginário estatal, cuja estratégia de controle recai, cada dia mais, no que Foucault denomina biopolítica e biopoder[29] e, consequentemente, se distancia progressivamente das noções indígenas e comunitárias da vida humana.

Embora não faltem argumentos a favor de uma concepção da vida humana como responsabilidade social e não biológica, Esther Sánchez Botero assume – e não poderia ser de outra forma – que, diante do Estado, é preciso falar a língua do Estado, uma vez que este não está aberto à diferença radical. Em sua tese de doutorado, *Entre el juez Salomón y el dios Sira: decisiones interculturales e interés superior del niño*, Botero identificou claramente a estratégia jurídica clássica: é necessário conhecer em profundidade a letra da lei, para poder argumentar de seu interior.[30] Essa impressionante obra, que visa a fornecer argumentos favoráveis à preservação da jurisdição indígena relativa à criança em querelas que a ameaçam, extrai e sistematiza a experiência acumulada em diversos processos judiciais à luz de uma discussão conceitual de grande fôlego, tanto no campo do direito como no da antropologia.

29. M. Foucault, *Defender la sociedad*; *Seguridad, territorio, población*; *Nacimiento de la biopolítica*.
30. E. Sánchez Botero, *Entre el Juez Salomón y el Dios Sira. Decisiones interculturales e interés superior del niño*.

A autora afirma que não são os mínimos jurídicos – estratégia adotada pelo Direito colombiano para enfrentar os dilemas do pluralismo jurídico – os que devem pautar o julgamento do que no Ocidente é lido como uma violação ao princípio "do interesse superior das crianças", estabelecido pela Convenção Internacional sobre os Direitos da Criança e do Adolescente. Para a autora, esse princípio "é uma extensão dos princípios do Ocidente e não constitui necessariamente uma ideia realizável em todas as culturas e para todos os casos", pois o "melhor interesse" refere-se à criança como "sujeito individual de direito" e não acata o "reconhecimento constitucional das sociedades indígenas como novo sujeito coletivo de direito". Por essa razão, a "aplicação generalizada, não seletiva e impositiva desse princípio, além de inconstitucional, pode ser etnocida, ao eliminar valores culturais indispensáveis à vida biológica e cultural de um povo".[31]

Aprendemos, assim, que cada decisão deve cumprir um "teste de proporcionalidade" e somente "os fins admitidos pela Constituição e reconhecidos pela interpretação da Suprema Corte como superiores poderiam limitar o direito fundamental do povo indígena" de ser um povo. Em suma, para a autora, os direitos das crianças "não prevalecem sobre o direito do povo indígena a ser étnica e culturalmente distinto".[32] Conclui-se que, em casos que impliquem uma violação ao melhor interesse da criança, será mister considerar e sopesar os direitos que se encontram em contradição: o direito à vida do sujeito individual e o direito à vida do sujeito coletivo, assim como o direito à vida da mãe e o direito à vida do ser recém-nascido. Diante desses pares contraditórios, dever-se-á decidir qual dos termos sairá perdedor, em razão de um direito superior. Se a mãe não pode assumir a responsabilidade por uma nova vida humana, como nos casos médicos em que a mãe está em risco, a vida da mãe deve ter prioridade sobre

31. Ibid., p. 156.
32. Ibid., p. 170.

a do bebê, pois dela dependem os outros filhos e filhas. Da mesma forma, se a inclusão de uma criança em certas condições compromete a sobrevivência da comunidade como tal, é a comunidade que terá prioridade, uma vez que todos os seus membros dependem de sua capacidade de continuar existindo. Para Sánchez Botero, somente o contexto sociocultural de cada caso particular permite realizar essa avaliação.

O que dizem as pessoas indígenas

As pessoas afetadas pela lei, caso esta fosse votada, também foram ouvidas em diversas ocasiões, antes, durante e depois da apresentação na audiência pública. Uma grande oportunidade para ouvir suas opiniões sobre o projeto de lei foi, por exemplo, durante a reunião plenária da XI Sessão da Comissão Nacional de Política Indigenista (CNPI), realizada nos dias 9 e 10 de dezembro de 2009, no Ministério da Justiça, em Brasília. Na ocasião, os argumentos dos povos indígenas foram numerosos, sofisticados e contundentes. Para a apreciação de quem lê, decidi incluir aqui, de forma muito resumida, a impressionante lista de ideias com que os e as representantes indígenas criticaram a iniciativa legislativa:

- trata-se da invenção de um tema; de sua construção e implantação no imaginário social nacional e internacional;
- a lei é redundante, uma vez que o homicídio de crianças já é um crime previsto em lei;
- tendo em vista que as pessoas indígenas brasileiras fazem parte da nação e o infanticídio já é crime na legislação, uma lei específica só pode resultar da intenção de criminalizar as pessoas indígenas e gerar desconfiança sobre seus costumes perante o poder público e a sociedade;

- o projeto de lei sugere a existência de um costume, norma cultural ou prática regular, assídua e extensa de infanticídio, ao passo que não existe prática com tais características no mundo indígena;

- o projeto de lei superdimensiona a questão em termos de sua frequência e sistematicidade nas sociedades indígenas em relação a todas as outras sociedades humanas;

- a lei trata de um conceito e de um assunto imposto de fora para dentro do mundo indígena, mundo no qual nem sequer existe uma palavra para "infanticídio" e nem faz sentido a questão de que trata a lei;

- esse tema é pautado pelo interesse imperial-colonial em apropriar-se das riquezas naturais dos territórios indígenas;

- essa pauta externa e espúria obriga os povos a se defenderem com a consequente perda de tempo e energia que deveriam ser dedicados a questões mais importantes e urgentes, como salvar vidas de crianças indígenas da fome e da expropriação;

- os próprios povos devem eleger suas pautas e definir sua própria agenda de temas urgentes perante a sociedade nacional;

- a notícia da "prática de infanticídio" nunca chega de fontes oficiais e desinteressadas e provém exclusivamente de agentes religiosos interessados na retirada de crianças das aldeias para serem formadas como missionárias;

- o ritmo acelerado de crescimento demográfico dos povos indígenas hoje é a melhor prova de seu cuidado com a reprodução da vida e o bem-estar de suas proles;

- o projeto de lei criminaliza todos os povos indígenas, suas lideranças e seus estilos de vida, colocando-os sob a suspeita de serem infanticidas;

- constrói uma imagem monstruosa dos povos indígenas, constituindo calúnia e propaganda negativa contra eles;

- reforça o estereótipo público de "índios maus, cruéis e selvagens";

- a frase publicada na página de internet da organização evangélica Atini, "adote uma criança indígena", convoca a se "fazer negócio" com nossas crianças;

- trata-se de uma campanha difamatória contra os povos indígenas;

- essa calúnia midiática promove a condenação generalizada e sem conhecimento adequado da vida indígena e de suas visões de mundo;

- a acusação de infanticídio e a exibição do falso documentário *Hakani* na televisão aberta mostra uma imagem caricatural e distorcida dos povos indígenas e alimenta a antipatia da sociedade contra eles;

- tal calúnia midiática incrimina especialmente as mulheres indígenas;

- esse menosprezo da mídia é uma política discriminatória contra as pessoas indígenas e suas especificidades culturais;

- implanta-se também, desse modo, a ideia de que existem salvadores e salvadoras das crianças indígenas, indispensáveis para protegê-las da ameaça de suas próprias famílias e comunidades, de seus costumes e ideias;

- utiliza-se a ideia da incapacidade do sujeito indígena e promove-se a sua falta de autonomia e a necessidade de tutela;
- por meio desses equívocos, fundos internacionais são obtidos para organizações detratoras dos povos indígenas;
- a propaganda anti-indígena serve para justificar a entrada de interesses estrangeiros em territórios indígenas;
- respaldam-se, assim, os sequestros recorrentes de crianças indígenas retiradas de hospitais e aldeias, sem consulta ou contra a vontade de suas famílias, alegando o falso propósito de salvar suas vidas;
- promove-se a autorização de adoções forçadas de crianças indígenas;
- tenta-se fiscalizar a vida das aldeias e se obstaculiza o seu projeto de autonomia;
- este projeto de lei é, na verdade, uma "lei de intrusão", que implanta a vigilância das aldeias por policiais despreparados para atuar junto a elas;
- ao detratar os povos indígenas, o projeto de lei invalida suas reivindicações;
- os povos indígenas não têm acesso aos meios de comunicação nem aos espaços da política para responder à acusação que a lei representa;
- se a lei não consegue evitar os infanticídios que se cometem diariamente nas grandes cidades, como conseguiria eficácia nas aldeias?;

- se o Estado não consegue controlar o infanticídio cometido por seus próprios agentes de segurança pública nas ruas (refere-se à letalidade policial contra adolescentes e jovens não brancos), não tem legitimidade para promulgar esta lei;

- enquanto o Estado não consegue proteger as crianças em situação de rua de uma morte prematura, nas aldeias indígenas não há crianças abandonadas vagando sem casa ou família;

- este projeto de lei contradiz os compromissos do Brasil com a consulta prévia e informada;

- um intenso e longo processo deliberativo interno entre os povos indígenas erradicou a falta de criminalização dessa prática;

- para erradicar práticas e costumes dissonantes com os direitos humanos, a estratégia não é a criminalização indiscriminada dos povos indígenas, mas a persuasão, o assessoramento e o recurso a mecanismos sociais e jurídicos já existentes;

- a solução do mundo indígena para filhas e filhos não desejados por pais e mães é uma prática muito comum: entregá-los a avós, parentes ou membros da mesma comunidade;

- a discussão deste tema deve ser realizada nas aldeias;

- esse projeto de lei e a ofensiva midiática que acusa os povos indígenas de infanticídio ocultam e postergam o extermínio de indígenas por falta de regularização de seus territórios e a consequente insegurança alimentar – esses e não outros são os fatores do infanticídio!;

- é uma lei racista porque não registra nem menciona que as pessoas não indígenas matam e negligenciam sua prole em números mais elevados: se os crimes "dos brancos" são muito maiores do que os crimes "dos índios", por que apenas uma lei é decretada contra indígenas? Por que "os brancos" nos matam e não são incriminados por lei específica, nem presos?;

- o projeto de lei e a ofensiva midiática que acusam indígenas de infanticídio ocultam que o que expõe crianças indígenas à morte e à falta de proteção é o assassinato sempre impune de suas famílias pela sociedade branca;

- o Estado deveria proceder à intervenção e investigação das entidades que disseminam um discurso anti-indígena como o do Projeto de Lei 1057/2007 e outras formas de ofensiva midiática;

- as entidades que caluniam os povos indígenas deveriam ser judicializadas por "promover terrorismo contra nós"; é necessário acionar os mecanismos legais e processá-las;

- deve-se exigir que as boas práticas de cuidado com a infância, características do modo de vida dos povos indígenas, sejam divulgadas de forma adequada e justa na sociedade, tanto pela mídia quanto pelas instituições de ensino – trata-se de um direito de resposta!;

- devem-se colocar em prática políticas públicas de difusão dos critérios, valores, princípios e concepções que regem a vida dos povos indígenas, em especial suas ideias sobre o parentesco, a reciprocidade, a distribuição de tarefas comunitárias e familiares e as noções sobre o cuidado com a vida;

- não é só a bala que mata: o direito desigual à comunicação permite a propaganda enganosa e a calúnia, e pode destruir um povo ao justificar sua perseguição;

- é necessária uma política permanente de informação junto aos povos indígenas sobre todas as questões legislativas e projetos de lei que lhes interessam, em face da potencial capacidade de afetar suas vidas, como é o caso do PL 1057/2007.

Decisões sobre a estrutura da minha argumentação

Embora a leitura da obra de Sánchez Botero tenha me dado certeza quanto ao caráter defensável, sempre em função das circunstâncias, de uma prática limítrofe como o infanticídio, ainda não resolvia o problema de como argumentar perante parlamentares – em parte, porque no Brasil ainda não houve um debate oficial sobre jurisdições ou autonomias indígenas que pudesse servir de referência para minha exposição; em parte, porque as pessoas destinatárias da minha argumentação não constituíam um tribunal interessado em resolver casos concretos de violações dos interesses das crianças, mas membros de uma casa legislativa que se encontrava às vésperas de votar uma lei geral sobre a matéria. Eu teria, então, de tomar decisões *sui generis* que me permitissem tornar convincente o ponto central de minha prédica: que criminalizar especificamente o infanticídio indígena não era de forma alguma desejável para a nação e seus povos.

Alguns dados eram necessários para a exposição, assim como encontrar uma linguagem que os tornasse efetivos: 1) o crescimento demográfico das sociedades indígenas após a ditadura militar havia sido notável, e isso provava a capacidade dos povos indígenas de cuidar particularmente bem de sua prole; 2) o Congresso que tentava enquadrar as sociedades indígenas na lei era, ele próprio, pautado em seu poder pelo padrão de colonialidade e composto por parlamentares cuja subjetividade se encontrava capturada pelo racismo epistêmico ou pelo eurocentrismo próprio desse padrão; 3) o Estado que tentava enquadrar as sociedades indígenas na lei era, ele mesmo, suscetível de enquadramento e julgamento, como infrator e insolvente;[33] 4) a eficácia criminal e a ênfase do Estado na criminalização como forma de controle, recursos aos quais esta lei apelava, haviam sido questionados por profissionais de prestígio da Criminologia Crítica e da Sociologia Jurídica; 5) a lei era desnecessária porque legislava o que já estava legislado, incorrendo no efeito conhecido como "inflação legislativa", já muito criticado; 6) ao enfatizar o direito individual das crianças à vida, a lei deixou de considerar o respeito e a proteção igualmente devidos – com base em diversos compromissos assumidos pelo Brasil no campo dos direitos humanos – aos direitos dos sujeitos coletivos e a garantir a sua sobrevivência como tais; esquecia, por isso mesmo, que um direito fundamental de toda pessoa é precisamente o de fazer parte de um povo, isto é, *o direito de ter um povo*; 7) O Congresso Nacional não tinha legitimidade para votar uma lei de intervenção na aldeia indígena sem a presença de representantes dos povos afetados em sua deliberação – o que veio a confirmar-se dois dias depois, em 7 de setembro de 2007, quando o Brasil foi um dos signatários da Declaração dos Direitos dos Povos Indígenas da Organização das Nações Unidas (ONU)[34] –, assim como a desobediência ao Direito de Consulta também viola as disposições da Convenção 169 da OIT; 8) outras experiências análogas no mundo mostravam que era perigosa a pretensão de legislar sobrecriminalizando a prescrição do infanticídio, hoje

33. Abdullahi Ahmed An-Na'im, em sua busca por pontos de encontro entre o discurso dos direitos humanos e a perspectiva islâmica, já chamara a atenção para o fato de que, embora cruel aos olhos do Ocidente, "a lei corânica exige que o Estado cumpra sua obrigação de assegurar justiça social e econômica e garantir um padrão de vida decente para todos os seus cidadãos e cidadãs *antes* de aplicar as punições (a infratores)" (A. A. An-Na'im, "Toward a Cross-Cultural Approach to Defining International Standards of Human Rights. The Meaning of Cruel, Inhuman, or Degrading Treatment or Punishment", p. 34).
34. Dois dias após minha apresentação, exatamente em 7 de setembro de 2007, a adoção da Declaração dos Direitos dos Povos Indígenas pela Assembleia Geral das Nações Unidas viria a referendar essa linha de argumentação: "Artigo 18. Os povos indígenas têm o direito de participar da tomada de decisões sobre questões que afetem seus direitos, por meio de representantes por eles eleitos de acordo com seus próprios procedimentos, assim como de manter e desenvolver suas próprias instituições de tomada de decisões."

praticamente vazia de conteúdo, e suas eventuais e supostas testemunhas, ou seja, os membros da aldeia e todos os seus agregados; em uma época marcada por estratégias fundamentalistas, a reação desencadeada poderia transformar essa prática em um emblema de identidade étnica, ou seja, poderia positivar e "fundamentalizar" a norma.[35]

Por fim, era preciso ponderar bem o que se poderia dizer sobre o papel do Estado, assim como avaliar opções que substituíssem o projeto de lei examinado, uma vez que se opor à sua promulgação não significava necessariamente aprovar a prática do infanticídio – em fidelidade à queixa da mulher Yawanawá, já mencionada. Tendo em vista as constantes reivindicações dos povos indígenas ao Estado por território, saúde, educação, entre outras reparações devidas, e como consequência dos enormes desequilíbrios causados por sua atuação colonial e disruptiva, não era desejável que o Estado se retirasse, deixando, por exemplo, o controle das decisões sobre questões relacionadas a costumes nas mãos de quem detinha poder dentro das aldeias – em muitos casos, chefias masculinas hoje infladas e transformadas em autoritárias precisamente por seu papel mediador, negociador ou guerreiro entre a aldeia e a administração outrora colonial de ultramar e agora republicana. Em vez disso, o Estado teria de transformar seu papel e concentrar-se em promover e vigiar para que a deliberação interna pudesse ocorrer sem coerção autoritária.

Essa era uma entre tantas tarefas de devolução que um *Estado reparador* deveria assumir dentro de um projeto nacional pluralista. O que, nesse caso, teria de ser restituído, concluí, era a capacidade de cada povo de deliberar internamente e fazer sua própria justiça, recuperar a jurisdição. Com a devolução da

35. Ver "O sexo e a norma: frente estatal-empresarial-midiática-cristã", neste volume, e também R. Segato, "La faccionalización de la República y el paisaje religioso como índice de uma nueva territorialidad".

justiça própria e a recomposição institucional que isso envolvia, sobreviria, naturalmente, a devolução da própria história, pois deliberação é marcha, é movimento de transformação no tempo. Com a devolução da história, as noções de cultura – pela inércia que lhe é inerente – e grupo étnico – necessariamente referido a um patrimônio fixo – perdiam sua centralidade e abriam caminho para outro discurso, cujo sujeito era o povo, como sujeito coletivo de direitos e autor coletivo de sua história – ainda que narrada em forma de mito, que nada mais é do que um estilo diferente de decantação e condensação da experiência histórica acumulada por um povo. Apresento, a seguir, o resultado dessas ponderações.

Minha exposição na Câmara dos Deputados: "Que cada povo teça os fios da sua história: em defesa de um Estado restituidor e garantista da deliberação em foro étnico" (lida na audiência pública realizada em 5 de setembro de 2007 pela Comissão de Direitos Humanos da Câmara dos Deputados sobre o Projeto de Lei n. 1057/2007 apresentado pelo deputado Henrique Afonso sobre a prática de infanticídio em áreas indígenas).[36]

"Excelentíssimas senhoras e senhores, deputadas e deputados, assessoras e assessores, e respeitado público:

A cena do Estado e a cena do índio

Lançando mão de duas cenas em manifesto contraste que começo essa exposição. Duas cenas que compõem uma vinheta da nação em que vivemos e revelam o papel do Estado e o significado da lei. A primeira cena foi retirada do jornal que leio todas as manhãs, o *Correio Braziliense*, o principal periódico

36. Agradeço a colaboração de Esther Sánchez Botero, Xavier Albó, Patrícia Rodrigues de Mendonça, Ernesto Ignacio de Carvalho, Saulo Ferreira Feitosa, Rosane Lacerda, Tiago Eli de Lima Passos, Leia Vale Wapichana, Suzy Evelyn de Souza e Silva, Marianna Holanda e Danielli Jatobá.

da Capital Federal, mas poderia ter sido retirada de qualquer outro meio, a qualquer dia. Trata-se da cena do Estado, da saúde pública, da segurança pública, da proteção e das garantias para a vida:

Correio Braziliense, Caderno Brasil, p. 13,
Brasília, terça-feira, 28 de agosto de 2007:

Em cinco dias, onze bebês mortos em [maternidade pública de] Sergipe.

E, hoje mesmo, ao acordar:

Brasília, quarta-feira, 5 de setembro de 2007. Titulares e Caderno Cidades (referindo-se às cidades do entorno do Distrito Federal): Vera Lúcia dos Santos [...] teve dois filhos assassinados. Ainda chorava a morte de Franklin, 17, quando o menor, Wellington, 16, foi executado com dois tiros na nuca." [...] Ninguém preso [...] Segundo a pesquisa do *Correio*, nenhum dos 41 assassinatos de adolescentes de 13 a 18 anos, ocorridos esse ano, foi resolvido.

A segunda cena é a cena do índio, e foi retirada de um livro que recomendo: *O massacre dos inocentes. A criança sem infância no Brasil.* O organizador da obra, José de Souza Martins, resume com as seguintes palavras emocionadas o primeiro capítulo do volume, "Os índios Parkatejê trinta anos depois", de Iara Ferraz:

> [...] foi a sociedade branca que, em sua expansão voraz e cruel, levou a destruição e a morte aos índios Parkatejê do sul do Pará. Não somente eliminou fisicamente um grande número de pessoas, mas também semeou no interior da tribo a desagregação social, a desmoralização, a doença, a fome, a exploração – condições de rendição incondicional do índio na sociedade "civilizada". O branco levou

> à tribo o desequilíbrio demográfico, comprometeu suas linhagens e sua organização social. Os Parkatejê assumiram heroicamente a rendição, entregaram suas crianças órfãs aos brancos, para que, ao menos, sobrevivessem, ainda que seja como filhos adotivos. Mais tarde, quando conseguiram reorganizar sua sociedade, saíram em busca das crianças dispersas, agora já adultos, disseminados até em regiões distantes, para que voltassem à sua tribo, para compartilhar saga do povo Parkatejê. Inclusive pessoas que nem sequer tinham conhecimento da sua origem indígena, porque os brancos lhes tinham negado essa informação, foram surpreendidas no meio de um dia, na casa adotiva, pela visita de um velho chefe indígena, que lhes anunciava que tinha vindo a buscá-las para retornarem à sua aldeia e ao seu povo, que os estava aguardando.[37]

Perante o contraste das duas cenas citadas, confirmado por tantas outras que conhecemos, pergunto-me e lhes pergunto: que Estado é esse que hoje pretende legislar sobre como os povos indígenas devem preservar suas crianças? Que Estado é esse que hoje pretende ensinar-lhes a cuidá-las? Que autoridade tem esse Estado? Que legitimidade e que prerrogativas? Que credibilidade esse Estado tem ao tentar, mediante essa nova lei, criminalizar os povos que aqui teciam os fios da sua história quando foram interrompidos pela cobiça e violência dos cristãos?

Em vista das evidências, cada dia mais numerosas, do absoluto fracasso desse Estado no cumprimento das suas obrigações e de sua incapacidade para realizar o que não é mais que seu próprio projeto de Nação, vejo-me obrigada a concluir que a única prerrogativa com que esse Estado conta é a de ser o depositário da herança da Conquista, o herdeiro direto do conquistador.

37. J. de S. Martins, *O massacre dos inocentes. A criança sem infância no Brasil*, p. 10.

Antes bem deveríamos, pelo contrário, criminalizar esse mesmo Estado que hoje pretende legislar, e levá-lo ao banco dos réus: por insolvente, por inadimplente, por omisso, por infrator, e até por homicida através das mãos de muitos de seus representantes e agentes investidos de poder policial. Ao comparar a gravidade dos delitos, não teremos alternativa além de absolver os povos que hoje se trata aqui de criminalizar e devolver a mira do Direito na direção de quem tenta inculpá-los: uma elite que cada dia constata sua incapacidade para administrar a Nação e vê desmontada em público sua pretensão de superioridade moral, instrumento principal de todas as empresas de dominação.

A força dessa vinheta inicial fala por si mesma. Bem poderia encerrar aqui minha exposição e já seria convincente. Contudo, há muito mais a dizer sobre o Projeto de Lei cuja discussão hoje nos reúne. A começar por duas precisões que, antes de prosseguir, devem ser feitas.

A primeira refere-se ao que estamos debatendo nessa audiência, pois deve ficar claro que a discussão do projeto de lei sobre infanticídio em áreas indígenas não deve ter como foco o direito à vida individual, que já se encontra devidamente garantido na Constituição brasileira, no Código Penal e em diversos instrumentos de direitos humanos ratificados pelo Brasil. Em lugar de reduplicar as leis, já abundantes, de defesa da vida individual, urgiria propor caminhos para que o Estado se torne capaz de proteger e promover melhor a continuidade e a vitalidade dos povos, que tanta riqueza conferem à Nação em termos de diversidade de soluções para a vida. É do bem-estar dos povos que depende a vida das suas crianças!

A segunda precisão refere-se ao significado da expressão "direito à vida". Essa expressão pode indicar dois tipos diferentes de direito à vida: o direito individual à vida, isto é, a proteção do sujeito individual de direitos, e o direito à vida dos sujeitos coletivos, isto é, o direito à proteção da vida dos povos em sua condição de povos. Precisamente porque esse último se encontra muito menos elaborado no discurso jurídico brasileiro e nas políticas públicas, é a ele que deveríamos dedicar a maior parte de nossos esforços de reflexão e tentar imaginar como brindar uma maior proteção legislativa, jurídica e governamental aos sujeitos coletivos de direitos – os mais desprotegidos –, como promover sua vida e fortalecer seu tecido social comunitário e coletivo.

Defendo aqui que a prioridade é salvar a comunidade onde ainda há comunidade, e salvar o povo onde ainda persista um povo. Porque um direito fundamental de toda pessoa é ter povo, pertencer a uma coletividade.

O Estado necessário para que isso seja possível não é um Estado interventor e preponderantemente punitivo. É um Estado capaz de restituir os meios jurídicos e materiais, a autonomia e as garantias de liberdade no interior de cada coletividade, para que seus membros possam deliberar a respeito de seus costumes num caminho próprio de transformação histórica, e dialogar de forma idiossincrática com os *standards* internacionais dos direitos humanos internacionalmente estabelecidos.

A crítica ao Estado castigador

São vários os autores, sociólogos da violência e do Direito, juristas e cientistas políticos, que se mostram preocupados com a intensificação progressiva do aspecto castigador do Estado, até o advento de um Estado eminentemente criminalizador, que concentra suas tarefas e responsabilidades no esforço punitivo e relega *sine die* suas outras e mais prioritárias obrigações. Essa lei que aqui viemos debater se enquadra nessa linha, nesse perfil, criticado e lamentado, de um Estado punitivo, que restringe sua atuação aos atos de força sobre e contra, como neste caso, aqueles que deveria proteger e promover. Em seu livro *O inimigo no Direito Penal*, o grande jurista argentino Eugenio Raúl Zaffaroni:

> [...] examina o télos, a razão de ser, as consequências e o subtexto [...] do Estado castigador ao longo da história e, especialmente, no contexto contemporâneo. O que emerge é que, por meio do discurso penal, se desenha a ideia do inimigo – desdobramento da categoria *hostis* do Direito Romano. [...] (Assim,) a legislação penal perfila sempre, inevitavelmente, [...] a figura de um alheio a quem postula, pela mesma manobra, como inimigo.[38]

No caso da lei que nos trouxe hoje a debater *nesta* audiência pública, o inimigo do Direito Penal é cada povo indígena, na radicalidade da sua diferença e no direito de construir sua própria história, isto é, o direito de deliberar internamente sobre o curso da sua tradição. Isso fica claro, e resultaria evidente para qualquer habitante de Marte que, por um acidente cósmico, viesse a pousar entre nós e lesse o texto do projeto de lei: ele criminaliza a aldeia, quer castigar o outro por ser outro, não suporta a ideia da existência de uma coletividade que escolhe não formar parte do "nós". Por isso, essa lei é, antes de mais nada, anti-histórica, já que uma das preocupações centrais de nosso tempo é a de valorizar e preservar a diferença, a reprodução de um mundo em plural que, para existir, necessita do desenvolvimento do direito de sujeitos coletivos. Cuidar deles é central, inclusive porque, apesar de nossas agressões constantes no curso destes quinhentos anos, esses povos não somente sobreviveram mediante suas próprias estratégias e lógicas internas, mas também porque é possível imaginar que nos superarão nessa capacidade de sobrevivência. Muitos deles, refugiados em espaços inalcançáveis pelo que pretensiosamente consideramos ser "a Civilização", e se

38. E. R. Zaffaroni, *O inimigo no Direito Penal*, p. 22ss.

vendo livres da cobiça por concentrar e acumular, isto é, livres da pesada bagagem que nós carregamos, terão, quem sabe, uma oportunidade que nós não teremos, num mundo que se interna cada dia no que muitos acreditam ser sua fase final pelo esgotamento dos recursos.

O significado das leis

A prestigiosa pesquisadora brasileira da área da segurança pública e eficácia penal, Julita Lemgruber,[39] revela o escasso impacto da lei não somente entre nós, mas também nos países mais vigiados do mundo. Valendo-se de pesquisas quantitativas sobre segurança pública em países onde os monitoramentos são realizados com regularidade, a autora informa que na Inglaterra e no País de Gales, no ano de 1997, somente 2,2% dos delitos obtiveram alguma condenação dos responsáveis, e nos Estados Unidos, segundo enquete de 1994, de todos os crimes violentos cometidos – homicídios, agressões, estupros, roubos etc., cuja investigação, esclarecimento e punição pareceriam mais relevantes – somente 3,7% resultaram em condenações. À luz desses dados, a autora qualifica como "Primeira Mentira" a afirmação de que o sistema de justiça criminal pode ser considerado um inibidor eficaz da criminalidade. No caso do Brasil, o reduzido poder da lei é ainda mais extremo. No estado do Rio de Janeiro (o mais monitorado por enquetes periódicas sobre violência), autores e autoras que realizaram suas pesquisas durante os anos 1990, como Ignácio Cano, Luiz Eduardo Soares e Alba Zaluar, concluíram, respectivamente, que somente 10%, 8% ou 1% de todos os homicídios denunciados à justiça alcançaram algum tipo de condenação.[40] Nas palavras de Alba Zaluar: "No Rio de

39. J. Lemgruber, "Verdades e mentiras sobre o sistema de justiça criminal".
40. L. E. Soares et al. *Violência e política no Rio de Janeiro*; A. Zaluar, *Crime organizado e crise institucional*; I. Cano, *Mensurando a impunidade no sistema de justiça criminal no Rio de Janeiro*.

Janeiro apenas 8% das averiguações [...] se transformam em processos e são levadas a julgamento. Dessas, apenas 1% alcança sentença.[41] Esses dados impõem novos interrogantes a respeito das motivações que parlamentares poderiam entreter ao insistir numa lei que criminaliza os povos indígenas e torna mais distante sua retomada de um direito próprio e de uma jurisdição própria para a solução de seus conflitos e dissensos dentro das comunidades, em violação, assim, ao Convênio 169 da OIT, plenamente vigente no Brasil desde 2002.

Cabe então nos perguntarmos: se a lei não constrói realidade entre nós, como poderia construir realidade entre os outros povos, de difícil acesso por parte dos agentes do Estado? E se a lei não faz acontecer, qual seria então o significado da insistência nessa nova lei por parte de alguns parlamentares quando, de fato, além de colocar obstáculos ao legítimo e juridicamente validado direito à diferença, ela avulta de forma redundante e desnecessária – porque enuncia direitos já plenamente garantidos em mais de um artigo da legislação vigente – a já demasiadamente inócua legislação penal?

De onde emana esse furor, essa verdadeira febre legislativa que, mais uma vez, somente contribuirá para o agravamento da tantas vezes criticada "inflação legislativa"? Somente consigo encontrar uma resposta para essa pergunta: o que essa lei de fato faz, e o faz eficientemente, é afirmar, dar publicidade, tornar patente ante a Nação, quem é o povo que escreve as leis, quais são os setores da sociedade nacional que têm acesso aos recintos em que essa tarefa se realiza. Em verdade, não devemos esquecer que a lei fala, em primeiro lugar, sobre a figura dos seus autores. Ela contém, sem dúvida, uma assinatura. Quem quer escrever uma lei, quer deixar sua assinatura no texto mais eminente da Nação. Mas essa certamente não é uma motivação válida e suficiente aos olhos de todos. Até

41. A. Zaluar, op. cit., p. 7.

porque nesse Congresso não há consultas a indígenas nem qualquer tipo de reserva de vagas que possa garantir a participação dos diversos povos na redação das leis de uma grande Nação que eles também compõem.

O futuro do Estado

Qual poderia ser então o trabalho do Estado para poder superar um cenário tão desalentador como o que acabo de apresentar? Deveria ser um Estado restituidor e garantidor do direito étnico e do direito comunitário em geral. Com isso, quero dizer que, em vista da desordem que as elites metropolitanas europeias e cristãs instalaram no continente a partir do processo de conquista e colonização, desordem mais tarde agravada e aprofundada pela administração a cargo das elites nacionais eurocêntricas, herdeiras do controle dos territórios, hoje temos uma oportunidade. É a oportunidade de permitir que aqueles povos que até agora não tiveram a ocasião de fazê-lo possam agora restaurar sua ordem institucional interna e retomar os fios da sua história. Quem sabe seja sim possível refazer o que foi desfeito nas ordens cultural, jurídica, política, econômica e ambiental da Nação. Se não existe lei perfeita, em lugar de insistir na perfectibilidade cada dia mais remota de um sistema jurídico deficiente, podemos abrir caminho para outros modelos. Refiro-me aqui aos direitos próprios e ao projeto do pluralismo jurídico.

Não se trata, como tem sido o entendimento de juristas e antropólogos até o momento, de opor o relativismo das culturas ao universalismo dos direitos humanos ou à vigência universal da Constituição dentro da Nação. O que o projeto de um Estado pluralista e a plataforma do pluralismo jurídico propõem ao *desenhar a ideia de Nação como uma aliança ou coalizão de povos é permitir que cada um deles resolva seus conflitos e elabore seu dissenso interno por um caminho próprio.* Em toda aldeia humana, por menor que seja, a divergência é inevitável, e quando se trata da prescrição de infanticídio, o dissenso costuma se apresentar. Diante disso, o papel do Estado, na pessoa dos seus agentes, terá de ser o de estar disponível para supervisionar, mediar e interceder com o fim único de garantir que o processo interno de deliberação possa ocorrer livremente, sem abusos por parte dos mais poderosos no interior da sociedade.

Tampouco se trata de solicitar a retirada do Estado porque, como atestam as múltiplas demandas por políticas públicas colocadas pelos povos indígenas a partir da Constituição de 1988, depois da intensa e perniciosa desordem instalada pelo contato, o Estado já não pode, simplesmente, se ausentar. Deve permanecer disponível para oferecer garantias e proteção quando convocado por membros das comunidades, sempre que essa intervenção ocorra em diálogo entre os representantes do Estado e os representantes da comunidade em questão. Seu papel, nesse caso, não poderá ser outro que o de promover e facilitar o diálogo entre os poderes da aldeia e seus membros mais frágeis.

Essa cautela ao legislar e esse compromisso de garantir a liberdade do grupo para deliberar internamente e se autolegislar são gestos particularmente prudentes e sensatos num mundo multicultural globalizado como o de hoje, no qual é muito grande o risco da apropriação de elementos da tradição para transformá-los em emblemas de identidade por parte de grupos que veem na cultura política culturalista e na estratégia fundamentalista que nela se origina a forma de defender seus interesses de poder e influência dentro de cada sociedade. Quantas não são as práticas que, longe de minguar, quando reprimidas por uma legislação ocidentalizante, se afirmam e afiançam como signos de identidade para fazer frente a um poder invasor?

Ao lembrar essa possibilidade, nos convencemos mais ainda de que essa lei que discutimos é impraticável e até perigosa por duas razões que não podemos deixar de considerar. Em primeiro lugar, porque pode gerar formas de reação que, com base em noções fundamentalistas de identidade e de cultura, possam vir a transformar a prática de infanticídio, já em progressivo desuso com a melhora nas condições de vida dos povos indígenas com o fim da ditadura e as esperanças que estes depositaram na Constituição de 1988, em emblema de diferença e motivo cristalizado numa heráldica étnica. Em segundo lugar, porque a sanção de uma lei desse tipo demanda sua quase impraticável aplicação, o que inevitavelmente incumbirá as forças da segurança pública com a tarefa de vigiar e interferir no espaço da aldeia, intervindo na sua autonomia e na sua intimidade. Isso poderia acarretar consequências nefastas, em vista do despreparo das polícias para trabalhar através das fronteiras da diferença e a partir de uma perspectiva francamente pluralista.

"Povo" e "história": categorias fundamentais para transcender o binômio relativismo/universalismo

A forma mais adequada e eficiente de pensar o conjunto dos problemas que aqui se colocam não deve entrar no campo minado dos insolúveis dilemas da oposição relativismo/universalismo. Diante do princípio do pluralismo, a ideia – quase inevitável pelo ranço de inércia inerente neste conceito – de cultura como conjunto de costumes cristalizados e a-históricos deve ser evitada e substituída pela ideia de histórias em plural – a historicidade múltipla das nossas nações. Todo povo habita no fluir dos tempos históricos em entrelaçamento dinâmico com os outros. Cada povo contém essa verdadeira usina de história que é o dissenso em seu interior, de forma que costumes são mudados no curso constante da deliberação interna, que não é outra coisa que o diálogo fluente e constante entre seus membros. O problema dos povos de nosso continente não é o de conservar a cultura como patrimônio cristalizado – afinal, cultura não é outra coisa que o resultado da decantação constante de experiência histórica, que nunca cessa –, mas o de fazer a desintrusão de sua história, que foi interrompida pela irrupção autoritária do colonizador, seja este o enviado das metrópoles europeias ou a elite eurocêntrica autóctone que construiu e administra o Estado nacional.

Não é, como se pensa, a repetição de um passado o que constitui e referenda um povo, e sim sua constante tarefa de deliberação conjunta. Muitos são os povos que já deliberaram e abandonaram não somente a prática do infanticídio. Isso aconteceu, por exemplo, com o povo Kaxuyana-Tyrio, como acaba de relatar Valéria Paye Pereira, que me precedeu nesta audiência. A ideia reitora da história própria avança precisamente na contramão do que a lei que aqui debatemos tenta fazer, pois ela não se alia ao projeto de um Estado que toma decisões sobre os rumos de todos os outros povos que compõem a Nação e o faz mediante leis punitivas. Muito pelo contrário, o princípio do respeito à agência e à capacidade deliberativa de cada sujeito coletivo preserva o direito a que seu curso histórico continue fluindo livre e diferenciado. Por isso, o fato de que as sociedades se transformam, abandonam costumes e adotam e instalam outros é precisamente um argumento contra a lei, e não a seu favor. Ao dizer que as sociedades mudam por vontade própria como resultado das dissidências internas e do contato com os discursos epocais que circulam em seu entorno e as atravessam – como precisamente o discurso internacional dos direitos humanos – estamos afirmando que o Estado não é a agência para prescrever e impor, mediante ameaça e coerção, desfechos para a trama da história dos outros povos que a Nação abriga. Seu papel único é o de proteger o curso próprio de cada povo em seu desdobramento idiossincrático e particular, velando para que isso possa ocorrer sem imposições autoritárias de grupos internos – cacicados – que resultaram empoderados por terem se especializado nos trabalhos de intermediação com o Estado e a sociedade dita nacional, e também sem coação externa, como a que esta lei bem representa. A devolução da justiça própria nada mais é do que a devolução da história própria. Nessa perspectiva antropológico-jurídica que proponho, o papel do Estado será, portanto, o de restituir aos povos os meios materiais e jurídicos para que recuperem sua capacidade usurpada de tecer os fios de sua própria história, e lhes garantir que a deliberação interna possa ocorrer em liberdade, em concordância com a figura jurídica das garantias de jurisdição, ou foro étnico.

Em concordância, o garantismo que invoco faz referência aos compromissos legais, assumidos pelo Estado nacional, de honrar as demandas dos sujeitos coletivos e colaborar com o esforço que realizam por reproduzir sua existência. O princípio do resguardo de uma história própria se opõe à perspectiva relativista clássica, pois essa não poderá nunca evitar completamente referir os direitos próprios a uma concepção da cultura como cristalizada, não histórica e atemporal. Afirmar a história frente à cultura é a única forma eficiente de garantir o progresso da justiça no interior dos povos pelo caminho da deliberação e constante produção de seus sistemas próprios de legalidade. Essa deliberação não é outra coisa que o motor da transformação histórica, em curso próprio e em diálogo constante com os outros povos.

Sete corolários

Sete corolários emergem da argumentação acima apresentada a parlamentares em defesa da pauta do direito à diferença e dos valores do pluralismo em relação ao caso limítrofe que o infanticídio indígena representa para o pluralismo jurídico:

1. É mais adequado, para efeitos da defesa de direitos, falar de "povo" do que falar de "grupo étnico", pois povo é um sujeito coletivo vivo e dinâmico, ao passo que grupo étnico é uma

categoria objetificadora, que serve para fins de classificação e ancora o grupo em uma etnicidade referida a um patrimônio fixo de bens culturais.

2. Povo é o coletivo que se percebe tecendo a trama de uma história comum, partindo de um passado comum e caminhando para um futuro compartilhado, sem excluir com essa ideia o drama dos conflitos percorridos ao longo desse caminho histórico. A urdidura dessa tapeçaria de manufatura coletiva é contínua, embora apresente rasgos, enganches e rupturas em seus fios. O desenho das figuras da trama evidencia as divergências e as convergências das posições de seus membros.

3. É mais adequado falar de "história" que de cultura, uma vez que a ideia de cultura é geralmente invocada como um argumento para retirar os costumes do fluxo histórico – até mesmo atores bem-intencionados condenam as ditas culturas "não históricas" a uma vida de museu. A cultura nada mais é do que a decantação da experiência histórica acumulada por uma coletividade, e o mito e os costumes, uma forma de condensação e simbolização desse processo histórico.

4. O bom Estado deve ter um perfil de "devolvedor" / restaurador da justiça própria, entre outros recursos a serem reintegrados.

5. Restituir a justiça própria é promover a restauração do tecido comunitário – a devolução do território é necessária, mas não suficiente para esse fim.

6. Restituir a justiça própria significa também devolver à comunidade as rédeas de sua história, visto que a deliberação em foro próprio, ou seja, na jurisdição étnica, e os consequentes desdobramentos do discurso interno inerente ao fazer-se justiça em comunidade são o próprio motor do percurso histórico de um sujeito coletivo.

7. Mas o Estado não pode retirar-se súbita e completamente devido à desordem instalada nas comunidades como consequência da longa intervenção do "mundo dos brancos" sobre elas. Seu papel, portanto, deverá ser o de garantir a deliberação interna quando obstaculizada pelos poderes estabelecidos – cacicados – dentro das comunidades (em geral, homens, idosos, membros mais ricos, líderes políticos), cujo poder foi e é constantemente retroalimentado de fora do grupo, seja de forma reativa frente às interpelações externas, seja por meio de alianças com segmentos da sociedade nacional (comerciantes, políticos, latifundiários) que reforçam os poderes no interior das comunidades em benefício próprio.

Bibliografia

ABREU, Marcelo. "A segunda vida de Hakani", in *Correio Braziliense*, 3 out. 2007.

_____. "O sorriso de Hakani", in *Correio Braziliense*, 4 out. 2007.

AGAMBEN, Giorgio. *Homo sacer. El poder soberano y la nuda vida*, Antonio Gimeno Cuspinera (trad.). Barcelona: Pre-Textos, [1995] 1998. [Ed. Bras.: Homo Sacer: *O poder soberano e a vida nua*. Belo Horizonte: UFMG, 2010].

AN-NA'IM, Abdullahi Ahmed. "Toward a Cross-Cultural Approach to Defining International Standards of Human Rights. The Meaning of Cruel, Inhuman, or Degrading Treatment or Punishment", in AN-NA'IM, Abdullahi Ahmed (ed.). *Human Rights in Cross-Cultural Perspectives*. Filadélfia: University of Pennsylvania Press, 1992.

BRASIL. Ministério da Justiça, Fundação Nacional do Índio, *Ata da 1ª Reunião Extraordinária da Comissão Nacional de Política Indigenista*. Disponível em: <http://www.funai.gov.br/arquivos/conteudo/presidencia/pdf/Atas_CNPI/2_Ata_da_1a_Reuniao_Extraordinaria_CNPI_Julho_2007.pdf>. Acesso em: 5 jul. 2021.

CANO, Ignacio. *Mensurando a impunidade no sistema de justiça criminal no Rio de Janeiro*. Informe final de pesquisa, Cesec. Rio de Janeiro: Universidade Cândido Mendes, 2005.

DAL POZ NETO, João. "Crônica de uma morte anunciada: do suicídio entre os Sorowaha", *Revista de Antropologia*, São Paulo, vol. 43, nº 2, 2000, p. 99-120.

DANTAS, Fernando Antônio de Carvalho. *O sujeito diferenciado: a noção de pessoa indígena no Direito brasileiro.* Dissertação de mestrado, Programa de pós-graduação em Direito e Ciências Jurídicas, Curitiba, UFPR, 1999.

DAVIS, Megan. "Constitutional Niceties or the Care and Protection of Young Children?: Aboriginal Children and the Silencing of Debate", in *Australian Children's Rights News, Newsletter of the Australian Section of Defence for Children International*, Sidney, nº 44, out. 2007.

FEITOSA, Saulo Ferreira; TARDIVO, Carla Rúbia Florêncio; CARVALHO, Samuel José de. *Bioética, cultura e infanticídio em comunidades indígenas brasileiras: o caso Suruahá.* Trabalho final do VIII Curso de Pós-Graduação *Lato Sensu* em Bioética, Cátedra Unesco de Bioética, Brasília, UnB, 2006.

FOUCAULT, Michel. *Defender la sociedad.* Curso no Collège de France (1975- 1976), Horacio Pons (trad.). Buenos Aires: Fondo de Cultura Económica, 2000. [Ed. Bras.: *Em defesa da sociedade.* São Paulo: Martins Fontes, 2012].

_____. *Seguridad, territorio, población.* Curso no Collège de France (1977-1978), Horacio Pons (trad.). Buenos Aires: Fondo de Cultura Económica, 2006. [Ed. Bras.: *Segurança, território, população.* São Paulo: Martins Fontes, 2020].

_____. *Nacimiento de la biopolítica.* Curso no Collège de France (1978- 1979), Horacio Pons (trad.). Buenos Aires: Fondo de Cultura Económica, 2007. [Ed. Bras.: *Nascimento da biopolítica.* São Paulo: Martins Fontes, 2008].

HOLANDA, Marianna Assunção Figueiredo. *Quem são os humanos dos direitos? Sobre a criminalização do infanticídio indígena.* Dissertação de mestrado, Programa de Pós-Graduação em Antropologia Social, Brasília, UnB, 2008.

KROEMER, Gunter. *O povo do veneno.* Belém: Edições Mensageiro, 1994.

LEMGRUBER, Julita. "Verdades e mentiras sobre o Sistema de Justiça Criminal", in *Revista do Centro de Estudos Judiciários do Conselho da Justiça Federal (RCJ)*, nº15, set./dez., Brasília, 2001, p. 12-29.

MARÉS DE SOUZA FILHO, Carlos Frederico. *O renascer dos povos indígenas para o Direito.* Curitiba: Juruá Editora, 1998.

MARTINS, José de Souza. *O massacre dos inocentes. A criança sem infância no Brasil.* São Paulo: Hucitec, 1991.

MCMULLEN, Jeff. "Closing the Space Between US – The Rights of Aboriginal Children", *University of Newcastle 2007 Human Rights and Social Justice Lecture*, Newcastle, 2 nov. 2007.

PLATT, Anthony M. *The Child Savers, the Invention of Delinquency.* Chicago: University of Chicago Press, 1969.

RODRIGUES, Patrícia de Mendonça. *A caminhada de Tanyxiwè. Uma teoria Javaé da História*. Tese, PhD, Departamento de Antropologia, Chicago, Chicago University, 2008.

SÁNCHEZ BOTERO, Esther. *Entre el Juez Salomón y el Dios Sira. Decisiones interculturales e interés superior del niño*. Bogotá: Universidad de Amsterdam, Unicef, 2006.

SEGATO, Rita. "Uma agenda de ações afirmativas para as mulheres indígenas do Brasil", in *Série Antropologia*, nº 326 (nova versão), Departamento de Antropología, Brasília: Universidade de Brasília, 2003.

_____. "Antropologia e direitos humanos: alteridade e ética no movimento de expansão dos direitos universais", in *MANA*, vol. 1, nº 12, 2006, p. 207-236.

_____. "La faccionalización de la República y el paisaje religioso como índice de uma nueva territorialidad", in *La Nación y sus Otros: raza, etnicidad y diversidad religiosa em tiempos de políticas de la identidad*. Buenos Aires: Prometeo, 2007.

_____. "Closing Ranks: Religion, Society and Politics Today", in *Social Compass*, vol. 55, nº 2, p. 207–219, 2008.

_____. "Femi-geno-cidio como crimen en el Fuero Internacional de los Derechos Humanos: el derecho a nombrar el sufrimiento en el derecho", in FREGOSO, Rosa-Linda e BEJARANO, Cynthia (Eds.). *Una cartografía del feminicidio en las Américas*. México: Unam, 2010.

SOARES, Luiz Eduardo et al. *Violência e política no Rio de Janeiro*. Rio de Janeiro: Iser, Relume-Dumará, 1996.

VIVEIROS DE CASTRO, Eduardo. "A fabricação do corpo na sociedade xinguana", in OLIVEIRA, João Pacheco de (Org.). *Sociedades indígenas e indigenismo no Brasil*. Rio de Janeiro: Editora Marco Zero, 1987, p. 21–41.

ZAFFARONI, Eugenio Raúl. *O inimigo no Direito Penal*. Rio de Janeiro: Revan, 2007.

ZALUAR, Alba. *Crime organizado e crise institucional*. 2002. Disponível em: <http://www.susepe.rs.gov.br/upload/1325076072_CRIME%20ORGANIZADO%20E%20CRISE%20INSTITUCIONAL%20-%20ALBA%20ZALUAR.pdf>. Acesso em: 5 jul. 2021.

O Édipo negro: colonialidade e forclusão de gênero e raça[1]

A Marcosidé Valdivia
ama negra que
amamentou a minha mãe
em Uruburu, La Pampa, Argentina, em 1913

Paternidades na etnografia clássica

Um dos capítulos mais fascinantes da antropologia é aquele que Bronislaw Malinowski fundou nos anos 1920 com sua análise sobre as duas formas de paternidade existentes entre os habitantes das Ilhas Trobriand (mais conhecidas como Kiriwina), no arquipélago melanésio do Pacífico ocidental. Na sociedade de avunculato, matrilinear e patrilocal dos trobriandeses, separam-se com extrema nitidez as posições do *kadagu*, irmão da mãe – de quem a criança herdará a terra, o nome, a pertença a uma aldeia e as regras de seu clã –, do *tama* ou cônjuge da mãe – companheiro de jogos, figura amorosa, objeto de apego filial na vida cotidiana. Enquanto o *kadagu* encarna a autoridade patriarcal, o *tama* esbanja afeto paterno.

1. Agradeço especialmente à Jocelina Laura de Carvalho, Carlos Henrique Siqueira, Cláudia Maia, Emílio Garcia Méndez, Ernesto Ignacio de Carvalho, Maria Elizabeth Carneiro, Ondina Pena Pereira, Tânia Mara Campos de Almeida, Tiago Amaral e todas aquelas pessoas que, desde que comecei a ruminar (ou refletir / pensar / meditar) este texto em 1988, me contaram histórias de babás que me ajudaram a compor o texto.

> Em todas as discussões sobre parentesco, o pai me foi expressamente descrito como um *tomakava*, um "estranho", ou – mais precisamente – um "intruso". O termo era também usado com frequência pelos nativos em suas conversas, quando estavam em desacordo sobre questões de herança ou procuravam justificar alguma linha de comportamento, ou então se queriam rebaixar à posição do pai no contexto de alguma controvérsia. Compenetre-se o leitor, portanto, de que o termo "pai" [...] deve ser entendido não com as numerosas implicações legais, morais e biológicas que possui para nós, mas em um sentido inteiramente específico e próprio da sociedade de que estamos tratando. Haverá quem julgue que seria melhor – a fim de evitar qualquer possibilidade de um mal-entendido – se usássemos, em lugar de "pai", a palavra nativa "*tama*", e se substituíssemos "paternidade" por "relação de *tama*".[2]

Nas Ilhas Trobriand, devido à preeminência do princípio genealógico matrilinear, a linhagem passa pela linha materna e, portanto, a *patria potestas* é do tio materno, enquanto o lugar de residência é definido pelo princípio da patrilocalidade, que faz com que a criança e a mãe vivam na aldeia do pai. É a partir da descoberta de sistemas de parentesco como esse, nos quais a figura do pai se desdobra, que a antropologia passa a incorporar e discutir a diferença, já existente no direito romano, entre *pater* e *genitor*, que, por sua vez, devem ser cuidadosamente desagregados em três tipos diferentes de paternidade: a do *pater* ou pai jurídico; a do cônjuge da mãe; e a do *genitor*, pai biológico, cuja coincidência com o cônjuge da mãe não é, de fato, necessária.[3]

2. B. Malinowski, *A vida sexual dos selvagens do noroeste da Melanésia: descrição etnográfica do namoro, do casamento e da vida familiar entre os nativos das Ilhas Trobriand (Nova Guiné Britânica)*, p. 32.
3. J. A. Barnes, "Physical and Social Facts in Anthropology".

Belas e extensas são as páginas que a antropologia dedica à discussão de dois temas derivados dessa descoberta inicial. Esses temas são a universalidade do Édipo e a afirmação da ignorância da paternidade fisiológica, ou seja, da participação do macho na concepção, insistentemente reiterada pelos nativos a Malinowski durante seu extenso trabalho de campo. A teoria dos trobriandeses sobre a reprodução humana, pelo menos no momento da pesquisa de Malinowski, postula que o espírito de um ancestral retorna e encarna no útero da mulher, engravidando-a; o sêmen do parceiro sexual não é considerado. O próprio Malinowski introduziu, a partir de suas descobertas, a pergunta sobre a universalidade do Édipo. Afirmou o que creio ter sido uma antecipação do hoje aceito desdobramento da estrutura edípica e suas manifestações concretas na sociedade trobriandesa: que a triangulação passava por outras figuras do universo familiar da mãe – no caso, seu irmão. O psicanalista Ernest Jones entendeu que se tratava de uma negação do princípio freudiano, instalando-se o que ficou conhecido como o debate Malinowski-Jones.[4] A polêmica, que se estendeu até depois da morte do próprio Malinowski, continuou com o antropólogo Melford Spiro, que discutiu a leitura malinowskiana da manifestação do complexo de Édipo nas Ilhas Trobriand e debateu com o também antropólogo Edmund Leach sobre o que este último denominou "crença no nascimento virgem", que remete a uma concepção sem a intervenção do cônjuge da mãe. Segundo Spiro, a tensão edípica não poderia existir em relação ao tio materno, porque este não tinha acesso sexual à mãe, e o Édipo refere-se mais ao monopólio sexual sobre a figura materna do que ao desafio da autoridade. O fato de o pai – *tama* – não exercer autoridade sobre o filho e, pelo contrário, ser o companheiro afetuoso nos jogos, faz com que, para Spiro, o complexo de Édipo nas Ilhas Trobriand seja muito mais severo e dramático do que o ocidental, pois o filho trobriandês vê-se completamente impedido

4. B. Malinowski, *Sexo e repressão na sociedade selvagem*; E. Jones, "Mother-Right and the Sexual Ignorance of Savages" e "Introductory Memoir".

de inscrever e deixar rastros de seu antagonismo com o pai-camarada, na medida em que este não exerce autoridade sobre ele. Isso estaria demonstrado pela ausência absoluta de duplos do pai em sonhos e mitos, o que comprovaria a imensa dificuldade de simbolização do antagonismo. A repressão manifesta-se de modo extremo e todas as vias de processamento da ambivalência edípica encontram-se bloqueadas.[5]

A discussão subsequente entre Edmund Leach e Melford Spiro sobre a efetiva ignorância das pessoas trobriandesas a respeito do papel do pai biológico no processo reprodutivo ainda se vincula ao debate iniciado por Malinowski. O primeiro dos autores abriu a polêmica refutando a interpretação literal do achado malinowskiano sobre a declarada "ignorância" da paternidade biológica pelas pessoas trobriandesas, que, mesmo assim, seria um enunciado sobre a organização social. Em outras palavras, o "não saber" expresso sobre o campo da reprodução biológica seria, de fato, um saber metaforicamente declarado sobre o campo da reprodução social e da linhagem. O enunciado nativo de ignorância sobre o papel do pai na fecundação seria, para Leach, um enunciado sobre o social e não – como poderia parecer – sobre o biológico.[6]

Embora, inicialmente, Spiro entre em cena para aceitar como possível a afirmação malinowskiana da "ignorância" da paternidade biológica, tendo em vista que a população nativa careceria de conhecimento científico sobre ela, posteriormente adotou outro caminho, argumentando, em consonância com sua interpretação do Édipo nas Ilhas Trobriand, em direção à ignorância como repressão.[7]

5. M. Spiro, *Oedipus in the Trobriands*.
6. E. Leach, "Nascimento virgem", "Virgin Birth".
7. M. Spiro, "Virgin Birth, Parthenogenesis and Physiological Paternity: an Essay in Cultural Interpretation".

> A ignorância, contudo, pode resultar não somente da ausência de conhecimento sobre algum fato ou evento, mas também da repressão de sua percepção consciente; para usar um termo técnico: pode resultar de uma negação [...] (e) este significado de "ignorância" sugeriria que, apesar dos trobriandeses serem conscientes do papel reprodutivo do pai, reprimem esse conhecimento porque é ameaçador ou doloroso.[8]

Assim, enquanto Leach lê a citada "ignorância" como um enunciado sobre a sociedade, Spiro a lê como um enunciado sobre a psique.

As maternidades brasileiras no registro histórico e estatístico

Apresento uma notícia muito sucinta dessa sofisticada e extensa polêmica para evidenciar uma lacuna importante na reflexão da antropologia brasileira sobre uma estrutura semelhante,[9] onipresente entre nós, mas do lado da mãe: o desdobramento da maternidade, por um lado, na mãe biológica e jurídica, geralmente fundidas em uma só, e, por outro, na mãe "de fato", que não se leva em consideração; em outras palavras, entre a "mãe" e a "babá".[10] As práticas "de longa duração histórica" incluíram, durante a Colônia e até a segunda metade do século XIX, os serviços das "amas de leite", no que Suely Gomes Costa denominou "maternidade transferida" – que estiveram "presentes na vida social desde os primórdios coloniais" e que, a partir do século XIX, se foram restringindo

8. M. Spiro, *Oedipus in the Trobriands*, p. 61.
9. Um dos poucos textos que conheço sobre o assunto é o de L. T. de Aragão, "Mère noire, tristesse blanche", que desenvolve uma análise com objetivos que pouco coincidem com os meus aqui.
10. Na literatura antropológica, há exemplos de análise do psiquismo em sociedades onde, como na brasileira, a função materna se distribui entre uma multiplicidade de mães, conforme o estudo de S. N Kurtz, *All the Mothers are One. Hindu India and the Cultural Reshaping of Psychoanalysis.*

lentamente até chegar às amas-secas ou babás,[11] onipresentes hoje nos lares brasileiros. Essa chamativa lacuna ou cegueira da etnografia e da historiografia no Brasil confronta-nos com uma pergunta que não quer calar. Trata-se de uma pergunta sobre o silêncio. É o que o presente texto vem interrogar.

> [...] cabia às escravas negras o serviço de ama de leite, criando-se assim a figura da *mãe preta*, tão presente na literatura brasileira. A utilização de amas de leite, que originalmente era uma prática das famílias abastadas, passa a ser uma demanda também da classe média urbana a partir do século XIX, o que pode ser atestado pela quantidade importante de anúncios na imprensa oferecendo ou procurando o serviço de amas de leite de aluguel, e também pela presença constante dessa questão no discurso médico da época.[12]

Esse deslocamento da ama de leite à ama-seca como mãe substituta foi consequência das pressões higienistas exercidas sobre a sociedade nos consultórios médicos e através da imprensa escrita da época: "Porque criou o recém-nascido desde os precários primeiros momentos, a figura da ama de leite converteu-se na mais terrível e alarmante transmissora de enfermidades".[13] Contudo, fica evidente, pelos documentos da época, que as famílias usuárias do serviço não conseguiram submeter-se às reivindicações da modernidade médica e prescindir dele: a tensão gerou, então, soluções de compromisso entre a permanência das amas de leite e as precauções a respeito de sua origem e saúde, especialmente no meio urbano. Portanto,

> ainda em 1893, apesar do conselho aos senhores de que deveriam escolher as amas de leite entre "mulheres cujas

11. S. Gomes Costa, "Proteção social, maternidade transferida e lutas pela saúde reprodutiva", p. 305.
12. G. Sandre-Pereira, "Amamentação e sexualidade", p. 473-474.
13. S. Lauderdale-Graham, *House and Street. The Domestic World of Servants and Masters in Nineteenth-Century Rio de Janeiro*, p. 118.

> origens e vida fossem bem conhecidas, criadas da família, por exemplo", as condições urbanas não permitiam este escrutínio detalhado [e] a maioria recorria a mulheres contratadas, fossem escravas ou não.[14]

A esse período pertencem precisamente as críticas de abolicionistas, motivadas por razões diversas. Refiro-me, por exemplo, a personagens como o escritor Joaquim Manuel de Macedo, autor do romance *As vítimas-algozes*, defensores do fim da escravidão não por razões humanitárias, mas para preservar as pessoas brancas da contaminação e da corrupção moral que a presença de pessoas negras, na intimidade da casa senhorial, introduzia. Tais críticas são de uma virulência tal, que chamam a atenção. As violentas críticas, na imprensa escrita da época, eram dirigidas, com sanha, às humildes provedoras de maternidade, que doavam seu afeto e cuidado às crianças das famílias brancas ou branqueadas. Trata-se de críticas impregnadas de ódio intenso, seguramente escritas por homens que, em sua infância, foram embalados junto ao seio de amas como elas. A essas expressões de ódio, opõem-se as de apreço dirigidas ao seio materno, branco e limpo, ao seio recomendado, agora, da mãe-senhora. Data dessa época a conhecida frase que cruzou nosso continente na boca dos higienistas: "mãe só tem uma".

Contudo, evidentemente, nem se conseguiu que o Estado providenciasse uma solução pública para o cuidado das crianças – negras ou brancas –, na forma de creches,[15] nem que as famílias – nem sempre ricas – com recursos, mesmo que escassos, para alugar o serviço de babás aceitassem abdicar desse privilégio. Conseguiu-se, isso sim, que as amas de leite se transformassem em amas-secas.

14. Idem. Essa face do processo de modernização tem correlatos em outros países da América Latina. Ver, por exemplo, o excelente estudo sobre a perseguição higienista das amas de leite no Peru, de C. Rosas Lauro, "Madre sólo hay una. Ilustración, maternidad y medicina em el Perú del siglo XVIII" e M. Zegarra, "La construcción de la madre y de la família sentimental. Una visión del tema a través del Mercurio Peruano".
15. M. V. P. Civiletti, "O cuidado às crianças pequenas no Brasil escravista".

Poucos textos acadêmicos tocam no assunto da ambivalência em relação às amas de leite do último período colonial ou escravista e sua frontal condenação por parte das vozes autorizadas da sociedade.[16] A prática da maternidade transferida e o tipo de relação que nela, certamente, se originava, tanto a partir da perspectiva de quem se favorecia do serviço quanto daquelas que o prestaram ao longo de quinhentos anos de história ininterrupta, deixou rastros na literatura brasileira, mas está ausente nas análises e reflexões. A baixíssima atenção que lhe dispensaram as disciplinas especializadas no Brasil destoa do enorme alcance e profundidade histórica dessa prática e de seu forçoso impacto na psique nacional.

Essa mesma *ausência de inscrição* no texto acadêmico é, também, um dado para o que pretendo tratar aqui, não como o tortuoso uso e abuso do corpo submetido, para extrair a fórceps a conclusão de que se trata de uma "relação", como na saga *gilbertofreyriana* marcada por uma ideia de costume hoje já enquadrado pela lei,[17] mas, ao contrário, como uma forclusão idiossincrática do nome da mãe, na linha em que Judith Butler amplia o conceito lacaniano de forclusão, como argumentarei a seguir.[18] De outra forma, essa forclusão do nome da mãe poderia ser descrita de maneira mais ortodoxa e de acordo com a interpretação lacaniana da psicose como forclusão (psicótica) do nome do pai, embora, neste caso, em uma falha específica da metáfora paternal: sua incumbência de nomear e gramaticalizar a mãe.

É, como sempre, nas estatísticas que podemos rastrear a persistência contemporânea da instituição da mãe negra, seja em sua função de ama-seca ou de babá polivalente das crias da classe média. De fato, embora o censo brasileiro do ano

16. E. K. C. Magalhães e S. M. GIACOMINI, "A escrava ama de leite: anjo ou demônio?"; M. V. P. Civiletti, op. cit.
17. Cedaw, *Convenção para a eliminação de todas as formas de discriminação contra a mulher*. Art. 5º.
18. J. Butler, *A vida psíquica do poder: teorias da sujeição*.

2000 revele uma crescente presença de mulheres na população economicamente ativa (PEA), essa presença concentra-se nas atividades domésticas. O encarecimento progressivo do trabalho doméstico leva à expressiva substituição de mulheres por meninas como forma de manter a sub-remuneração desse tipo de emprego, o que indicaria que prevalecem as "continuidades históricas" do trabalho dessa natureza: a evasão do investimento no setor social, graças à continuidade do "trabalho invisível e barato das mulheres".[19] Essa "continuidade histórica" está dada pela transposição do trabalho não remunerado da escrava para o trabalho não remunerado (ou mal remunerado) da menina como mãe substituta, no alvorecer de uma economia reprodutiva própria do espaço doméstico.

Segundo a Pesquisa Mensal de Emprego do Instituto Brasileiro de Geografia e Estatística (PME/IBGE), de março de 2006, trabalhadores e trabalhadoras domésticas representavam 8,1% da população ocupada nas seis regiões metropolitanas investigadas. O relatório diz: "Por razões histórico-culturais, este contingente de trabalhadores caracteriza-se pelo predomínio de mulheres (94,3%) e de pretos e pardos (61,8%)".[20] Encontra-se, entre essas 94,3% de mulheres, a maioria de cor preta ou parda, o contingente de herdeiras das antigas amas de leite, hoje transformadas em babás.[21] Oculta-se, nesses números, a imensa massa de empregadas domésticas sem carteira de trabalho.

O espelho mitológico das duas mães brasileiras

Em contraste com a ausência de inscrição na hermenêutica acadêmica, a dupla maternidade encontra um registro sensível

19. S. Gomes Costa, op. cit., p. 307.
20. IBGE, *Perfil dos trabalhadores domésticos nas seis regiões metropolitanas investigadas pela Pesquisa Mensal de Emprego*, p. 3.
21. Para indicadores de trabalho doméstico, ver, também, R. Segato e L. Ordónez, *Mulher negra = sujeito de direitos e as convenções para a eliminação da discriminação*.

na religião afro-brasileira, o que não deixa de ser outra hermenêutica processada com recursos de simbolização diferentes, como são os recursos do vocabulário mitológico. Meu primeiro encontro com essa menção críptica do assunto foi nos bares do Recife, ouvindo *filhas de santo, filhos de santo* e frequentadores de *terreiros* da cidade discutir apaixonadamente em torno de um tema cuja importância eu não conseguia perceber. Parecia-me engraçado o emprego de tempo e energia, bem tarde da noite, para discutir a importância relativa das águas: as salgadas – a água do mar – e as águas doces – rios, cachoeiras e lagoas. Só mais tarde vim a compreender que ali se falava das duas mães: Iemanjá e Oxum, de seus dois papéis, de suas duas muito diferentes posições e contribuições para a vida, e a diferença de vínculo com cada uma delas.

Provavelmente devido ao interesse em debater a relevância relativa de cada uma dessas mães é que um dos poucos fragmentos do mito de criação, de origem iorubá, permaneceu na memória dos membros do culto muito ortodoxo e conservador do Xangô de Recife.[22] E é precisamente o da separação das águas:

> Nenhum mito da criação é invocado, exceto alguns fragmentos sobre a "separação das águas", que foram mencionados por algumas pessoas com o propósito de argumentar contra o suposto *status* mais alto de Iemanjá (água salgada) em relação a Oxum (água doce). Por haver aparecido primeiro as águas doces no princípio do mundo, Oxum é – nesta versão (mas não na versão dominante) – declarada mais velha que Iemanjá e, portanto, de uma "patente" (classificação) maior, apesar de a primeira ser comumente considerada como sua mãe.[23]

22. Refiro-me a permanecer em sequência histórica, e não a mitos recuperados em tempos mais recentes, por meio de investigação formal ou informal.
23. R. Segato, *Santos e daimones. O politeísmo brasileiro e a tradição arquetipal*, p. 570.

Na descrição mitológica do panteão das divindades, Iemanjá é o que os membros do culto chamam de "mãe legítima" dos orixás, fazendo coincidir o aspecto de mãe biológica, que deu à luz os deuses filhos que formam o panteão, com o da mãe jurídica. Na verdade, ao contrário do caso acima mencionado da paternidade trobriandesa, aqui se sobrepõem a *genetrix* e a *mater* jurídica; o nome comum de "mãe legítima" é aplicado ao papel coincidente das duas funções. Ainda há uma segunda forma – na realidade, terceira, por serem as outras duas, nessa perspectiva, uma só – de maternidade no contexto de culto, cujos membros claramente separam dessa maternidade "legítima" a que chamam "mãe de criação", representada por Oxum. É frequente nesse ambiente – como já disse – que a conversa ordinária toque no assunto da diferença entre parir a prole e criá-la.

Além da prática, muito comum entre o "povo de santo", de dar e receber filhas e filhos para criar, onde a circulação de crianças e a prática de criar filhos que não são próprios é a regra, essa oposição evoca a divergência histórica e sociológica entre a mãe branca da casa-grande e a babá negra, ama das filhas e filhos brancos e "legítimos".[24] Embora respeitada e adorada com opulência, Iemanjá, que eu percebo como um palimpsesto da primeira, não é objeto de muita simpatia por parte de fiéis quando conversam nos quartos dos fundos das casas de culto.

Iemanjá é descrita como uma mãe fria, hierárquica, distante e indiferente.[25] Sua maternidade é convencional. Embora terna na aparência, diz-se que sua ternura é mais consequência de seu autocontrole e boas maneiras do que de um coração compassivo e terno – em oposição ao carinho verdadeiro de Oxum, a "mãe adotiva".

24. R. Segato, "Inventando a natureza: família, sexo e gênero no Xangô de Recife".
25. R. Segato, *Santos e daimones. O politeísmo brasileiro e a tradição arquetipal.*

Como divindade associada ao mar, diz-se ainda que ela compartilha suas qualidades. É "traiçoeira" e "falsa", como o mar. Encontramos evocada aqui a traição histórica do Atlântico, ao trazer pessoas escravizadas para o Novo Mundo e interpor-lhes, definitivamente, insuperável distância com a África. Há, nesse sentido, uma ambivalência com relação ao mar, que separou no passado, mas que vincula no presente as costas dos dois continentes. O elemento de "falsidade" é atribuído explicitamente à duplicidade e imprevisibilidade do mar, cuja superfície esconde uma profundidade turbulenta que não é possível ser vista, fazendo com que a emergência de ondulações tempestuosas seja imprevisível: "vê a superfície, mas não vê o fundo", costumam dizer. No oráculo de búzios, Iemanjá, a mãe "legítima", biológica e hierárquica, "fala" em duas posições chamadas *obedi* e *ossatunukó*. A primeira significa "traição" e a segunda, "vemos a superfície, mas não vemos o fundo: a falsidade".

Essa característica imprevisibilidade do caráter de Iemanjá reflete-se também na música icônica dessa divindade, "Okarilé", em que a alternância e a duplicidade entre quatro compassos binários e três ternários no *beat* da melodia, entre outras características, introduzem sobressaltos cíclicos no ritmo, que podem ser visualizados na dança do orixá quando baixa em possessão.[26]

No Mito da coroação do rei dos orixás do panteão, Iemanjá – e não, como se poderia pensar, o pai, Orixalá – é quem deposita a coroa na cabeça de um de seus filhos. O mito diz que, quando finalmente chegou o dia da coroação, tudo estava preparado para coroar o primogênito e mais responsável e industrioso dos filhos, Ogum. Mesmo assim, Xangô, o mais jovem e preferido da mãe – descrito como malcriado, sedutor e ambicioso –, preparou uma poção sonífera e ofereceu a Ogum "no

26. Ver R. Segato, "Okarilé: uma toada icônica de Iemanjá. Arte e cultura popular".

cafezinho". Xangô pôs Ogum para dormir e vestiu-se com uma pele de ovelha para passar por seu peludo irmão mais velho – sua pele coberta de cabelo indica a natureza primitiva do primogênito Ogum – e, assim, acessar o trono. Na penumbra que o protocolo cerimonial exige, segundo contam, começou a coroação. O tema do mito que o "povo de santo" destaca, invariavelmente, é que a mãe percebeu de imediato, antes de depositar a coroa, que um de seus filhos havia tomado o lugar de outro, ou seja, que o filho que se encontrava no trono não era Ogum, como deveria ser, mas Xangô. São enfáticos e insistem em comentar que "para Iemanjá, só o que importa é evitar a anarquia a qualquer custo". Portanto, ela prosseguiu com a cerimônia de coroação, investindo como rei o filho que, por meio de trapaça, havia conseguido conduzir-se ao trono.

Na leitura popular, Iemanjá permitiu que Xangô usurpasse a coroa de Ogum por meio de uma astúcia – "como sempre faz" – porque antepôs a manutenção da ordem formal à verdade e à justiça: "Iemanjá não quer nada que possa perturbar a ordem da sociedade. Por isso, ainda que o soubesse, coroou o filho errado." Vemos aqui descrita a fundação do reino da injustiça e do favoritismo, o reino desigual de Iemanjá. Essa regra encontra-se na base da história e na base do Estado, que deve ser preservado a qualquer custo, independentemente de sustentar-se ou não em princípios de justiça. A aceitação da coroação injusta representa nada mais que o reconhecimento do meio em que as pessoas escravizadas e suas descendentes tiveram de viver. Em oposição à mãe que cria, a "mãe legítima", *mater* e *genetrix* no caso brasileiro, propaga as feridas desse meio falso, traiçoeiro e, acima de tudo, injusto. O mito é uma página de história social.

Na duplicação entre Ogum e Xangô há, ainda, ecos da duplicação Iemanjá-Oxum. Contudo, a simpatia popular não se destina aqui ao orixá trabalhador e disciplinado, o "legítimo" primogênito que se vê prejudicado em seu direito pelo irmão ganancioso, mas ao filho que vence suas demandas por meio de artimanhas, o rei ilegítimo que usurpou a coroa com um golpe de astúcia. Com esse filho identifica-se o povo, porque sabe que seus modos são a única maneira de sobreviver em um Estado onde a lei não sustenta a justiça, mas sim a ordem. Aqui, o mito indica insondáveis complexidades da psique coletiva desde a perspectiva de um povo que foi forçado a incorporar-se à nação pelo tráfico de pessoas escravizadas, para depois serem mantidas na marginalidade econômica e política devido à ausência absoluta de políticas públicas capazes de reparar seu modo de inclusão. Optando pelo lado da "ilegitimidade", o povo decide falar pelos seus mitos. E celebra a situação sem saída que obrigou a "mãe legítima" a optar, em última instância, "por medo da anarquia", pelo rei ilegítimo, irreverente, que subverteu a ordem de acesso à coroa. Resta saber se esse novo rei transformará a ordem na qual acaba de ingressar ou se será transformado pela proteção de Iemanjá e pelas condições de inclusão impostas por ela – "Iemanjá protege o filho errado sob sua saia" é o comentário recorrente.

Fica assim exposto o discurso político do mito. Seu enunciado críptico aponta a mentira que se encontra na própria fundação do *establishment* e suas leis. Embora se perceba um estranhamento ético latente, a intenção do comentário mítico não é formular um estatuto moral alternativo, mas produzir uma sociologia, uma hermenêutica própria do meio social. Essa psicologia pragmática – como a chamei em outro lugar[27] – constitui um manual de sobrevivência sob um regime estranho e arbitrário.

Em síntese, nesse "códice" religioso, a figura da "mãe legítima" faz referência a pelo menos quatro temas nucleares para a tradição, em geral carregados de ambivalência: a separação

27. R. Segato, "Cidadania: por que não? Estado e sociedade no Brasil à luz de um discurso religioso afro-brasileiro".

dos vínculos de parentesco dos laços biológicos;[28] o caráter "falso" da maternidade legítima em seu palimpsesto da matrona branca da casa-grande escravista; o papel do mar na separação da África originária; e a indiferença e o caráter traiçoeiro do Estado.[29] Trabalhei essa hermenêutica exaustivamente em análises anteriores.

A descrição das duas mães na codificação do mito e nos comentários do povo sobre o tema não está de acordo com o discurso dos higienistas brancos mencionados anteriormente. Estamos aqui diante da bifurcação – tão difícil de encontrar, pela ação eficiente do discurso hegemônico da nação brasileira – do registro simbólico de uma fala branca e de uma fala negra nos documentos. Pelas mais diversas razões, não seria fácil encontrar essa divergência das duas falas em entrevistas e pesquisas não dirigidas, de caráter sociológico, que perguntassem sobre os atributos das duas mães. A ação de um discurso cujo propósito foi e é a pregação culturalista (leia-se "fundamentalista") da nação cordial e englobante – dirigida pelo braço ideologicamente armado das ciências da cultura, a partir de autores como Gilberto Freyre e Sérgio Buarque de Holanda, com a capacidade hegemônica do discurso assim manufaturado – bloqueia com impressionante eficácia a

28. Tratado extensamente em R. Segato, "Inventando a natureza: família, sexo e gênero no Xangô de Recife" e "Yemanjá e seus filhos. Fragmentos de um discurso político para compreender o Brasil".
29. Chamei de "códice religioso afro-brasileiro" (R. Segato, "The Color-Blind Subject of Myth; or, Where to Find Africa In the Nation") o conjunto de motivos e temas que se repetem encarnados na interação das divindades do panteão e que podem também ser encontrados nos padrões de interação social, nas práticas rituais e nas conversas informais entre seus membros. De forma semelhante aos *códices* mexicanos, apesar de esses serem registros pictóricos, enquanto a tradição a que me refiro é predominantemente oral, o resultado da codificação resulta da redundância e consistência de um grupo de motivos. Trata-se de um códice filosófico, no qual alguns princípios da visão de mundo são repetidos insistentemente, de maneira que se torna possível identificar os padrões básicos e as ideias comuns que se encontram na base da mitologia, do ritual e da vida social, ou seja, *o discurso civilizatório das religiões afro-brasileiras e seu projeto histórico*. Chamei esse texto oral de "códice" pela estabilidade e coerência de suas personagens e os padrões de sentido que difunde. (Ver R. Segato, "Cidadania: por que não? Estado e sociedade no Brasil à luz de um discurso religioso afro-brasileiro" e "Yemanjá e seus filhos. Fragmentos de um discurso político para compreender o Brasil").

inscrição de sujeitos posicionados de forma diferente e que pretendem enunciar esse posicionamento diferenciado em suas falas. Estes se valem, então, do modo de falar críptico, codificado, sempre nobre e potente do mito. Isso sem mencionar o trabalho de hegemonia do discurso burguês em todo o espectro das sociedades capitalistas, que unifica as aspirações e, nesse caso, faz com que as mães dos estratos sociais menos favorecidos (como o das mulheres do Candomblé) aspirem, também, a contratar babás como um bem valorizado no universo familiar. Portanto, nas vozes divergentes do discurso higienista e do mito afro-brasileiro, encontramos a marca inconfundível e contrastante de duas posições de sujeito sobre o perfil e o valor de cada uma das mães.

A forclusão da mãe negra pelo discurso branco

Essa detalhada hermenêutica da duplicação das mães que a metáfora do mito fornece contrasta com a ausência, na hermenêutica branca, de um tema de grande profundidade histórica: a babá. O caráter duplo do vínculo materno mereceria um lugar mais contundente nas análises do psiquismo e da sociedade brasileira, já que não se trata de um fenômeno trivial sem consequências; no entanto, o racismo acadêmico estabelecido no país não o permite, e o resultado é a expulsão implícita desse tipo de indagação.

Como estrangeira, um momento marcante do meu encontro com o tema aconteceu quando, anos atrás e mãe de um filho pequeno, visitei o Museu Imperial de Petrópolis na companhia de um grupo de colegas professores de antropologia.[30] No périplo que fazíamos, conversando sobre temas relativos ao mundo social que nos cercava – habitat e objeto – fui surpreendida pelo encontro visual com um pequeno quadro que

30. Otávio Velho, Luiz Eduardo Soares, Rubem César Fernandes e José Jorge de Carvalho.

estava em um dos salões, solitário, em cima de um piano e sem nenhuma identificação.

O que me impressionou, a ponto de sobressaltar-me, foi a atualidade da representação, já que nele vi uma cena cotidiana, nossa, de nossa casa. Dois seres de cor de pele contrastante unidos por um abraço que delatava intensa sedução amorosa: o erotismo materno-infantil de que falavam as primeiras contribuições para uma compreensão feminista da maternidade.[31] Babá e criança, ontem e hoje, disse para mim mesma. A mão rosada do bebê apoiava-se com confiança no pequeno seio da jovem e orgulhosa mãe negra, que parecia mostrá-lo ao mundo (certamente, ao pintor) com o orgulho de toda mãe, enquanto oferecia ao bebê uma proteção envolvente e segura. Procurei em volta da pintura alguma placa que me pudesse levar em direção a um passado tão atual. Mas não a encontrei.

Somente cerca de sete anos depois, em 1995, folheando livros antigos de história brasileira em busca de informações sobre essa imagem na biblioteca latino-americana da Universidade

31. N. Friday, *My Mother/my Self: the Daughter's Search for Identity*.

da Flórida, em Gainesville, reencontrei-me com o surpreendente e ao mesmo tempo familiar quadro que havia visto naquela tarde e tive uma confirmação do meu primeiro palpite. Tratava-se, segundo o prestigiado historiador Pedro Calmon, de "d. Pedro II, com um ano e meio de idade, no colo da sua ama", retrato a óleo de Debret.[32] Trinta e cinco anos depois, em 1998, no livro de Lilia Moritz Schwarcz,[33] aparece uma reprodução do mesmo quadro, porém sem a identificação anteriormente prodigalizada por Pedro Calmon. A legenda introduz uma dúvida e limita-se a dizer que as figuras pintadas por Debret são atribuídas a d. Pedro e sua "babá". Adotando a incerteza, tanto do pintor quanto das figuras representadas, o Museu Imperial de Petrópolis a exibia, no momento da primeira publicação deste artigo, como "Anônimo. Mucama com criança nos braços. Óleo sobre tela sem assinatura". Hoje, a identificação oficial da pintura oculta-se ainda mais, eludindo a raiz africana por criação do imperador do Brasil e, no catálogo, a obra consta como "Mucama com criança nos braços, óleo sobre tela, sem assinatura nem data" e esclarece-se: "Trata-se de um retrato de Luís Pereira de Carvalho, Nhozinho, no colo de sua mucama Catarina"[34]. Porém, duas pistas fazem-nos suspeitar dessa descrição: todos os retratos não religiosos do Museu Imperial são de d. Pedro ou de seus parentes imediatos; e a marcante testa larga do bebê remete ao conhecido rosto do imperador adulto, nas muitas imagens que existem dele.

Ao optar pela descrição do historiador Pedro Calmon, que viu a pintura como uma representação do príncipe d. Pedro de Alcântara quando bebê e nas mãos de sua ama, grande é minha tentação de recorrer a Ernst Kantorowicz,[35] para sugerir que na

32. P. Calmon, *História do Brasil. Século XIX – Conclusão. O Império e a ordem liberal*, p.1619.
33. L. M. Schwarcz, *As barbas do imperador – Dom Pedro II, um monarca nos trópicos*.
34. Atualmente, na ficha da obra no Museu Imperial consta: "Ama com criança ao colo – Catarina e o menino Luís Pereira de Carvalho". (N.E.)
35. E. H. Kantorowicz, *Os dois corpos do rei: um estudo sobre teologia política medieval*.

tela pressentimos – um ocultando o outro – *os dois corpos do imperador*: seu corpo privado e seu corpo público. Só que, no quadro, o corpo privado e o corpo público aparecem em um estado de confusão que estimula ao extremo a imaginação de quem o interpreta. O bebê rosado e carnal agarrado em gesto fusional ao peito negro de quem completa seu mundo projeta, na pequena pintura, simultaneamente, uma cena pública e uma privada, e, além disso, uma cena privadamente pública.

Vemos um bebê qualquer, surpreendido e incomodado na sua cena edípica cotidiana, quiçá sendo levado para passear calmamente; temos ainda o pintor, a Lei que o instala no mundo, não apenas como sujeito neste caso particular, mas como sujeito transcendente; e a babá: a mãe Jocasta, negra. O bebê, sujeito interpelado e arrancado de seu complemento, resiste a retirar a mão do seio da mãe. O quadro parece ser, simultaneamente, o de um bebê e uma alegoria do Brasil que se apega a uma mãe-pátria jamais reconhecida, mas nem por isso menos verdadeira: África e uma comparação transcendental que outorga força de realidade – quem sabe por quais voltas – a todos aqueles bebês "legítimos" da nação em processo de desprendimento forçado dos braços cálidos, do colo de pele sempre mais escura, da intimidade da mãe negra, fusão de corpos, impossibilidade de pronunciar um eu-tu duradouro.

No entanto, há algo mais: nesse desprendimento que se vê, prenuncia-se essa grande perda, o duplo desprendimento no qual se sacrificam ao mesmo tempo a mãe, o escuro de sua pele e a África originária. Isso tem consequências idiossincráticas na emergência de um sujeito que vai ter que operar uma dupla obliteração, cuja ferocidade será nada mais nada menos que inversamente proporcional ao apego que ali havia.

Arranca-se a mãe não branca e oculta-se sua possibilidade de inscrição – que ainda perdura codificada e criptografada, como sempre acontece na psique – ao contrabandear, em seu lugar, outra cena que bloqueia indefinidamente a possibilidade de resgate. Maria Elizabeth Ribeiro Carneiro foi em busca das amas na obra das historiadoras e dos historiadores considerados clássicos e ainda amplamente lidos – Gilberto Freyre, Caio Prado Jr., Emilia Viotti da Costa etc. – e encontrou a utilização da imagem da mãe negra, da ama de leite, como elemento narrativo instrumental na composição da ideologia de suavização da escravidão no Brasil. Diz ela:

> Agora como figura, a "ama negra" é invocada, como se incorporasse e explicitasse, nela, as experiências múltiplas – talvez nem sempre tão boas e ternas – das escravas na atividade do cuidado maternal. Mulheres destituídas de expressão própria ou política, desprovidas de seus corpos e destinos, que, também no discurso de viés marxista, reaparecem em imagem singular, acentuando a feição "amaciadora" dos embates da vida – de classe, raça e etnia [...]. Com cheiro de quitutes, a imagem negra de mulher mãe figura no palco minado pelos conflitos de classe e derrama afetividade no imaginário, tornando mais leve e mais suave o peso e o jugo da escravidão na memória social.[36]

Se o contrato reitera hoje a condição humana da mãe-babá, a imagem da mãe negra terna e a ternura de seu retrato são usadas para minimizar a violência da escravidão. Estamos diante de um "crime perfeito" baudrillardiano: os aspectos exteriores da cena parecem preservar-se como uma casca ou epitélio, enquanto aspectos determinantes de seu conteúdo são removidos e substituídos sub-repticiamente por meio de uma estratégia de verossimilhança.[37]

A ignorância dessa cena, o silêncio que a suprime, a invisibilidade persistente de fundo trágico que a sustenta e sua diluição

36. M. E. Ribeiro Carneiro, "Procuram-se amas de leite na historiografia da escravidão: da 'suavidade do leite preto' ao 'fardo' dos homens brancos", p. 44-45.
37. J. Baudrillard, *El crimen perfecto*.

literária em um painel de costumes festivo[38] contrastam, por exemplo, com a exaustiva inscrição dada pela sociedade mexicana, ao longo do tempo, ao tema equivalente do *malinchismo* e a repulsa à origem. É permanente na historiografia mexicana, na antropologia e no vernáculo, a atenção dada à tortuosa ambivalência do povo mexicano a respeito do complexo decorrente da mãe Malinche: a mãe índia de toda a nação mexicana, concubina ilegítima, escrava primeiro dos astecas e, depois, dos espanhóis: a amante de Cortés. Mãe dos "*hijos de la chingada*", violada e fértil, Malinche foi tradutora e traidora entre o espanhol e as várias línguas indígenas do México pré-colombiano. O povo mexicano percebe-se e inscreve-se na história, apesar da ambivalência e insegurança que disso resulta, como filhas e filhos ilegítimos dessa união e da cópula entre duas linhagens tão antagônicas, tanto antes quanto agora.[39] Inscrevem nas letras essa origem como maldição fundacional: a maldição de Malinche. Há, portanto, uma simbolização sem mistificação e sem ocultamento dos aspectos irreparáveis e indesejáveis desse berço da nação. O exercício do poder e a submissão não são espetacularizados em cenas de alegria, e o elemento de estupro originário continua acenando desde o passado, odioso e indefensável. A derrota e o sofrimento do povo vencido não são festivamente escamoteados nas narrativas e preservam seu dramatismo, mesmo em textos e versões liberais. Correntes literárias, historiográficas e antropológicas de máxima importância na nação representam a colisão ancestral do público com o privado como uma história em chave trágica e não como uma comédia italiana.[40]

A supressão dessa cena trágica no Brasil, ou seu equivalente cancelamento por meio da duplicação romântica, lembra-me – em associação livre – outra cena em que se toca nessa ferida do

38. Refiro-me ao trabalho de elaboração e digestão do indigesto que Gilberto Freyre realizou para a nação brasileira.
39. S. Messinger Cypess, *La Malinche in Mexican Literature. From History to Myth*.
40. O. Paz, "Los hijos de la Malinche"; R. Bartra, *La jaula de la melancolía: identidad y metamorfósis del mexicano*; C. Fuentes, *El espejo enterrado* etc.

que *não se pode ver, senão de fora*, deixando sugerido um paralelismo entre três olhares estrangeiros convergentes, a começar por Debret. Trata-se do relato de Nelson Rodrigues sobre a visita de Sartre ao Brasil, em companhia de Simone de Beauvoir, em 1960. O Sartre que Rodrigues retrata já estava comprometido com a luta pela descolonização da Argélia e, mais tarde, faria o prefácio de *Os condenados da Terra*, de Franz Fanon.[41] Certamente os setores da elite carioca que foram seus anfitriões evocaram nele o Fanon antes do lampejo de consciência, aquele Fanon que, na Martinica, ainda se pensava francês:

> Ah, Sartre! Nas suas conferências a plateia o lambia com a vista [...] parecíamos, ao ouvi-lo, uns trezentos cachorros velhos [...] olhava para a gente como se nós fôssemos um horizonte de cretinos [...]. Uma noite, lá foi ele, com a Simone de Beauvoir de namorada, ao apartamento de um colega. Era o mesmo desprezo. Olhava para os presentes como quem diz: — "Que cretinos! Que imbecis!". Em dado momento vem a dona da casa oferecer-lhe uma tigelinha de jabuticabas. O Sartre pôs-se a comê-las. Mas, coisa curiosa. Ele as comia com certo tédio (não estava longe de achá-las também cretinas, também imbecis). Até que, na vigésima jabuticaba, para um momento e faz, com certa irritação, a pergunta: — "E os negros? Onde estão os negros?". O gênio não vira, nas suas conferências, um mísero crioulo. Só louro, só olho azul e, na melhor das hipóteses, moreno de praia. Eis Sartre posto diante do óbvio. Repetia, depois de cuspir o caroço da jabuticaba: — "Onde estão os negros?". Na janela um brasileiro cochichou para outro brasileiro: — "Estão por aí assaltando algum *chauffeur*". "Onde estão os negros?" — eis a pergunta que os brasileiros deviam se fazer uns aos outros, sem lhe achar a resposta. Não há como responder ao francês. Em verdade, não sabemos onde estão os negros.[42]

41. J. P. Sartre, "Préface".
42. N. Rodrigues, *O óbvio ululante. Primeiras confissões*, p. 47-48.

O "onde estão os negros?" da exclamação sartriana equivale à minha pergunta estupefata: "Onde está a babá?" Procuro-a, por exemplo, na excelente antologia *A história das mulheres no Brasil*[43] e não a encontro. Nesse belo e importante livro, a palavra "babá" não aparece sequer uma vez, apesar de ser parte do léxico convencional da língua portuguesa. A babá não é tratada nem para abordar aspectos de sua subjetividade, nem de sua inserção social. Muito menos investiga-se a respeito de sua presença a partir da perspectiva das crianças que ela viu crescer, ou das mães "legítimas" que a ela delegaram o exercício de uma parte importante da tarefa materna. Não encontro nem um rastro desse feixe de relações. No máximo, encontro a categoria "amas de leite" como parte de duas listas de ocupações e serviços prestados por mulheres. Uma, na página 250: "As escravas trabalharam principalmente na roça, mas também foram usadas por seus senhores como tecelãs, fiadeiras, rendeiras, carpinteiras, azeiteiras, amas de leite, pajens, cozinheiras, costureiras, engomadeiras e mão de obra para todo e qualquer serviço doméstico".[44] Outra, na página 517: "As estatísticas sobre o Rio Grande do Sul em 1900 mostram que cerca de 42% da população economicamente ativa era feminina [...] não faltam exemplos de trabalho feminino: lavadeira, engomadeira, ama de leite, cartomante".[45] Encontro, nessa obra, o registro do grande tema da circulação de crianças e da importância do parentesco não consanguíneo nas classes populares, que mencionei anteriormente, vinculado ao comentário mitológico do Xangô do Recife e que tratei amplamente em outro lugar:[46] "Para fazermos considerações sobre a maternidade em grupos populares, temos portanto de levar em consideração também avós, criadeiras e mães de criação".[47] Mas sempre sem nenhuma análise específica e apenas como parte de enumerações.

43. M. Del Priore (Org.), *História das mulheres no Brasil*.
44. M. Knox Falci, "Mulheres do sertão nordestino".
45. C. Fonseca, "Ser mulher, mãe e pobre".
46. R. Segato, "Inventando a natureza: família, sexo e gênero no Xangô de Recife".
47. C. Fonseca, op. cit., p. 535-539; e o tema também aparece em R. Pinto Venâncio, "Maternidade negada", p. 202.

Já no século XX, parece-me que a função crucial da babá é tragada no ponto cego do vazio intermediário deixado pelo desdobramento das três mulheres que entram, essas sim, no registro das autoras: a mãe privada-pública que Margareth Rago chama de "mãe cívica",[48] a mulher fatal e a mulher trabalhadora que passa a formar as classes populares produtivas, das quais as pessoas negras e, em especial, as mulheres negras são excluídas. O que se forclui na babá é, ao mesmo tempo, o trabalho de reprodução e a negritude. *Trata-se de uma forclusão, de um desconhecimento simultâneo do materno e do racial, da negritude e da mãe.*

Um dos raros lugares onde encontro o reconhecimento dessa presença e, também, a indicação do paradoxo e da aglutinação de sentidos que ela representa é na descrição de um historiador de sensibilidade cultivada para o tema racial, que há tempos vive e ensina fora do Brasil.[49] Refiro-me a Luiz Felipe de Alencastro, comentando uma fotografia tirada em Recife por volta de 1860, usada como capa do segundo volume de *História da vida privada no Brasil*, por ele organizado. O epílogo escrito por Alencastro sobre essa foto é precioso, emocionado e belo. Lamento não poder reproduzi-lo inteiramente aqui:

> O menino veio com sua mucama [...] inclinou-se e apoiou-se na ama. Segurou-a com as duas mãozinhas. Conhecia bem o cheiro dela, sua pele, seu calor. Fora no vulto da ama, ao lado do berço ou colado a ele nas horas diurnas e noturnas da amamentação, que seus olhos de bebê haviam se fixado e começado a enxergar o mundo. Por isso ele invadiu o espaço dela: ela era coisa sua, por amor e por direito de propriedade. [...] O mistério dessa foto feita há 130 anos chega até nós. A imagem de uma união

48. M. Rago, "Trabalho feminino e sexualidade", p. 592.
49. Luiz Felipe de Alencastro morou na França entre os anos 1966 e 1986, e de 1999 até 2014, neste último período lecionando História do Brasil na Université Paris-Sorbonne. (L. F. de Alencastro, Entrevista dada a Cibele Barbosa e Eliana Bueno-Ribeiro, "Passages de Paris").

> paradoxal mas admitida. Uma união fundada no amor presente e na violência pregressa. Na violência que fendeu a alma da escrava, abrindo o espaço afetivo que está sendo invadido pelo filho de seu senhor. Quase todo o Brasil cabe nessa foto.[50]

O "direito de propriedade" que o autor indica não é exclusivo da relação escravista, é também o sentimento edipiano de toda criança com relação ao território inteiro e indiscriminado do corpo materno-infantil. Esse sentimento de propriedade territorial sobre o corpo da mãe como parte do próprio demora e custa a ser abandonado. É persistente. O sujeito apega-se a ele por muito tempo, mesmo depois de ter compreendido que a unidade territorial originária não existe como tal. Ainda quando o senso de unidade foi perdido, permanece o sentimento de propriedade. O que era um, passa a ser o pressuposto do domínio de um sobre o outro. Tudo o que trai ou limita esse domínio não é bem recebido e, facilmente, o sentimento amoroso transforma-se em ira diante da perda daquilo que se crê próprio. Se somamos isso ao fato de que, efetivamente, se é proprietário ou arrendatário do corpo da mãe, por aluguel ou por salário, a relação de apropriação duplica-se, assim como suas consequências psíquicas. Finalmente, percebemos o agravamento das dificuldades ao recordar que a mãe substituta, escravizada ou contratada, ainda que se envolva afetivamente no vínculo contraído com a criança, permanecerá dividida – "fendida", como diz nosso autor – pela consciência de um passado – de escravidão ou de pobreza – que não lhe deixou escolha. Por mais amor que sinta, sempre saberá que não chegou ao vínculo como consequência de suas próprias ações, mas coagida pela busca da sobrevivência.

É também Alencastro que, pedindo tolerância com os exageros de sua fonte, relata que, em 1845, não havia em todo o

50. L. F. de Alencastro, "Epílogo", p. 439-440.

império cinco mães de classe alta, dez de classe média, nem vinte de classe baixa que amamentavam, sendo substituídas por mulheres escravizadas ou livres alugadas para essa finalidade. A situação muda um pouco a partir de 1850, quando a imigração portuguesa da época permite alugar amas brancas.[51] Essa substituição vai ocorrendo no contexto, já mencionado anteriormente, das pressões higienistas para evitar o poder contaminante, em especial das mães de leite de origem africana. No Brasil, essas pressões não conseguem erradicar, como acontecerá na Europa e nos Estados Unidos, as práticas de maternidade transferida. Apenas introduzem-se algumas transformações e limites. Entre elas, nos casos em que há poder aquisitivo suficiente, o de alugar amas brancas: e se uma mucama escrava era "posta a alugar-se pelo seu proprietário, a senhora livre se aluga ela própria".[52]

A objetificação do corpo materno – escravo ou livre, negro ou branco – é delineada aqui: escravidão e maternidade revelam-se próximas, confundem-se nesse gesto próprio do mercado de leite, onde o seio livre é oferecido como um objeto de aluguel. Maternidade mercenária equivale aqui a sexualidade no mercado da prostituição, com impacto definitivo na psique da criança no que diz respeito à percepção do corpo feminino e do corpo não branco.

A busca por amas de leite brancas por parte das famílias abastadas acaba revelando, ainda, outra sobreposição: a da herança do leite com a herança de sangue.

O *Constitucional*, jornal paulistano, explicava em 1853:

> O infante alimentado com o leite mercenário de uma africana vai, no desenvolvimento de sua primeira vida, aprendendo e imitando seus costumes e hábitos, e ei-lo já quase

51. L. F. de Alencastro, "Vida privada e ordem privada no Império", p. 63.
52. Ibid., p. 64.

> na puberdade qual outros habitantes da África central, sua linguagem toda viciada, e uma terminologia a mais esquisita, servindo de linguagem.[53]

O que a fonte aqui refere faz muito sentido: uma criança amamentada ou simplesmente cuidada desde cedo por uma ama de pele mais escura, uma ama com raízes na escravidão, terá incorporada essa imagem como própria. *Uma criança branca, portanto, mesmo no caso pouco frequente de que não tivesse rastros de uma mestiçagem ocorrida nas três últimas gerações em sua genealogia, será também negra, por impregnação da origem fusional com um corpo materno percebido como parte do próprio território*. Na linguagem biológica, sua "*imprinting*" será negra. Portanto, nas diatribes que opunham um "leite mercenário" e contaminador ao "leite gratuito" e benigno da mãe biológica, não somente se encontrava presente a voz do discurso higienista: a modernização sobrepõe aqui a "ojeriza racial voltada contra os negros".[54] Discurso modernizador e racismo entrelaçam-se, assim, em enunciado único contra um inimigo que impregnava, de dentro e a partir de sua própria interioridade, a ontologia do indivíduo branco no Brasil.[55]

O vínculo edipiano da relação de leite, ainda que não envolva o vínculo de sangue entre mãe e cria, é tematizado em diferentes culturas. Como afirma Gilza Sandre-Pereira:

> O leite, entre outras substâncias corporais, é investido de um forte aspecto simbólico em diferentes culturas, e a amamentação ultrapassa, assim, de forma evidente, o quadro biológico e nutricional. [...] Mesmo quando o aleitamento não é concebido em termos da criação de uma ligação de parentesco, o que ocasionaria por si só

53. O *Constitucional*, 7 mai. 1853, p. 3, apud Ibid., p. 65.
54. Ibid., p. 66.
55. J. J. Carvalho, "Mestiçagem e segregação"; R. Segato, "The Color-Blind Subject of Myth; or, Where to find Africa In the Nation".

> interdições no plano sexual, a relação entre o esperma e o leite está na origem de interdições sexuais em muitas sociedades.[56]

Sandre-Pereira cita Freud para enfatizar as dimensões eróticas da amamentação: "Quem já viu uma criança saciada recuar do peito e cair no sono, com as faces coradas e um sorriso beatífico, há de dizer a si mesmo que essa imagem persiste também como norma da expressão da satisfação sexual em épocas posteriores da vida".[57]

O parentesco de seio – transformado, mais tarde, em parentesco de colo e mamadeira – e a ancestralidade negra que ele determina sobre a pessoa negra ou branca, indistintamente, em sociedades pós-coloniais como a brasileira, ficam assim expostos. Os laços de leite iniciais e a intimidade do colo que lhes deu continuidade histórica conferem características particulares ao processo de emergência do sujeito assim criado. Nesse caso, a perda do corpo materno, ou castração simbólica no sentido lacaniano, vincula definitivamente a relação materna com a relação racial, a negação da mãe com a negação da raça e as dificuldades de sua inscrição simbólica. Ocorre, assim, uma infiltração da maternidade pela racialidade e da racialidade pela maternidade. Dá-se uma retroalimentação entre o signo racial e o signo feminino da mãe. Portanto, longe de dizer que a criação do indivíduo branco pela mãe negra resulta em uma plurirracialidade harmônica, ou que se trata de convivência inter-racial íntima, como fazem os que tentam romantizar esse encontro inicial, *o que afirmo é, ao contrário, que o racismo e a misoginia, no Brasil, estão entrelaçados em um gesto psíquico único.*

56. G. Sandre-Pereira, op. cit., p. 471-472. É surpreendente que neste artigo a autora acate, com absoluta tranquilidade, o uso da expressão desacreditadora "mães de leite mercenárias", vocabulário dos higienistas misóginos, e a reproduza várias vezes em seu texto sem nenhum comentário ou crítica (Cf. Idem).
57. S. Freud, *Três ensaios sobre a teoria da sexualidade*, p. 60.

Olhando a cena a partir do pensamento crítico da colonialidade, percebe-se que a introdução do discurso higienista no Brasil sobrepõe e replica esse gesto psíquico. Com a transferência desse discurso para o Brasil por profissionais da medicina e da pedagogia, aproveitou-se da exterioridade da postura higienista, moderna e ocidental, para produzir uma situação de exterioridade com relação a um quadro que percebiam como de contaminação afetiva e cultural por parte da África. Assim, o higienismo oferece a possibilidade de um olhar de fora para uma elite que está precisamente buscando essa saída. A forclusão da raça encarnada na mãe é fundamentalmente isto: o acatamento da modernidade colonial como sintoma.

Encontro, nas mudanças históricas na forma de retratar as crianças das "boas famílias", uma alegoria perfeita do processo que culmina na imposição absoluta do olhar higienista e racista próprio da modernidade periférica e a consequente supressão da figura da mãe não branca. Rafaela de Andrade Deiab analisou a transformação paulatina do tratamento fotográfico das crianças com suas babás nas fotos tiradas por Militão Augusto de Azevedo em seus dois estúdios de São Paulo, entre 1862 e 1885. Até aproximadamente 1880, as fotos captavam as crianças em composições à moda internacional da época; só que, no Brasil, a típica imagem europeia da mãe segurando a criança junto ao rosto era substituída pela babá negra. A autora explica essa pose lembrando que a baixa sensibilidade do negativo exigia um longo tempo de exposição, durante o qual a criança deveria permanecer imóvel: "Estando mais habituados com elas, diminuía-se o risco de que os bebês ficassem inquietos durante a feitura do retrato." A substituição da mãe pela babá revelava, portanto, que a intimidade e a confiança eram maiores com esta última, a única capaz de manter a criança tranquila pelo tempo necessário para tirar a fotografia. Contudo, por volta de 1880 – diz a autora –, as composições mostram a progressiva intenção de ocultar a figura da ama negra, que, ainda assim, necessariamente, continua segurando o bebê em seus braços para que se possa fotografá-lo:

> As amas negras passam a existir nas fotografias como rastros: uma mão, um punho, até serem completamente banidas das imagens [...] a princípio mostrada com orgulho, de rosto inteiro, depois escondida, em segundo plano, desfocada e retocada, até ser completamente retirada do quadro nacional. No entanto, mesmo encoberta, ela persistia nos hábitos consolidados durante três séculos.[58]

Impressiona, no artigo citado, a fotografia de um bebê loiro apoiado sobre o que parece ser uma manta escura, sob a qual se adivinha uma mão segurando o pequeno corpo e a outra apertando a mãozinha da criança, como para confortá-la diante da ameaça da lente intrusa. Porém, nada se percebe sob o pano e o contorno da babá oculta, somente é deduzido pelo relevo do tecido. Trata-se da ilustração perfeita para essa ausência na memória nacional: um manto de esquecimento recobre a mãe e sua raça. Raça e maternidade encobertas, emerge em seu lugar o vazio da forclusão que substitui uma realidade intolerável.

Jurandir Freire Costa – como eu – aponta o silêncio que espreita a psicanálise sobre o tipo de violência que chamamos de racismo: "Pensar que a psicanálise brasileira, para falar do que nos compete, conviveu tanto tempo com estes 'crimes de paz', adotando uma atitude cúmplice ou complacente, ou, no melhor dos casos, indiferente, deve conduzir-nos a uma outra questão: que psicanálise é esta? Que psicanalistas somos nós?".[59]

Freire Costa aborda o problema que venho delineando, mas sem nomear a babá. Para esse autor, racismo é violência exercida sobre o corpo e sobre o papel do corpo como suporte da

58. R. de A. Deiab, "A memória afetiva da escravidão", p. 40.
59. J. Freire Costa, "Da cor ao corpo: a violência do racismo", p. 116.

identidade: "A *ideologia da cor* é, na verdade, a superfície de uma ideologia mais daninha, a *ideologia do corpo*"; "o sujeito negro, ao repudiar a cor, repudia radicalmente o corpo"; "A relação persecutória com o corpo expõe o sujeito a uma tensão mental cujo desfecho, como seria previsível, é a tentativa de eliminar o epicentro do conflito"; "O sujeito negro, possuído pelo ideal de embranquecimento, é forçado a querer destruir os sinais de cor do seu corpo e da sua prole".[60]

Contudo, parece-me que Freire Costa restringe as possibilidades de sua análise quando coloca, em seu centro, o sujeito negro como único portador de sintoma. Esse sintoma pertence a muitos sujeitos branqueados, considerados não negros na sociedade brasileira. É evidente que, em sua emergência, o sujeito, seja qual for a sua cor, deve deixar para trás, em um movimento único, a mãe com sua negritude. Seja essa negritude a atual ou a da genealogia da escravidão que ainda ressoa por detrás do colo alugado do presente. O fato de que a mãe se encontra impregnada dessa genealogia, que vai do seio escravizado do passado ao colo alugado de hoje, faz com que essa perda não possa ser somente rasurada, no discurso, como repressão. A supressão deve ser entendida, nada mais, nada menos, que como *desconhecimento*. A própria ausência de conhecimento do destino terrível que é levar a marca da mãe negra constitui a tática de alienação e o refúgio do sujeito diante da possibilidade de ter de lidar com o fato de ser, ainda que "branco", na verdade, herdeiro dessa linhagem escrava. Infelizmente, essa tática não é impune, não é gratuita, tem um preço.

"A repetição traumática do que foi forcluído da vida de agora ameaça o 'eu'", diz Judith Butler.[61] Butler, usando o termo de forma um tanto idiossincrática e abrangente, diferencia a negação ou repressão de um desejo que existiu da forclusão ou expulsão "antecipada" da possibilidade de um desejo; ou

60. Ibid., p. 107-108.
61. J. Butler, op. cit., p. 18.

seja, de um desejo antecipado e preventivamente expulso antes da experiência desse apego.[62] O mecanismo da forclusão é, portanto, para ela, o que garante a antecipação e a prevenção com relação a determinados envolvimentos afetivos. A negação efetuada pelo mecanismo de forclusão é mais radical que a efetuada pelo mecanismo de repressão. Se esta última consiste em rasurar algo dito, aquela é a própria ausência de inscrição. Uma ausência que, contudo, determina uma entrada defeituosa no *simbólico* ou, dito em outras palavras, determina a lealdade a um simbólico inadequado que levará certamente a um colapso quando ocorrer a irrupção do *real*, ou seja, de tudo aquilo que não é capaz de conter e organizar.

No Brasil, contendas do presente mostram a resistência de alguns setores das classes dominantes em reconhecer um sujeito diferentemente posicionado, um sujeito negro que quer falar de sua negritude e de sua inserção diferenciada na sociedade brasileira. Ao negar essa demanda, ao impedi-la, esses setores da elite parecem-me associados com a impossibilidade fundante de instalar a negritude da mãe no discurso. O sujeito racista certamente amou e – por que não? – ainda ama sua babá escura. Só que não pode reconhecê-la em sua racialidade e nas consequências que essa racialidade lhe impõe como sujeito. Se sua racialidade repentinamente entrasse em cena e reivindicasse o parentesco a ela devido, ele reagiria com virulência incontrolável. *Estamos falando do que não se pode nomear, nem como próprio nem como de outrem.*

Se isso é o que se percebe como ausente a partir do ângulo de visão da criança, do lado da mãe *outra*, a "mãe legítima" na terminologia do candomblé, também algo deve ser dito. Esta "mãe cívica", isto é, a mãe educadora descrita por Margareth Rago, hegemonizada pelo pensamento burguês e pelas pregações da modernidade, terá que encarnar pelo menos em parte

62. Ibid., p. 32.

a *função paterna*, no sentido de incorporar a lei e impedir a intimidade entre a babá e a criança. Essa entrada *paterna* da mãe na cena familiar condiz também com o fato de que, ao negar o vínculo materno da babá, substituindo a chave do afeto pela chave do contrato, a mãe legítima permanece igualmente aprisionada em uma lógica masculina e misógina, que retira da mãe-babá sua condição humana e a transforma em objeto de compra e venda.[63]

Cada sociedade tem sua forma própria de racismo. Como afirmei em outras ocasiões, acredito que no Brasil essa operação cognitiva e afetiva de expurgo, exclusão e violência não se exerce sobre outro povo, mas emana de uma estrutura alojada no interior do sujeito, plantada na origem mesma de sua trajetória de emergência.

Bibliografia

ALENCASTRO, Luiz Felipe de. Entrevista dada a Cibele Barbosa e Eliana Bueno-Ribeiro. "Passages de Paris", in *Revue Scientifique de l'Association des Chercheurs et Etudiants Brésiliens en France*, nº 1, 14 abr. 2005.

_____. "Epílogo", in *História da vida privada no Brasil*, vol. 2. Império: a corte e a modernidade nacional. São Paulo: Companhia das Letras, 1998a.

_____. "Vida privada e ordem privada no Império", in *História da vida privada no Brasil*, vol. 2. Império: a corte e a modernidade nacional. São Paulo: Companhia das Letras, 1998b.

ARAGÃO, Luiz Tarlei de. "Mère noire, tristesse blanche", in *Le discours psychanalytique — revue de l'Association Freudienne*, nº 4, 1990, p. 47-65.

BARNES, John A. "Physical and Social Facts in Anthropology", in *Philosophy of Science*, vol. 31, nº 3, jul. 1964, p. 294-297,

BARTRA, Roger. *La jaula de la melancolía: identidad y metamorfósis del mexicano*. México: Grijalbo, 1987

BAUDRILLARD, Jean. *El crimen perfecto*. Barcelona: Anagrama, 1996.

BUTLER, Judith. *A vida psíquica do poder: teorias da sujeição*. Belo Horizonte: Autêntica, 2017.

63. Agradeço a Jocelina Laura de Carvalho pelo vislumbre dessa ideia.

CALMON, Pedro. *História do Brasil. Século XIX – Conclusão. O Império e a ordem liberal*, vol. V. Rio de Janeiro: Livraria José Olympio Editora, [1955] 1963.

CARVALHO, José Jorge. "Mestiçagem e segregação", in *Humanidades*, vol. 5, nº 17, 1988.

CEDAW. *Convenção para a eliminação de todas as formas de discriminação contra a mulher*. Artigo 5, inciso A. Nações Unidas, 1979/1981; Brasil, 1984.

CIVILETTI, Maria Vitória Pardal. "O cuidado às crianças pequenas no Brasil escravista". *Cadernos de Pesquisa*, São Paulo, nº 76, 1997, p. 31–40.

DEIAB, Rafaela de Andrade. "A memória afetiva da escravidão", in *Revista de História da Biblioteca Nacional*, ano 1, nº 4, out. 2005, p. 36–40.

DEL PRIORE, Mary (Org.). *História das mulheres no Brasil*. São Paulo: Contexto, 2006.

FONSECA, Claudia. "Ser mulher, mãe e pobre", in DEL PRIORE, Mary (Org.). *História das mulheres no Brasil*. São Paulo: Contexto, 2006.

FREUD, Sigmund. *Três ensaios sobre a teoria da sexualidade*. Rio de Janeiro: Imago, 1997.

FREIRE COSTA, Jurandir. "Da cor ao corpo: a violência do racismo", in *Violência e psicanálise*. Rio de Janeiro: Graal, 1984.

FUENTES, Carlos. *El espejo enterrado*. México: Aguilar, 1992.

FRIDAY, Nancy. *My Mother/My Self: the Daughter's Search for Identity*. Nova York: Delta, [1977] 1997.

GOMES COSTA, Suely. "Proteção social, maternidade transferida e lutas pela saúde reprodutiva", in *Revista de Estudos Feministas*, nº 2, 2002, p. 301–323.

IBGE. Instituto Brasileiro de Geografia e Estatística. *Perfil dos trabalhadores domésticos nas seis regiões metropolitanas investigadas pela Pesquisa Mensal de Emprego* (Recife, Salvador, Belo Horizonte, Rio de Janeiro, São Paulo e Porto Alegre). Brasília: Indicadores IBGE, 2006.

JONES, Ernest. "Mother-Right and the Sexual Ignorance of Savages", in *International Journal of Psycho-Analysis*, vol. VI, nº 2, 1925, p. 109–130.

____. "Introductory Memoir", in ABRAHAM, Karl. *Selected Papers on Psychoanalysis*. Nova York: Basic Books, 1953.

KANTOROWICZ, Ernst Hartwig. *Os dois corpos do rei: um estudo sobre teologia política medieval*. São Paulo: Companhia das Letras, [1957] 1998.

KNOX FALCI, Miridan. "Mulheres do sertão nordestino", in DEL PRIORE, Mary (Org.): *História das mulheres no Brasil*. São Paulo: Contexto, 2006.

KURTZ, Stanley N. *All the Mothers are One. Hindu India and the Cultural Reshaping of Psychoanalysis*. Nova York: Columbia University Press, 1992.

LEACH, Edmund. "Nascimento virgem", in DA MATTA, Roberto (Org.). *Edmund Leach*. São Paulo: Ática, [1966] 1983.

_____. "Virgin Birth", in *Man* (N.S.), nº 3, 1968, p. 655-656.

LAUDERDALE-GRAHAM, Sandra. *House and Street. The Domestic World of Servants and Masters in Nineteenth-Century Rio de Janeiro*. Austin: University of Texas Press, 1992.

MACEDO, Joaquim Manoel de. *As vítimas-algozes*. Rio de Janeiro: Typografia Americana, 1869.

MAGALHÃES, Elizabeth K. C.; GIACOMINI, Sonia Maria. "A escrava ama de leite: anjo ou demônio?", in BARROSO, C.; COSTA, A. O. (Orgs.). *Mulher, mulheres*. São Paulo: Cortez, Fundação Carlos Chagas, 1983. p. 73-88.

MALINOWSKI, Bronislaw. *Sexo e repressão na sociedade selvagem*. Petrópolis: Vozes, [1927] 1973.

_____. *A vida sexual dos selvagens do noroeste da Melanésia: descrição etnográfica do namoro, do casamento e da vida familiar entre os nativos das Ilhas Trobriand (Nova Guiné Britânica)*. Rio de Janeiro: Francisco Alves Editora, 1982.

MESSINGER CYPESS, Sandra. *La Malinche in Mexican Literature. From History to Myth*. Austin: University of Texas Press, 1991.

PAZ, Octavio. "Los hijos de la Malinche", in *El laberinto de la soledad*. México: Fondo de Cultura Económica, [1950] 1994. [Ed. Bras.: *O labirinto da solidão*. São Paulo: Cosacnaify, 2014].

PINTO VENÂNCIO, Renato. "Maternidade negada", in DEL PRIORE, Mary (Org.) *História das mulheres no Brasil*. São Paulo: Contexto, 2006.

RAGO, Margareth. "Trabalho feminino e sexualidade", in DEL PRIORE, Mary (Org.). *História das mulheres no Brasil*. São Paulo: Contexto, 2006.

RIBEIRO CARNEIRO, Maria Elizabeth. "Procuram-se amas de leite na historiografia da escravidão: da 'suavidade do leite preto' ao 'fardo' dos homens brancos", in *Tempo de Histórias*, ano 5, nº 5, 2001.

RODRIGUES, Nelson. *O óbvio ululante. Primeiras confissões*. São Paulo: Companhia das Letras, 1993.

ROSAS LAURO, Claudia. "Madre sólo hay una. Ilustración, maternidad y medicina em el Perú del siglo XVIII", in *Anuário de Estudios Americanos*, vol. 61, nº 1.

SANDRE-PEREIRA, Gilza. "Amamentação e sexualidade", in *Revista de Estudos Feministas*, vol. 11, nº 2, 2003, p. 467-491.

SARTRE, Jean Paul. "Préface", in *Les damnés de la terre*. Paris: Seuil, 1961.

SCHWARCZ, Lilia Moritz. *As barbas do imperador - D. Pedro II, um monarca nos trópicos*. São Paulo: Companhia das Letras, 1998.

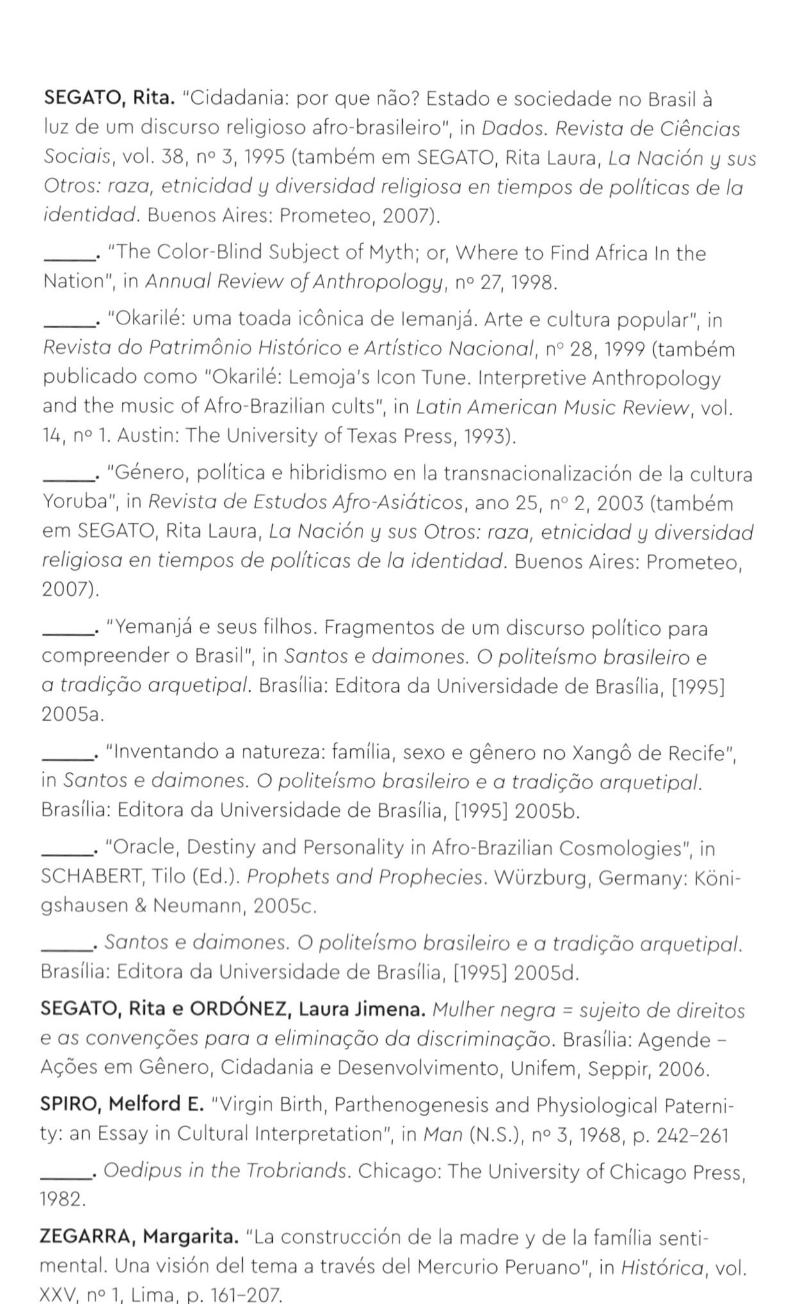

SEGATO, Rita. "Cidadania: por que não? Estado e sociedade no Brasil à luz de um discurso religioso afro-brasileiro", in *Dados. Revista de Ciências Sociais*, vol. 38, nº 3, 1995 (também em SEGATO, Rita Laura, *La Nación y sus Otros: raza, etnicidad y diversidad religiosa en tiempos de políticas de la identidad*. Buenos Aires: Prometeo, 2007).

_____. "The Color-Blind Subject of Myth; or, Where to Find Africa In the Nation", in *Annual Review of Anthropology*, nº 27, 1998.

_____. "Okarilé: uma toada icônica de Iemanjá. Arte e cultura popular", in *Revista do Patrimônio Histórico e Artístico Nacional*, nº 28, 1999 (também publicado como "Okarilé: Lemoja's Icon Tune. Interpretive Anthropology and the music of Afro-Brazilian cults", in *Latin American Music Review*, vol. 14, nº 1. Austin: The University of Texas Press, 1993).

_____. "Género, política e hibridismo en la transnacionalización de la cultura Yoruba", in *Revista de Estudos Afro-Asiáticos*, ano 25, nº 2, 2003 (também em SEGATO, Rita Laura, *La Nación y sus Otros: raza, etnicidad y diversidad religiosa en tiempos de políticas de la identidad*. Buenos Aires: Prometeo, 2007).

_____. "Yemanjá e seus filhos. Fragmentos de um discurso político para compreender o Brasil", in *Santos e daimones. O politeísmo brasileiro e a tradição arquetipal*. Brasília: Editora da Universidade de Brasília, [1995] 2005a.

_____. "Inventando a natureza: família, sexo e gênero no Xangô de Recife", in *Santos e daimones. O politeísmo brasileiro e a tradição arquetipal*. Brasília: Editora da Universidade de Brasília, [1995] 2005b.

_____. "Oracle, Destiny and Personality in Afro-Brazilian Cosmologies", in SCHABERT, Tilo (Ed.). *Prophets and Prophecies*. Würzburg, Germany: Königshausen & Neumann, 2005c.

_____. *Santos e daimones. O politeísmo brasileiro e a tradição arquetipal*. Brasília: Editora da Universidade de Brasília, [1995] 2005d.

SEGATO, Rita e ORDÓNEZ, Laura Jimena. *Mulher negra = sujeito de direitos e as convenções para a eliminação da discriminação*. Brasília: Agende – Ações em Gênero, Cidadania e Desenvolvimento, Unifem, Seppir, 2006.

SPIRO, Melford E. "Virgin Birth, Parthenogenesis and Physiological Paternity: an Essay in Cultural Interpretation", in *Man* (N.S.), nº 3, 1968, p. 242–261

_____. *Oedipus in the Trobriands*. Chicago: The University of Chicago Press, 1982.

ZEGARRA, Margarita. "La construcción de la madre y de la família sentimental. Una visión del tema a través del Mercurio Peruano", in *Histórica*, vol. XXV, nº 1, Lima, p. 161–207.

Os rios profundos da raça latino-americana: uma releitura da mestiçagem[1]

"Ao fim, quando compreendi,
optei pela minha mãe",
disse, em Tilcara, Gerónimo
(Grillo) Álvarez Prado.

A partir da queda do "socialismo realmente existente" e do ingresso no que alguns chamam, não sem propriedade e certa ironia, de "democracia realmente existente", o cenário da política nas nações de nosso continente tem-se orientado cada vez mais para as lutas por recursos e direitos – ou, mais exatamente, para a luta por direitos aos recursos – centradas na ideia de identidade. Essa tem sido a mudança fundamental da política desde a queda do muro de Berlim até o presente. A luta dos anos 1960 e 1970 "contra o sistema" transformou-se, a partir dos anos 1980, na muito menos gloriosa luta pela "inclusão no sistema" e por demandas para ampliar as possibilidades de sobrevivência dentro dele.

1. Agradeço a ajuda que recebi de Arivaldo Lima Alves, professor da Universidade Estadual da Bahia, e de Luís Ferreira Makl, professor do Instituto de Altos Estudos Sociais da Universidad Nacional de San Martín, no processo de composição deste artigo, e o dedico a Aníbal Quijano, com carinho e admiração.

Neste novo cenário, o debate no campo crítico divide-se em duas posições. Uma delas afirma que a promessa de inclusão constitui e reproduz uma falsa consciência, uma vez que as leis que regem o mercado – os cálculos de custo/benefício, o valor da produtividade e da competitividade e a tendência à acumulação e concentração da riqueza – só geram, inevitavelmente, uma exclusão cada vez mais progressiva e irreprimível. A outra, muito cara aos ativistas de direitos humanos, vê nas lutas pela inclusão uma expansão do âmbito democrático e percebe os direitos como uma ferramenta que impõe limites e um grau significativo de constrição ao poder econômico, além de abrir caminhos para a obtenção de parcelas de poder político.

Para este setor crítico, não se trata mais de reforma ou revolução, mas de reforma e revolução, ou seja, a reforma como um caminho para a mudança.

Essas duas posições podem ser verificadas, por exemplo, no grande debate nacional brasileiro em torno da política de cotas para estudantes negras e negros nas universidades, de cuja primeira e histórica proposta fui coautora em novembro de 1999. Esse debate foi compendiado em manifestos a favor e contra a política de reserva de vagas. O primeiro par de manifestos – pró e contra – foi entregue por representantes de seus respectivos signatários ao Congresso Nacional em 2006, e o segundo par, ao Supremo Tribunal Federal, em 2008.

Nos manifestos contrários a essa política é possível constatar duas posições, uma delas conservadora, a outra, do campo crítico. A primeira, inequivocamente reacionária, revela nitidamente a indecente vigilância das elites brancas e branqueadas brasileiras para impedir e francamente barrar a passagem das e dos excluídos pelo corredor de acesso às posições de controle da vida nacional que é a universidade pública; em outras palavras: tenta apenas manter o monopólio da universidade, com plena consciência de que ela é o corredor de acesso às profissões de prestígio e aos espaços em que se tomam as decisões sobre os destinos da nação.

Considerando que, no Brasil, a antropologia, desde a sua fase pré-disciplinar, tem sido o campo encarregado de formular as bases da ideologia da nação, ou seja, o braço armado das elites na tarefa de produzir a representação hegemônica e unitária da nação brasileira,[2] não surpreende que, com uma forte presença de antropólogos e antropólogas em sua formação, essa posição centralize sua crítica e teça suas reflexões em torno do caráter incerto da leitura racial em um ambiente como o brasileiro. A raça, para esse grupo, seria "criada", instituída, se mencionada na legislação. Não mencionada na legislação, sua realidade não seria contundente. Criar raça, legislando sobre ela, seria contraproducente porque dividiria e fragilizaria a unidade nacional.

Em contraste, o argumento da segunda posição contrária define-se como crítico e não conservador, e foi antecipado por mim em um texto publicado pela primeira vez em janeiro de 1998, muito antes de o debate sobre as cotas se estabelecer. Nesse texto dizia, com todas as letras, que "raça não é uma característica saliente e relevante dos dirigentes sindicais ou do Movimento de Trabalhadores Sem Terra", e que "inserir uma segmentação por raça nessas frentes populares não seria apenas espúrio, mas poderia ter consequências desastrosas", aludindo assim ao divisionismo racial como potencialmente fragilizador da união por trás de importantes causas insurgentes.[3] É justamente um argumento desse tipo, contrário à racialização não somente da nação, mas também das lutas populares, o que é esgrimido no contexto do debate sobre as cotas por alguns setores da esquerda brasileira, dispersos

2. Na Argentina, para exemplificar, a história é a disciplina que se constituiu como esse braço ideológico da nação, construindo sua representação hegemônica, seus "mitos".
3. R. Segato, "The Color-Blind Subject of Myth; or, Where to Find Africa in the Nation".

em diversos partidos e grupos políticos desse campo, entre eles, o Movimento Negro Socialista, que se constituiu como agrupamento político às vésperas da entrega ao Congresso Nacional do primeiro documento contrário à medida e cuja participação no movimento anticotas, por essa razão, poderia ser severamente questionada. Ao concluir, voltarei a esse argumento, simultaneamente crítico do capitalismo e contrário aos direitos baseados em uma ação afirmativa de fundamento racial.

Após essa breve introdução aos temas centrais do debate sobre inclusão, meu principal objetivo aqui é examinar as noções de identidade em que se centram as novas formas de política. Mostrarei as dificuldades que emergem diante da necessidade de falar de identidades tanto de base racial quanto de base étnica em nosso continente, defendendo, apesar dessa dificuldade, a necessidade de falar sobre raça.

Raça: o ponto cego do discurso latino-americano sobre a outridade

Ao afirmar a permanente condição autoritária do Estado brasileiro, Tiago Eli de Lima Passos mostra, em análise meticulosa e fundamentada e cotejo das práticas da assim chamada segurança pública com a perspectiva enviesada da narrativa historiográfica sobre o autoritarismo de Estado, a habitual falácia de restringir os períodos autoritários aos governos ditatoriais, basicamente o varguismo e a ditadura iniciada em 1964.[4] Visto pelos olhos das pessoas pobres não brancas, o Estado brasileiro, segundo nosso autor, sempre foi autoritário; sempre prevaleceram o estado de exceção ou regras excepcionais para o tratamento da população não branca.

4. T. E. de L. Passos, *Terror de Estado: urna crítica à perspectiva excepcionalista.*

Apesar de sabermos que a primeira *causa mortis* de jovens negros entre 18 e 25 anos é a "morte matada",[5] e que parte dessas mortes matadas ocorre pelas mãos da chamada "segurança pública", é difícil identificar essa categoria de não brancura nos laudos e registros policiais. Como exemplo, vale destacar a ausência de nominação, ou seja, o silêncio que pesa sobre a raça, mesmo em um campo em que a raça é fator determinante de vitimização e gera máxima vulnerabilidade.

Por ser o Brasil um dos países com os maiores índices de execuções extraoficiais e com altíssimo padrão de letalidade policial, o governo foi obrigado a receber, em 2007, a visita de um dos grandes nomes dos direitos humanos, Philip Alston, enviado da Organização das Nações Unidas (ONU) para observar esse tipo de excesso por parte dos agentes estatais no campo da segurança pública. É surpreendente constatar, no relatório das organizações locais do Rio de Janeiro incorporadas ao seu "Relatório do relator especial de execuções extrajudiciais, sumárias ou arbitrárias", que há uma única e casual – no sentido de não sistemática – referência à cor dos exterminados. De fato, não há, no relatório,[6] dados referentes à raça, e a única menção à cor das vítimas de letalidade policial – citando o laudo apresentado pelo médico legista Odoroilton Larocca Quinto, perito consultado pela Comissão de Direitos Humanos da Ordem dos Advogados do Brasil (OAB), Seccional do Rio de Janeiro, que analisou dezenove laudos cadavéricos do Instituto Médico Legal do estado do Rio de Janeiro – aparece da seguinte forma:

> Uma análise das fotos dos corpos das vítimas da megaoperação também é reveladora dos sinais de execução. A maior parte das vítimas foi atingida em órgãos vitais

5. M. Paixão; L. M. Carvano, *Relatório anual das desigualdades raciais no Brasil, 2007-2008.*
6. P. Alston, *Relatório do relator especial de execuções extrajudiciais, sumárias ou arbitrárias. Adendo. Missão ao Brasil.*

> como cabeça, tórax e nuca. As fotos também indicam que as vítimas, em sua maioria homens jovens e negros, morreram no local e que não deveriam ter sido removidas antes da chegada da perícia técnica.[7]

Essa, como eu disse, é a única menção à cor das vítimas em todo o relatório, apesar de o próprio observador da ONU reportar, no documento final de sua autoria, a generalizada "percepção de que operações policiais são planejadas com o propósito de matar pobres, negros e jovens do sexo masculino", o que, segundo afirma, "surpreende por ser corrente e geral".[8]

No capítulo "A cor do cárcere na América Latina", neste livro, procuro chamar a atenção para a dificuldade, justamente, de falar sobre a cor da prisão e afirmo que "A 'cor' dos cárceres é a da raça, não no sentido do pertencimento a um grupo étnico em particular, mas como marca de uma história de dominação colonial que continua até os dias de hoje".[9] Da mesma forma que relatei até aqui, constatei, perplexa, ao preparar aquele texto, que na América Latina são escassos os dados sobre o encarceramento de "não brancos". As poucas informações disponíveis, que coincidem em sugerir sua maior penalização e as piores condições de detenção, referem-se a indígenas de afiliação étnica identificável ou a pessoas provenientes de territórios negros (como no caso dos *palenques* colombianos). Mas os dados estritamente raciais são sempre imprecisos, baseados nas impressões dos observadores, uma vez que governos e instituições de pesquisa carecem de informações censitárias que considerem o parâmetro "raça", o que torna praticamente impossível encontrar dados sobre "a cor do cárcere".

7. "Relatório da sociedade civil para o relator especial das Nações Unidas para execuções sumárias, arbitrárias e extrajudiciais", p. 16.
8. P. Alston, op. cit., p. 17.
9. Capítulo "A cor do cárcere na América Latina", neste livro p. 287.

São essas circunstâncias – verdadeiros silêncios cognitivos, forclusão, hiato historiográfico e indiferença etnográfica – que, como proponho mostrar neste ensaio, permitem afirmar definitivamente que o continente tem dificuldade em falar da cor da pele e dos traços físicos de suas maiorias. Parece não haver discurso disponível para inscrever o que é, de fato, o traço majoritário da tez de nossas multidões. Porque não se trata de indígenas nas suas aldeias nem de pessoas negras nos territórios dos *palenques* e quilombos que resistem, mas do traço generalizado em nossas populações e, em algumas situações, de nós mesmos, pois, como já repeti muitas vezes, quando pisamos nas sedes imperiais, esse traço alcança a todos e todas nós, ainda que tenhamos quatro avós europeus.

O traço que aflora na mestiçagem das multidões é o matiz de algo tão genérico e geral como a não brancura: sem etnicidade, sem sociedade, sem "cultura" particular. É o traço da nossa história que aflora e aparece como um vínculo, como uma linhagem historicamente constituída escrita na pele, uma tonalidade que se adensa em algumas paisagens, como nas *villas*, favelas, *cantergriles* e *cayampas*[10] das margens urbanas e, caracteristicamente, na paisagem carcerária. E justamente porque a história colonial não se deteve em momento algum, é também um traço que nos tinge a todos: as pessoas que habitamos estas paisagens somos todas não brancas quando viajamos para o Norte imperial.[11]

Curiosamente, portanto, o tratamento dessa questão pela maioria das entidades e organizações que estudam a situação carcerária é prejudicada por uma compreensão muito limitada da noção de "raça". A carência de reflexão sobre essa

10. Nomes utilizados para designar bairros onde residem pessoas pobres nas grandes cidades da Argentina, Brasil, Uruguai e Chile, respectivamente. (N.T.)
11. E quando atravessamos a grande fronteira para residir nos Estados Unidos da América, as coisas se agravam: somos todas e todos convertidos em *chicanos*, abrigados nessa generalidade hispânica com baixíssima capacidade de falar sobre quem realmente somos por força das histórias particulares das quais viemos.

categoria na América Latina é nada menos do que um sintoma, uma cegueira sintomática, que se confirma nos poucos relatos disponíveis que tentaram, de alguma forma, falar sobre a cor das pessoas presas no subcontinente. É o caso do "Informe da missão internacional sobre direitos humanos e situação carcerária na Colômbia", de 2001, elaborado para o escritório colombiano do Alto Comissariado para os Direitos Humanos das Nações Unidas, e também do relatório "Sistema judicial e racismo contra afrodescendentes. Brasil, Colômbia, Peru e República Dominicana. Observações finais e recomendações", publicado em 2004 pelo Centro de Estudos da Justiça das Américas (Ceja).[12] Em ambos os documentos, é evidente que os autores e autoras não encontram o caminho para falar sobre a cor das prisões visitadas, a não ser com relação a indígenas, pessoas aldeadas em áreas rurais ou urbanas, ou seja, que integram uma cultura específica; de pessoas negras territorializadas ou, na melhor das hipóteses, de "afrodescendentes" no sentido vago de uma herança cultural africana, embora esta última categoria não resista a uma análise, pois se considerarmos o critério da afrodescendência no Brasil, por exemplo, não apenas 49% da população poderia ser considerada negra, mas um número muito maior e nunca menor do que 70% da população.[13]

Isso se deve ao fato de que a "cor" das prisões a que me referi naquele texto é um dado evanescente, que só pode ser definido como a marca no corpo da posição que se ocupou na história. Essa marca tem a capacidade de revelar e comunicar, ao olho treinado pela mesma história, uma origem familiar indígena ou africana, e constitui uma realidade que permanece sem resposta estatística precisa, mas que tem gerado algumas respostas testemunhais. Isso é assim porque, como sabemos,

12. Ceja, *Sistema judicial y racismo contra afrodescendientes. Brasil, Colombia, Perú y República Dominicana.*
13. Essa afirmação é confirmada pelo estudo de Sérgio Pena et al., "Retrato molecular do Brasil", utilizada pelos autores como peça estratégica para respaldar a política das e dos opositores às ações afirmativas de corte racial no Brasil.

pode haver uma prisão com 90% de população carcerária não branca sem que qualquer pessoa se considere membro de uma sociedade indígena ou faça parte de uma entidade política, religiosa ou de cultura popular autodeclarada afro-americana ou afrodescendente. Por outro lado, a racialização das pessoas encarceradas encontra-se tão naturalizada que as agências e os órgãos não percebem a necessidade de nomear esse fato ou de lhe atribuir categorias que permitam sua mensurabilidade e sua inscrição no discurso.

Todos os movimentos contra-hegemônicos mais importantes e convincentes do presente apontam, sem dúvida, nesta direção: a necessidade de desmascarar a persistência da colônia e lidar com o significado político da raça como princípio capaz de desestabilizar a estrutura profunda da colonialidade. Perceber a raça do continente, nomeá-la, é uma estratégia de luta essencial no caminho da descolonização. No entanto, falar de raça, em nosso continente e nessa perspectiva crítica, como surge do exemplo do ensaio "A cor do cárcere", revela-se muito difícil. Não me refiro à ideia de raça que domina no mecanismo classificatório norte-americano, mas à raça como marca dos povos espoliados e agora em reemergência; ou seja, raça como um traço que viaja, mutante, que, apesar de seu caráter impreciso, poderá servir de instrumento de ruptura com uma mestiçagem politicamente anódina e dissimuladamente etnocida, hoje em vias de desconstrução.

A mestiçagem etnocida vem sendo utilizada para suprimir memórias e apagar genealogias originárias, cujo valor estratégico para as elites se vê, a partir de agora, progressivamente invertido para encontrar no rosto mestiço, não branco, indícios da persistência e da possibilidade de reconexão com um passado latente, subliminar e pulsante, que se tentou apagar. Esse signo incerto que aflora no rosto genericamente não branco, no rosto mestiço, e que é diferente para cada um de nossos países, camaleônico, porque se afirma em diferentes formas quando cruzamos cada fronteira, é o que poderá nos guiar em direção à reconstituição de povos inteiros, à recuperação de velhos saberes e de soluções esquecidas, em um mundo em que nem a economia nem a justiça inventadas pela modernidade e administradas por um Estado sempre colonizador são mais viáveis. Essa "raça", que nada mais é do que um traço da história nos corpos e que habita as prisões do continente, mostra-se, por alguma razão, esquiva, escapa de ser nomeada, denominada, quantificada nas estatísticas, e só se revela, paradigmaticamente, nos relatos testemunhais sobre o encarceramento e a guetificação.

Isso se deve a uma censura, já que é a partir desse traço que poderão tomar forma e consistência os povos ocultos por séculos no Novo Mundo, os que quase perderam os fios da trama de sua história. Pablo Neruda já o dizia em seu *Canto geral*. Essa raça incerta, incapturável ... e nossa – de todas e todos, afinal, quando vistos a partir do Norte –, em sua realidade multiforme, será o lema capaz de reunir as e os deserdados do processo colonial, e é a marca legível de quem habita, majoritariamente, as prisões da América Latina. O cárcere, como alguns já disseram antes de mim, é a mais adequada alegoria do continente.

Devemos, então, refletir sobre por que é tão difícil falar de raça, nomeá-la e atribuir categoria ao que é evidente a olho nu, por exemplo, na população encarcerada do continente; assim como entender por que essa raça constituída de restos e ressentimentos, uma raça-índice e caminho, raça variável, imprecisa, não biológica nem mesmo capaz de reconstruir suas linhagens com qualquer grau de contundência, conta, até o momento, com tão pouca etnografia e menos ainda teoria por parte de nossa disciplina antropológica. Isso ocorre, por um lado, porque falar de raça toca a sensibilidade de vários atores entronizados: da esquerda tradicional e acadêmica, uma vez que implica dar carne e osso à matemática das classes, introduzindo cor, cultura, história própria não eurocêntrica e, em suma, diferença; toca a sensibilidade sociológica, porque os números sobre esse tema são escassos e muito difíceis de precisar com objetividade, devido às complexidades da classificação racial em nosso subcontinente; e toca, ainda, a sensibilidade das e dos operadores do direito e das forças da lei, porque sugere um racismo estatal. Por outro lado, falar de raça implica iniciar uma nova época nas propostas políticas, que deverão cuidar da reconexão de linhagens perdidas e da devolução da consciência histórica aos que dela foram expropriados e que hoje vivem uma espécie de orfandade genealógica.

Falei sobre o Brasil, iluminando minha preocupação central a partir do tema decisivo da segurança pública. Qual não seria a minha perplexidade ao perceber como é fácil demonstrar esse mesmo ponto usando como cobaia a mais inocente e bem intencionada das instituições argentinas: o Instituto Nacional contra a Discriminação, a Xenofobia e o Racismo (Inadi), criado na segunda metade dos anos 1990 justamente para se contrapor ao racismo argentino.

Percorrer, ao longo dos últimos dois anos, as páginas do observatório desse órgão público, e constatar o que reportarei a seguir, utilizando os dados atuais que dali constam, causou-me perplexidade.[14] De fato, se examinarmos com atenção as tabelas da complexa pesquisa que o Inadi publica como mapa da discriminação por região geográfica do país, descobriremos o mesmo tipo de "silêncio" sobre a raça das populações, nesse caso, da Argentina. Darei exemplos aqui a partir dos dados que encontrei, referentes à cidade de Buenos Aires.

Na tabela com parâmetros induzidos pela pergunta "Agora vou ler uma série de palavras e gostaria que as associasse com algo, com a primeira coisa que vier à sua mente", a lista de

14. Inadi, disponível em: <www.argentina.gob.ar/inadi>.

termos proposta é a seguinte: "imigrantes", "licença maternidade", "pessoa com deficiência", "aborígine", "aids", "drogadição", "delinquência", "homossexualidade", "*villero/a*", "obesidade", "judeu/judia", "ancião/anciã", "jovem", "muçulmano/a", "pobreza", "afrodescendente", "árabe", "indígena". A raça majoritária, mestiça, da província, autóctone do "outro" argentino, não é mencionada e evidentemente carece de nome. Embora a palavra "*villero/a*" esteja incluída, referindo-se ao tipo de domicílio precário em que pessoas pobres e recém-assentadas moram na cidade grande, as associações livres que esta palavra suscita nos indivíduos entrevistados não incluem ideias de raça, cor ou mestiçagem, como seria de se esperar: 36,3% das respostas referem-se a "pessoa pobre/humilde", e as outras respostas remetem a "quem mora em uma "*villa*", "limitado/a", "acomodado/a", "educação/ignorante". Apenas em "outros", que constitui a segunda maior incidência, com 35,8% das respostas, aparece uma menção à raça em meio ao seguinte conjunto e sem precisar as relativas porcentagens: "modo de vida/ reflexo das desigualdades/ discriminado/ negro/ delinquente/ roubo/ vulnerabilidade/ usuário de drogas/ qualidade de feio/ imagem ruim/ catador/ mate-os".[15]

Na sequência, sob o enunciado "Agora vou ler uma série de palavras...", em associação com "pobreza" aparece o termo "África" enunciado dentro do conjunto "outros", que corresponde a um total de 16,2% das respostas. Em "afrodescendente", a resposta majoritária é NS-NC (não sabe, não conhece), com 27,6%, enquanto "negros" aparece em 12,3% das respostas (depois de "África", com 16,6%), e "raça" aparece em escassas 4,5%. Novamente, em "outros", a segunda maioria, com 26,6% das respostas, há uma alusão a raça entre uma variedade de termos residuais que ali se agrupam: "negrinho lindo / como são bonitos". Nesse ponto, começamos a suspeitar

15. Acessado em 17 out. 2009.

que algo no desenho da bem-intencionada pesquisa a leva a contradizer as descobertas cotidianas do senso comum.

Ainda sob o enunciado "Agora vou ler uma série de palavras", em relação ao termo "indígena", 7,4% dos entrevistados mencionam "raça autóctone". Quando a pergunta é induzida com o comando "em que medida você considera que existem práticas discriminatórias na sociedade argentina?", com relação a "pessoas com deficiência", "mulheres", "minorias sexuais (gays, lésbicas)", "pessoas adultas mais velhas", "minorias religiosas", "pessoas com sobrepeso", "setores populares", "meninos e meninas", "jovens", "pessoas que vivem com HIV/aids", a opção "setores populares" obteve o primeiro lugar, com 88,4% das respostas (embora essa seja a única ficha cuja lista não está organizada por ordem de importância das frequências). No entanto, não há qualquer menção a raça associada a "setores populares".

Para a pergunta espontânea múltipla "Quais você acredita que sejam os grupos mais afetados pela discriminação no país e na cidade de Buenos Aires", as respostas obtidas indicam: "as/os imigrantes bolivianas/os" em primeiro lugar, com 62,3%; "os setores socioeconômicos desfavorecidos" em segundo lugar, com 45,4%; e, depois, "gays, lésbicas, travestis", "as/os imigrantes peruanas/os", "pessoas com deficiência", "as/os imigrantes paraguaias/os", "judeus e judias", "as/os imigrantes chineses/as", "as/os imigrantes chilenas/os", "pessoas adultas mais velhas", "as mulheres", "pessoas islâmicas", "outros imigrantes".

Diante das perguntas sobre "vivências e experiências em situações de discriminação", "Que tipos de discriminação sofreu ou observou?", são apontadas: "obesidade", 30,8%; "aparência física", 29,1%; "nacionalidade", 28,8%; "por classe social", 28,6%; seguido de "deficiência", "religião", "orientação sexual", "mulher", "por ser pessoa adulta mais velha", "por ser jovem", "por viver com HIV/aids", "por ser homem" e "outros". É possível pensar que "aparência física", mencionada em segundo lugar, e "por classe social", em quarto lugar, poderiam estar tacitamente vinculados à variável "raça" ou, mais exatamente, "não brancura", possibilidade nunca perguntada na pesquisa.

Apenas na modalidade de pergunta espontânea múltipla "Você poderia descrever a situação?" aparece a racialização, mas dependente e qualificada pela pobreza, representada pelo tipo de domicílio "*villero/a*", aludindo às "*villas* de emergência", enclaves urbanos de moradia precária na Argentina. Em outras palavras, somente quando se permite às pessoas relatar e se leva em consideração a linguagem das pessoas, ou seja, quando a pesquisa se aproxima um pouco mais do qualitativo etnográfico, somente nesse caso, a não brancura genérica é mencionada. Contudo, mesmo assim não há nome específico ou variável independente para a categoria que, até a década de 1970, chamávamos "*cabecita negra*". Isso significa que um perverso "politicamente correto" eliminou qualquer nome que pudesse dar coesão e *status* de existência à multidão argentina.

A força de um nome encontra-se ausente, e com essa ausência se apagam também as pistas que poderiam permitir a construção de um futuro coerente com o passado extraviado pela força da intervenção colonial, primeiro da metrópole ultramarina e, posteriormente, da metrópole republicana. Mas, mesmo assim, a experiência de ser discriminado ao ser "qualificado como negro *villero*" aparece mencionada apenas em quinto lugar, em 7,4% das respostas, depois de "por ser gordo", em primeiro lugar, com 18,1% das respostas; "por nacionalidade", com 12,8%; "pelo aspecto físico", com 9,9%; e "por nível socioeconômico", com 9,6% das respostas. Cabe questionar se há interfaces entre a percepção de nível socioeconômico e a raça não branca, ou se é possível supor essa interface a partir da referência à "aparência física".

Suspeita-se também de uma inconsistência entre o escasso 7,4% de respostas que registram a experiência de sofrer discriminação com a qualificação "negro *villero*" e a alta incidência, de 88,4%, da discriminação anteriormente relatada com relação aos "setores populares", certamente racializados em todos os países da América Latina, ou aos "setores socioeconômicos desfavorecidos", listados em segundo lugar, com 45,4% e somente depois dos imigrantes bolivianos, na pergunta espontânea referente aos grupos mais discriminados. É difícil encontrar coerência entre a escassa menção à discriminação por ser "negro *villero*" e a alta menção da discriminação em virtude da pobreza. Apenas uma dificuldade na formulação verbal da caracterização racial pode causar esse descompasso entre uma e outra resposta, e essa dificuldade precisa ser trabalhada e compreendida.

Por fim, quando, na página seguinte da apresentação em tela, a captura de dados é induzida por quem formulou a pesquisa, "negro *villero*" novamente sai de cena e, em vez disso, as e os entrevistadores voltam às categorias que dominam a indagação: "por ser mulher", "pela religião", "por deficiência", "por sobrepeso", "por obesidade", "por orientação sexual", "por viver com HIV/aids", "por nacionalidade", "por nível socioeconômico", "por ser jovem", "por ser pessoa idosa", "pela aparência física" e "por outras razões".

A partir das pesquisas minuciosas do Inadi surge, com mais contundência que nunca, a ausência de um nome para a massa geral, para a população argentina que não nasceu no exterior, que não necessariamente vive em bairros pobres e favelas, que não se considera indígena, que não é delinquente nem usuário/a de drogas: esse sujeito interiorano genérico que dirige táxis, limpa as ruas, é suboficial do exército, que faz biscate nos mercados, é peão de fazenda, caseiro, às vezes gerente, certamente garçom e empregada doméstica em nossas casas.

Foram os chamados "populismos" latino-americanos que forneceram a essas populações categorias de autorrepresentação e "reconhecimento" que implicaram predicados de conteúdo étnico e classista, resultado da associação entre raça, classe e partido político. Noções de povo coerentes com a história da América Latina foram ali forjadas, mas se mostraram frágeis para ultrapassar os períodos históricos marcados pela forte presença de caudilhos políticos e permanecer como categorias de representação coletiva com coesão e consistência.

Que raça é essa? Certamente uma raça que sofreu a maior das expropriações: o roubo de sua memória, o seccionamento de suas linhagens originais, interceptadas pela censura obrigatória da lembrança, por sua vez transformada em uma nebulosa pelo contrabando psíquico de uma narrativa da nação como uma fotografia em que uma personagem é recortada e aparece apenas como um espaço vazio na memória. Essa é uma dessas fotos em que nos esforçamos para ver nem que seja a sombra daquela personagem que uma mão interventora, possivelmente por algum rancor ou medo não revelado da verdade, expropriou de seu direito a estar presente na cena.

Porque a mestiçagem – crisol de raças, fábula das três raças, "cadinho" – impôs-se entre nós como etnocídio, como apagamento da memória do não branco por meio da força. Um autoritarismo em que os estados republicanos, tanto no campo da cultura como da segurança pública, impuseram uma clandestinidade de séculos aos canais subterrâneos do sangue originário, aos rios profundos da memória que a eles se vinculam. Por isso mesmo, também e inversamente, a mestiçagem poderia ser – e de certo modo tem sido sempre –, entre nós, outra coisa, muito mais interessante, vital e insurgente.

Falar dessa raça geral em busca de sua memória, de uma identidade e de um nome para seus antepassados, leva-nos em direção a outra compreensão da mestiçagem, não mais aquela produzida pela elite branca/branqueada e sempre colonizadora: *não a miscigenação etnocida, estratégia perfeita para a expropriação da linhagem que enterrou a memória de quem-se-é, de de-onde-se-veio, mas como um lançamento do ser do índio, do ser do negro, para o futuro nadando em sangue novo, alimentado por um insumo de outras estirpes ou movimentando-se em novos contextos sociais, com novas fertilizações de cultura, transitando pelas universidades, mas sem que se extravie o vetor de sua diferença e sua memória como tesouro da experiência acumulada no passado e projetada para o futuro*. A raça é, dessa forma, apesar das imprecisões de sua leitura, entendida como, nada mais nada menos, que o índice de um subjacente vetor histórico e pulsante de povo, como sujeito coletivo vivo e não mais um "objeto" resultante das operações classificatórias a que se refere a ideia de "etnicidade".

O corpo mestiço pode, assim, ser entendido como carta de navegação a contracorrente. Pois, como já disse Bonfil Batalla,[16] seu horizonte filosófico, ontológico e espiritual não é europeu, tampouco o é o nicho eco temporal, a paisagem histórica em que se arraiga e que o tinge com os tons da não brancura e seus significados. É a força dessa paisagem histórica a qual pertencemos que nos impregna, quando entramos na cena europeia, de uma não brancura, e nos transforma a todas em pessoas mestiças. *Porque o signo racial no corpo mestiço é nada mais nada menos que indício de que se esteve em uma determinada posição na história e de que se pertence a uma paisagem: signo corporal lido como traço*, vestígio e pegada de um papel que se tem desempenhado, de um enraizamento territorial e de um destino particular nos eventos que se sucederam nessa paisagem que é nosso solo geopolítico.

Como tal, esse rastro pode ser seguido a contrapelo do vendaval da história, como a ponta de um fio tênue para construir

16. G. Bonfil Batalla, *El México profundo, una civilización negada*.

uma sequência borrada pelo tempo, uma cadeia histórica que se perdeu. Buscam-se todos os indícios que possam testemunhar de onde o sujeito caminhou até o presente através dos eventos dessa história, que é quase o mesmo que falar sobre a paisagem da qual se é oriundo. Seu lugar no tempo, sua situação no mundo, a geografia que lhe é própria. É disso que fala a leitura racial das marcas de origem inscritas no corpo do sujeito a partir de eventos ocorridos em seu espaço-tempo. Dessa leitura dependerá sua inclusão ou exclusão no meio social em que se realiza a operação de racialização, como cálculo classificatório e hierárquico. Nesse sentido, raça é signo e, como tal, é necessário reconhecer sua realidade.

Raça e história, de outra forma

Aníbal Quijano é o autor por excelência desse esforço de ler a raça como emergência em um fluxo histórico. Em sua obra, a crítica ao eurocentrismo inerente ao materialismo histórico encontra seu fundamento e ponto de partida na demonstração de que a teoria marxista das classes sociais não pode se adequar à realidade latino-americana por ter sido formulada para a Europa e a partir da realidade europeia. Essa teoria das classes sociais, eurocêntrica e de baixa sensibilidade para o contexto social latino-americano, conduz a uma cegueira para a raça como um dos elementos mais determinantes da classificação e hierarquização social na América Latina. Como classe não "vê" raça, a teoria das classes sociais torna-se ineficaz para falar ao nosso continente.

Em um artigo de 1989, "A nova heterogeneidade estrutural da América Latina", Quijano já formulava sua crítica ao caráter eurocêntrico do conceito de classes sociais de natureza marxista, observando que, na América Latina, a heterogeneidade das relações de produção dá origem a formas diversas de sujeição ao poder que controla o capital e resulta em um complexo mosaico de classes, nem todas correspondentes a relações de produção de tipo plenamente capitalista:

> Produziu-se, sob pressão, principalmente, do materialismo histórico, um tipo de visão reducionista dessa sociedade que consistia em reduzir toda a estrutura de poder a relações de classe. Isso produziu dois resultados indesejáveis. Um, a invisibilidade sociológica de fenômenos como as etnias e a cor, embora extremamente presentes, o tempo todo, nas relações de exploração e de dominação. Outro foi buscar sempre classes pertencentes a padrões estruturais puros ou depurados, capitalismo ou feudalismo.[17]

Para esse autor, o problema que se origina nessa concepção das classes não é meramente a primazia dada à Europa em sua definição, mas que, como consequência dessa primazia, retiram-se as classes de sua realidade e variabilidade histórica concreta, e se impõe a elas uma perspectiva estruturalista.

Já no seu artigo "Colonialidade de poder e classificação social", Quijano avança nessa análise crítica e volta a tratar das razões que resultam na invisibilidade da raça nas análises sociológicas, mesmo quando as classificações étnicas e raciais são tão importantes na classificação da população e na atribuição de posições sociais na América Latina. Critica, nesse texto, o que qualifica como "cegueira absoluta" do próprio Marx ao escrever "depois de trezentos anos de história do capitalismo mundial eurocentrado e colonial/moderno" sem considerar, para a mesma Europa, "a coexistência e a associação, sob o capitalismo, de todas as formas de exploração/dominação do trabalho", o que o leva a ignorar que "no mundo do capitalismo não existiam somente as classes sociais de 'industriais', de um lado, e a de 'operários' ou 'proletários' do outro, mas também a de 'escravos', 'servos' e 'plebeus',

17. A. Quijano, "La nueva heterogeneidad estructural de América Latina", p. 46.

'camponeses livres'".[18] Sobretudo com relação à expansão colonial, também ignora Marx, segundo Quijano, "o fato de que as relações de dominação originadas na experiência colonial de 'europeus' ou 'brancos' e 'índios', 'negros', 'amarelos' e 'mestiços', implicavam profundas relações de poder que naquele período, por estarem tão estreitamente ligadas às formas de exploração do trabalho, pareciam 'naturalmente' associadas entre si".[19]

Também nesse texto Quijano afirma que no próprio Marx se encontram, por um lado, as raízes da compreensão estruturalista das classes sociais quando, em *O capital*, são definidas como relações sociais independentes da experiência subjetiva das pessoas e determinadas pela natureza da relação social. Por outro lado, entretanto, em *O 18 Brumário*, está presente a ideia de que "na sociedade francesa da época não existe apenas o salário, mas várias e diversas outras formas de exploração do trabalho, todas articuladas ao domínio do capital e em seu benefício". Com essa afirmação, que mostra um Marx inclinado a entender as classes não como posições em uma estrutura dada pelas determinações do sistema capitalista, mas como relações sujeitas a variações e historicamente produzidas, antecipa-se a diferenciação entre capital e capitalismo, muito relevante para compreender as "relações heterogêneas entre o capital e todas as demais formas de trabalho".[20] O capital permite ler unicamente as relações a partir da dualidade capital-salário, mas o capitalismo é um sistema que constela muitos outros tipos de relações de produção nem sempre mediadas pelo salário. É também importante perceber que a diversificação das relações de produção e a multiplicação do

18. A. Quijano, "Colonialidade do poder e classificação social", p. 91-92.
19. Idem.
20. O referido autor não deixa de notar que, ao final de sua vida e ao tomar conhecimento do debate dos populistas russos, Marx percebeu o caráter unilinear de sua perspectiva histórica e de seu eurocentrismo, mas "não chegou a dar o salto epistemológico correspondente", e a sistematização de seu pensamento pelo materialismo histórico não considerou suas últimas reflexões e optou por consolidar uma doutrina eurocêntrica (A. Quijano, "Colonialidad, poder, cultura y conocimiento en América Latina", p. 360).

trabalho não assalariado somente aumenta a cada crise do capitalismo e, muito especialmente, com a desindustrialização.

A crítica de Aníbal Quijano à teoria das classes é fundamental para tratar a cegueira que nos interessa apontar aqui. Essa crítica sugere que, em nosso ambiente subcontinental, é muito mais fértil pensar em classificação social a partir da perspectiva de poder colonial-capitalista e moderno, que racializa para expropriar trabalho de vários tipos, no qual a captura do valor produzido pelo trabalho realiza-se não apenas mediante a contraprestação de salário, mas também pela sujeição servil, pela apropriação escravista e pelas formas combinadas de salário e servidão derivadas do subassalariamento. Para Quijano, "a produção dessas novas identidades históricas não poderia ser explicada pela natureza das relações de produção que foram estabelecidas na América",[21] mas, em seu discurso teórico, essa relação se inverte e as novas identidades antecipam e definem as posições relativas no processo produtivo. Poder-se-ia acrescentar, no entanto, que a atribuição de não brancura é também instrumental para a diminuição do valor atribuído ao trabalho das pessoas racializadas e de seus produtos, ou seja, para sua subvalorização ou, em outros termos, para o incremento da mais-valia extraída de seu trabalho. Isso ocorre até os dias de hoje, nos mais diversos ambientes de produção, inclusive na acadêmica, e permite afirmar que a brancura opera como um "capital racial", e a propriedade desse "capital racial" agrega valor aos produtos, incluindo entre os exemplos possíveis, sem dúvida, a própria produção acadêmica.

Aníbal Quijano não cai, então, na emboscada das definições substantivas de raça, em termos de biologia, de cultura ou de sociedade, como, por exemplo, a noção de Atlântico Negro enunciada por Paul Gilroy, que atribui uma unidade cultural para a diáspora africana. Não se trata, para Quijano, nem

21. A. Quijano, "'Raza', 'etnia' y 'nación' en Mariátegui: cuestiones abiertas", p. 2.

de um povo, com referência a uma cultura comum, nem de uma população, no sentido levistraussiano de um agrupamento com um banco genético identificável, mas de uma espécie particular de classe que emerge no sistema classificatório imposto pelas malhas do poder e sua perspectiva a partir da experiência colonial. O autor reconhece a existência de diversas formas de etnicismo e xenofobia desde tempos remotos, mas distingue a "raça" no sentido moderno: formas de "etnicismo" – diz – têm sido, provavelmente, "um elemento frequente do colonialismo em todas as épocas", mas é só a modernidade originada colonialmente que inventa a "raça" com o conjunto de características e consequências para o controle da sociedade e da produção que aqui resenhei.[22]

Quijano percebe o silenciamento sobre a questão da raça não apenas no que diz respeito à teoria marxista das classes, mas também com relação à constituição das repúblicas do Novo Mundo: o olhar eurocentrista sobre a realidade social da América Latina levou a tentativas de construir "estados-nação" segundo a experiência europeia, como homogeneização "étnica" ou cultural de uma população limitada pelas fronteiras de um Estado. Isso levantou imediatamente o assim chamado "problema indígena" e, ainda que não nomeado, o "problema negro".[23]

É graças à formulação de uma definição desse tipo que podemos nos aproximar com maior lucidez da classificação social, não somente na fase de implantação das relações coloniais, como é o propósito de Quijano, mas também de todas as variações, nacionais, regionais e de época que o processo de racialização sofre a partir de então.

Examinei em meu livro *La Nación y sus Otros* essas variações, com as noções de "formações nacionais de alteridade"

22. Ibid., p. 3.
23. Ibid., p. 10.

e "alteridades históricas" localizadas, em oposição às "identidades políticas" que se globalizam. Apenas se compreendermos que a realidade a que chamamos raça resulta de uma seleção cognitiva de traços que passam a ser transformados em diacríticos para marcar grupos populacionais e atribuir-lhes um destino como parte da hierarquia social e, especialmente, nas relações de produção, poderemos dar conta do caráter maleável desse processo sempre instrumental ao poder no desenvolvimento de sua capacidade espoliadora. Portanto, entender quais são os signos que se selecionam, em cada contexto, para a definição da não europeidade, da não brancura, no sentido estrito de não poder, em uma relação precisa entre significante e significado, é a única forma de manter a raça aberta à história e retirá-la dos nativismos fundamentalistas, essencialistas e anti-históricos.

Não há soluções para a compreensão do fenômeno racial fora de uma perspectiva complexa e das relações de poder originadas no evento da constituição do sistema colonial moderno. Isso não significa dizer que a raça não aponta, como um índice, a um passado em que se foi povo, mas precisamente o contrário: afirmo que o que hoje se percebe como não brancura é sempre resultado da identificação de um traço que a leitura contemporânea dos corpos vincula aos povos vencidos, mesmo que seja apenas por habitar a mesma paisagem de sua outrora derrota bélica no processo da conquista da América – como no caso das pessoas latino-americanas de plena ascendência europeia quando ingressamos no contexto do Norte imperial. A raça, então, é um fenômeno cognitivo ou, como Quijano o chama, puramente "mental", mas constitui uma pista em direção a quem se foi e a quem, portanto, se é.

Essas apreciações levam à conclusão de que, ao contrário do que o mapa da discriminação do Inadi presume, as formas de discriminação baseadas na racialização não são do mesmo tipo nem se originam nas mesmas racionalidades de todas as formas de abuso discriminatório, mas antes são instrumentais no processo de acumulação e concentração do capital, irrefreável em nossos dias. No entanto, a indiferenciação na pesquisa examinada acima praticamente leva à invisibilidade, mais uma vez, do complexo sistema de classes na Argentina e de seu papel na exploração produtiva e na expropriação progressiva das classes subordinadas. Da mesma forma, no exemplo brasileiro, ao silenciar a raça das vítimas da letalidade policial, silencia-se a realidade do persistente genocídio dos povos a ela submetidos, a vigência permanente das leis de excepcionalidade e a dualidade do Estado, cujos agentes tratam de formas diferenciadas as pessoas brancas e branqueadas da sociedade nacional e as não brancas.

Porém, mais uma vez, em que consistem essa "brancura" e essa "não brancura"? Que raça é essa que opera como classe e organiza a espoliação? Ora, se em Quijano a raça se define como uma emergência histórica, isso quer dizer que ela é avessa a toda fixação biologicista e a toda possibilidade de essencialismo. Antes, funciona como uma miragem, uma emanação das relações de poder. É precisamente no seio da implantação da relação colonial que, para esse autor, se estabelecem as hierarquias raciais, só antecipadas pela erroneamente denominada "reconquista" espanhola – "puramente mítica" – e a racialização das pessoas judias e mouras na doutrina metropolitana da "limpeza de sangue", que associou a substância biológica "sangue" com afiliação religiosa. É nesse momento e dessa forma que se inventa, segundo Quijano,[24] a manobra de biologização da cultura que logo passou a chamar-se "raça".

Se realmente aceitamos que a raça não é uma realidade biológica nem uma categoria sociológica, mas uma leitura historicamente informada de uma multiplicidade de signos, em parte biológicos, em parte derivados das raízes dos sujeitos

24. Idem.

em paisagens atravessadas por uma história, devemos aceitar, inescapavelmente, a variabilidade da leitura racial, ou seja, o caráter variável dos traços que constituem a "raça" à medida que mudamos de contexto. E esse é um fenômeno nitidamente constatável. Portanto, se a invenção da "raça", como instrumento para biologizar culturas, ocorre nesse contexto da conquista do sul da península Ibérica e, mais tarde, dos territórios ultramarinos, por um conjunto de povos que, por obra desse mesmo gesto, se vão constituindo como "Espanha" e, depois, como "Europa", a racialização de contingentes humanos particulares não se fixa ali e continua móvel até hoje, através dos fluxos históricos.

Possivelmente, aqui se introduz uma diferença com relação à tese de Quijano que atribui uma data de nascimento às raças conhecidas: por um lado, a invenção do "índio" e do "negro" como os "outros" genéricos, objetos da dominação, e, por outro lado, a invenção do branco europeu genérico e dominador.[25] O regime colonial e racializador funda, assim, para esse autor, uma colonialidade permanente e até hoje definitiva das formas de exercício do poder, a reboque da qual são gerados o capitalismo e a modernidade, cujos centros vão funcionar na Europa, mas que são originários da conflagração entre os dois mundos.

Apesar de as "raças" coloniais genéricas se terem plasmado nesse momento inicial da colônia, em plena guerra de conquista, a colonialidade das relações de poder, em momento algum, deixa de ser plenamente histórica e, portanto, em constante processo de transformação. Quando o regime econômico escravista estava vigente, a raça não bastava para fixar as pessoas em sua posição no sistema, e era a legislação econômica que decretava quem permanecia sujeito à escravidão, quem se transformava em "liberto" e por quais meios permitia à

25. A. Quijano, "La modernidad, el capital y América Latina nacen el mismo día".

pessoa escravizada acumular poupança e se capitalizar para comprar sua alforria, sendo inclusive possível que, depois, se tornasse proprietária de imóveis e escravos, por mais raro que fosse.[26] Somente quando a legislação que regulava as relações escravistas foi abolida é que a ideia de raça se tornou independente, um cânone invisível e, inclusive, inominável, como venho afirmando. Foi, então, que a racialização atingiu a plenitude de sua autonomia como estrutura que dá forma à realidade das relações sociais e econômicas, como um roteiro que organiza as cenas a partir dos bastidores. Creio ser possível, por essa razão, identificar como homólogas, por um lado, a relação entre a fase da administração colonial, bélica em sua origem e logo legislada a partir da derrota e da condenação a trabalhos forçados dos povos conquistados, e a colonialidade que a partir daí se estabelece como uma ideologia estável; e, por outro lado, a relação entre a "raça" inventada e legislada naquela origem e as formações de racialidade – ou de alteridade[27] – como modalidades constantes e regionalmente atualizadas do racismo que as sucede. Em outras palavras: o regime colonial é a "colonialidade" persistente que ele estabelece, assim como o regime racial inicialmente colonial são as formas variáveis de racismo próprias da colonialidade.

Essa raça extralegal, como verdadeiro "costume" não legislado, torna-se, então, modulável e plenamente histórica, adapta-se como válvula sempre instrumental à acumulação e à concentração. Seu caráter agora difuso e inominável torna-se mais eficaz. A premissa de que o mundo deve ser necessariamente hierárquico e racializado (independentemente dos conteúdos concretos que a racialidade assume em cada caso)

26. Novos estudos históricos revelam esse aspecto do Brasil escravista. Ver, por exemplo, W. R. de Albuquerque, *O jogo da dissimulação. Abolição e cidadania negra no Brasil* e L. E. Castillo e L. N. Parés, "Marcelina da Silva e seu mundo: novos dados para uma historiografia do Candomblé Ketu", bem como o estudo pioneiro de J. J. Reis, *Rebelião escrava no Brasil. A historia do levante dos Malês em 1835.*

27. R. Segato, "Identidades políticas/alteridades históricas: una crítica a las certezas del pluralismo global".

opera, naturalizada, nos sistemas de autoridade e, como sabemos, por trás das instituições supostamente democráticas, no que agora chamamos de "racismo institucional", originando, como epifenômeno, a desigual distribuição de recursos e direitos. Nunca a subordinação foi tão exclusivamente racial como na modernidade avançada, quando a raça, transformada em fantasma, aciona o mundo por trás das regras e dos nomes.

O caráter permanentemente histórico da invenção da raça também faz com que aquilo que vemos como raça passível de dominação e exclusão mude ao cruzar fronteiras nacionais e em diferentes contextos regionais dentro das nações. Quijano coloca sua grande ênfase na emergência simultânea das figuras de discurso "Europa", "América", "Índio", "Branco", "Negro", que passam a existir a partir dessa verdadeira refundação do mundo como verdadeiros mitemas historiográficos. Contudo, Quijano não deixa de notar a historicidade permanente, a partir daí, das novas identidades e sujeitos coletivos originados na conflagração multitudinária erroneamente nomeada "descobrimento da América": "À medida que avançamos em direção ao período pós-independência, as formas de controle do trabalho e os nomes das categorias étnicas foram atualizadas", adverte, para imediatamente precisar que o racismo propriamente dito "foi em grande medida uma criação do século XIX, como uma maneira de sustentar culturalmente uma hierarquia econômica cujas garantias políticas se estavam enfraquecendo".[28]

É por isso que a fixação da raça a partir do que se conhece como políticas da identidade, da diferença ou do reconhecimento tem um lado perverso, apesar de seus momentos eficazes na demanda por direitos e recursos. Isso porque, embora certas formas de identidade sejam geradas *a posteriori* da consciência do sofrimento compartilhado e não a partir

28. A. Quijano e I. Wallerstein, "La americanidad como concepto, o América en el moderno sistema mundial", p. 585.

de uma experiência histórica ou de uma perspectiva cultural francamente comum, o congelamento das identidades plasma fundamentalismos, e os fundamentalismos são anti-históricos, nativistas, culturalistas, inevitavelmente conservadores por basearem-se na construção do que se supõe haver sido o passado cultural e sua transformação forçada em realidade permanente.

As identidades assim geradas e defendidas, portanto, mesmo quando eficazes até certo ponto, pressupõem a suspensão do processo histórico e das buscas por formas de convivência mais justas e felizes. As relações de gênero e intergeracionais percebidas e construídas como "tradicionais" são, em geral, os melhores exemplos de como a relatividade cultural que sustenta as identidades pode ser perniciosa, pois são os poderes internos dos grupos que sustentam a identidade aqueles que promovem a intocabilidade dos costumes, justamente para manter-se intocados. Uma perspectiva definida como *pluralismo histórico* e que propõe a devolução aos povos das rédeas de sua própria história delineia-se como uma proposta muito mais interessante que a plataforma mais conhecida do relativismo cultural, que, por definição, atribui às culturas um alto grau de inércia. *A perspectiva do "pluralismo histórico" não deixa de ser um tipo de relativismo, porém, em vez de colocar a cultura como referente de identidade fixo, inerte, imune ao tempo, coloca o projeto histórico de um povo como o vetor central da diferença.*

Nessa perspectiva que prefere pensar as identidades como móveis e instáveis, historicamente produzidas e transformadas, é possível entender por que a própria ideia de mestiçagem ganhou diferentes concepções e valores e se mostra tão maleável. Por um lado, na perspectiva das elites, a mestiçagem foi construída como um caminho em direção à brancura, homogeneizadora e, nesse sentido, etnocida, pois, apesar de construir-se como "utopia mestiça" capaz de unificar a nacionalidade como resultado de uma amálgama de sociedades, de fato produz o esquecimento de suas linhagens constitutivas. Nessa versão, sua bússola aponta para o Norte, para o "progresso", para a modernização de uma nação que, na mestiçagem, se desprenderá de uma parte de sua ancestralidade e abdicará de seu passado. No Brasil, a alegoria modernista da antropofagia, que por digestão dará origem a um povo novo, mestiço, misturado, esquece de dizer que é um organismo único o que processa todos os outros em sua digestão violenta, uma digestão unificadora. A mestiçagem, na versão das elites, é um caminho unitário da nação em direção ao seu branqueamento e modernização eurocêntrica.

A essa visão dominante desde as primeiras constituições republicanas, a perspectiva dos movimentos sociais baseados nas "políticas da identidade" tem respondido nas últimas décadas. O ativismo negro e o ativismo indígena passam, então, a condenar a mestiçagem como branqueamento, ou seja, estratégia de supressão das "minorias" políticas étnicas e raciais. O pardo, no Brasil, é decretado negro, e a mestiçagem, em vez de entremear vias de retorno e reconstrução de histórias perdidas, é unificada e reificada em uma identidade única e em um modelo único de construção da identidade. Na perspectiva que aqui proponho, delineia-se uma terceira e nova percepção da mestiçagem, profundamente atravessada e sacudida pelos projetos históricos latentes e agora emergentes em nossa realidade: a mestiçagem como bússola que aponta para o Sul. Um corpo mestiço em desconstrução, como um conjunto de chaves para sua localização na paisagem, que é geografia e história ao mesmo tempo.

Uma palavra sobre indígenas

Se as classificações e conformações identitárias a partir da ideia de raça parecem incertas em nosso subcontinente, pensamos que a noção antropológica de cultura nos ampara ao falar de etnicidade, pelo menos no caso indígena. No entanto, é hora de fazer algumas correções de rota nesse sentido. Acontece que, quando nos perguntamos "o que é um povo?", não encontramos, tampouco, resposta simples no universo americano. E a pergunta é essa, e não pode ser outra, não somente porque a noção de grupo étnico, baseada na ideia de repertórios culturais usados como fundamento de identidades, tanto por quem pesquisa quanto pelos próprios sujeitos considerados "étnicos", é uma noção classificatória, de orientação arquivista e, portanto, reificadora dos ditos repertórios, mas, e sobretudo, porque esse fundamento de identidade falha em alguns casos históricos concretos.

Para ilustrar essa ideia, usarei um relato de uma indígena Tapuia da Aldeia Carretão, estado de Goiás, nascida em 1952, a que já fiz referência no capítulo "O sexo e a norma: frente estatal-empresarial-midiática-cristã".[29] Recebi esse relatório no calor de uma reunião do nascente feminismo indígena brasileiro, que aconteceu em Tangará da Serra, estado de Mato Grosso, durante uma das oficinas realizadas em 2009 pela Coordenação de Mulheres da Fundação Nacional do Índio (Funai), para debater sobre a violência de gênero sofrida pelas mulheres indígenas e discutir os termos e a aplicabilidade à realidade indígena da Lei Maria da Penha contra a violência doméstica.

Quando indagada sobre sua pele clara, cabelos ondulados e aparência europeia, Ana Lino Tapuia, minha colega de quarto na pousada que ocupávamos, explicou que, ao visitar a sede do município de Rubiataba, no qual se localiza sua aldeia, ninguém coloca em dúvida sua filiação indígena. Em outras palavras, apesar de seus traços físicos, a leitura que recai sobre ela a classifica regionalmente como "índia", sem deixar margem para dúvidas. Ante minha perplexidade, explicou esse

29. Ver p. 121 deste livro.

fato como resultado da história de reconstrução de seu povo. Uma variante dessa história, explicou-me ela, ainda que não exatamente igual, já havia sido relatada por sua própria mãe, décadas antes, à antropóloga Rita Heloísa de Almeida Lazarin, que a registrou em tese e publicações.[30] Certamente, a história que recolhi em Tangará da Serra difere e complementa a história oficial do povo Tapuio, cuja síntese se difunde na importante página web de divulgação etnográfica do Instituto Socioambiental do Brasil (ISA).[31]

De acordo com o extraordinário relato de Ana Lino, o povo Tapuio, que havia sido um dos povos mais numerosos nos tempos da intrusão colonial, depois das guerras e massacres, chegou a sua quase extinção por uma série de epidemias que os atingiu como um golpe de misericórdia. Da sequência de infortúnios, restaram somente três mulheres vivas nas primeiras décadas do século XX, uma delas a bisavó de Ana Lino. Diante da iminência do fim do mundo a que pertenciam, as três colocaram em prática uma estratégia que lhes permitiu vencer a morte, pessoal e coletiva.

Essa estratégia consistiu em praticar conjunção carnal com todo forasteiro, de qualquer origem e cor, que atravessasse suas terras. Homens brancos, xavantes e negros foram igualmente abordados e convocados para a tarefa de procriar e, assim, reconstruir as bases demográficas que permitiram refazer o povo Tapuio, até que a garantia de sua continuidade e condição de ocupar o território que lhes fora concedido pela coroa portuguesa no fim do século XVII lhes desse descanso. Hoje, com cerca de trezentos membros, a comunidade está fora de perigo e continua a crescer, apesar da pobreza. Essa origem por convergência de sangues não deve ser considerada,

30. R. H. de A. Lazarin, *Relatório sobre os índios do Carretão*; *O aldeamento do Carretãoo: duas histórias* e *Aldeamento do Carretão segundo os seus herdeiros tapuios: conversas gravadas em 1980 e 1983*.
31. ISA, s.d.

entretanto, estranha, pois foi sempre por convergência de sangues que, nos tempos remotos, se formaram os povos de cuja substantividade não duvidamos.

O que gostaria de enfatizar dessa extraordinária história é que os eventos relatados implicaram a suspensão total e irrestrita de todos os parâmetros que hoje consideramos parte da ideia de cultura: regras de conjugalidade e parentesco, crenças com relação à vida e suas práticas reprodutivas, noções de identidade que colocam barreiras entre sociedades etc.

As três regeneradoras do mundo tapuio abjuraram estrategicamente de todos os conteúdos que servem de referência para o que conhecemos como etnicidade, e a identidade e identificações que dela derivam, e trabalharam estritamente a partir do que venho chamando projeto ou vetor histórico dos povos: um sentido de futuro, a partir da consciência de um passado. Isso, assim como a origem recomposta desse povo com material biológico resultante da confluência de aportes de outras sociedades, tampouco deve ser pensado como estranho, pois, como os etnógrafos e as etnógrafas frequentemente constataram em campo, a suspensão das regras foi sempre tão estatisticamente relevante na experiência humana quanto o seu cumprimento.[32] A consideração de casos-limite que colocam à prova a noção de povo, como esse, deve servir para perceber as falhas e deficiências das certezas relacionadas às noções de cultura e ao próprio relativismo cultural, tão útil como "lente de deslocamento" no momento de proceder à observação etnográfica, mas tão pobre ao abordar processos históricos de longa duração e, especialmente, contextos de crise e intervenção típicos da história profunda da colonialidade.

É por isso que me parece, em geral, mais fértil a perspectiva que chamei de "pluralismo histórico", como abordagem mais

32. R. Keesing, *Kin Groups and Social Structure*; L. Holy e M. Stuchlik, "Actions, Norms and Representations".

compreensiva e capaz de conter as relatividades da cultura e transbordá-las, quando necessário, para não perder de vista o único elemento que é insubstituível do ponto de vista dos povos: sua vontade de existir como sujeitos coletivos da história e permanecer sob o sol, caminhando pelo tempo. É possível aqui, novamente, recorrer ao autor que serve de referência para este ensaio e a sua crítica daquilo que denomina "a metafísica do macrossujeito histórico".[33] Ela aponta justamente para o fato de que o eurocentrismo próprio das relações de poder que ele chama de "colonialidade" resultou no predomínio do paradigma organicista de totalidade social, inclusive na própria teoria marxista. Em outras palavras, o evolucionismo que dominou tanto a teoria liberal quanto a marxista esteve associado, em ambas, ao "pressuposto de uma totalidade historicamente homogênea, embora a ordem articulada pelo colonialismo não o fosse". Portanto, adverte Quijano, "a parte colonizada não estava, no fundo, incluída nessa totalidade", ou seja, os povos não ocidentais foram incluídos nessa marcha histórica apenas como exterioridade, e o sentido e direção do curso histórico estava dado pela Europa. Essa "ordem hierárquica" da sociedade concebida como uma "estrutura fechada", com "relações funcionais entre as partes", pressupôs "uma lógica histórica única da totalidade" e levou a "conceber a sociedade como um macrossujeito histórico, dotado de uma racionalidade histórica, de uma legalidade que permitia prever o comportamento da totalidade e de cada parte e a direção e a finalidade de seu desenvolvimento no tempo",[34] dentro de uma lógica histórica única, "como *continuum* evolutivo do primitivo ao civilizado, do tradicional ao moderno, do selvagem ao racional, do pré-capitalismo ao capitalismo", com a Europa sempre assumindo o lugar de "espelho do futuro de todas as demais sociedades e culturas".[35]

33. A. Quijano, "Colonialidad y modernidad-racionalidad", p. 446.
34. Ibid., p. 445.
35. Ibid,. p. 446 e "Colonialidad, poder, cultura y conocimiento en América Latina".

Esse é precisamente o quadro, a miragem, a camisa de força gnoseológica que pretendo romper ao propor a categoria de "pluralismo histórico", com ânimo semelhante ao que no passado inspirou as e os antropólogos a propor a ideia de "relativismo cultural" como invenção capaz de devastar o monismo e unilateralismo da racionalidade ocidental. Infelizmente, o projeto político que fazia parte da noção de relativismo fracassou de duas formas, embora não sua dimensão puramente pragmática na produção de conhecimento, quando é usado estritamente como lente de deslocamento da perspectiva de quem observa. Seus dois fracassos estratégicos deveram-se ao fato de que, por um lado, nem sequer arranhou o senso comum evolucionista e desenvolvimentista eurocêntrico que domina o mundo e, por outro, passou a servir e sustentar políticas fundamentalistas e anti-históricas. É por isso que me parece agora que, para romper a metafísica mistificadora da Europa como macrossujeito histórico e da história como campo unificado e homogêneo, a noção também relativista de "pluralismo histórico" é mais eficiente e precisa.

Um ensaio contra a época: os sinais do mestiço na encruzilhada histórica

O signo que chamamos "raça", em sua imensa variabilidade e na variedade de seus códigos de leitura, tem, de acordo com o que disse anteriormente, valor de indício de posição. Essa posição remete a uma paisagem, e essa paisagem em que o sujeito se enraíza representa um *locus* na história: lugar de poder ou sujeição, de ancestrais derrotas ou vitórias. Ao tentar a reinterpretação que apresento do corpo mestiço como composição instável, simplesmente chamo a atenção para o problema da nação latina, o problema de todas e todos: a necessidade de sermos muitos, coalizões de gentes, cada uma em busca de seu projeto histórico abandonado por força da intervenção colonial. É necessário pensar-se a partir desse enraizamento, dessa "posição" indicada pelo traço lido como racial, para poder formular um projeto de existência futura. É por isso que a política da identidade, como programa global, com suas demandas no presente, baseadas na estereotipia das identidades, e sem percepção sobre o caráter móvel da história, suas paisagens e posições relativas e localizadas, não pode dar conta da profundidade e densidade da reconfiguração histórica que está à sua porta.

Em um par de ensaios muito antigos, "Dominação e cultura" e "Lo cholo e o conflito cultural no Peru", de 1969 e 1964 respectivamente,[36] posteriormente revisitados em "Colonialidade de poder, cultura e conhecimento na América Latina", Aníbal Quijano busca também na mestiçagem uma alternativa ao branqueamento, ou seja, vê a mestiçagem em oposição à identidade *criolla* – uma mestiçagem vinda de baixo, em oposição a uma mestiçagem vinda de cima. A subjetividade mestiça, "a *chola*/o *cholo*", é resultado da dissolução e homogeneização impostas à identidade indígena pela "longa história das relações entre colonialidade e resistência".[37] Essa "identidade social, cultural e política nova" significava, nas primeiras publicações do autor, a possibilidade de uma "reoriginalização" de uma subjetividade própria, peruana, em oposição ao "*criollo*-oligárquico" costeiro e ao "gamonal-andino", com grande "potencial de autonomia e originalidade cultural".[38] Longe das teses gilbertofreyrianas no Brasil, que afirmavam a positividade da captura – sequestro, estupro, apropriação, devoramento – das pessoas africanas e indígenas pela cobiça e luxúria portuguesas, Quijano falava da emergência de um sujeito unificador da nação a partir do indígena, um sujeito adaptado à modernidade, mas andinocêntrico e também autóctone. No entanto, como mais tarde reconheceria, seu prognóstico não se comprovou, e a potencial subjetividade política insurgente

36. A. Quijano, *Dominación y cultura. Lo cholo y el conflicto cultural en el Perú.*
37. A. Quijano, "Colonialidad, poder, cultura y conocimiento en América Latina", p. 128.
38. A. Quijano, "El fantasma del desarrollo en América Latina", p. 128.

do *cholo* foi perdida, capturada pelo projeto populista burguês, tecnocrático e autoritário do "velasquismo" peruano.

A ideia da fertilidade da mestiçagem para a reconfiguração de nossas realidades numa perspectiva crítica e radical retorna, no mundo andino, somente agora, e me oferece companhia no caminho que percorro neste ensaio. Em sua crítica ao que chama de "historicismo" da utopia mestiça como jornada evolutiva da nação rumo ao seu destino moderno, Javier Sanjinés propõe desestabilizar a reificação do "mestiço" como identidade consumada ou consumável e revelar o sonho desenvolvimentista inalcançável ao qual responde. Ao concluir seu extenso ensaio sobre o projeto mestiço boliviano, Sanjinés menciona e examina um enunciado político do líder katarista radical Felipe Quispe Huanca, o Mallku, citado ao afirmar em entrevista para a revista *Pulso* – no número de 13 a 19 de outubro de 2000 – que "é necessário indianizar os q'aras". Meses antes, relata Sanjinés, "o líder aymara havia afirmado que 'a mestiçagem me dá nojo'".[39] Para o autor que cito: "ao afirmar – mais tarde – que é preciso indianizar os q'aras e corrigir as injustiças cometidas contra as nacionalidades indígenas, Mallku põe a construção metafórica do nacional de cabeça para baixo" e põe em prática uma "pedagogia reversa", "que lê negativamente a construção da mestiçagem", decompondo-a.[40] Referindo-se ao ideólogo boliviano da nação mestiça Franz Tamayo, Mallku destaca:

> Tamayo tira nossas roupas e nos veste de mestiços. Temos vivido com roupas emprestadas desde então... Sabemos que essa roupa não nos pertence, embora muito insistam alguns em continuar usando gravatas, parecendo-se com porcos gordos. Por baixo, são índios e o seguirão sendo.[41]

39. J. Sanjinés, *El espejismo del mestizaje*, p. 183.
40. Ibid., p. 184.
41. Ibid., p. 185.

Na minha interpretação livre e generalizadora, o sujeito "branqueado" é, aqui, instado a despir-se e a aceitar suas raízes na paisagem a que pertence e nos ancestrais que dominam essa paisagem, desandando no caminho em direção ao Ocidente, que antes parecia inexorável. Ele também se decompõe ao reconhecer sua subjetividade como plural e conseguir se ver como sujeito atravessado por vários vetores históricos.

Isso significa que não bastam as políticas de identidade nem as políticas públicas que delas derivam, é necessário reoriginalizar-se de outra forma, retomar os fios de um painel histórico dilacerado, interrompido pela interferência, repressão, proibição, intrusão, intervenção, censura da memória e seu resultado: a longa e interminável clandestinidade dos povos do continente e das pessoas africanas que a eles se somaram nas múltiplas trincheiras de resistência ao poder colonial. Todas as pessoas marcadas pelo enraizamento nestas paisagens vagamos desorientadas desde então.

Para concluir, retomo a pergunta que deixei pendente no início: qual pode ser, então, o valor da luta por políticas de inclusão na vida universitária de estudantes negros e negras? Como já defendi anteriormente,[42] dois ganhos importantes derivam da luta pela inclusão educacional e transcendem em muito a política das identidades propriamente dita. O primeiro é o que, usando um termo clássico do ativismo, poderíamos chamar "agitação", visto que a mera menção à possibilidade de abrir as comportas do acesso ao ensino universitário provocou um debate apaixonado na sociedade, que imediatamente alcançou a mídia e a política, obrigando as elites a discutir o assunto até então silenciado do racismo brasileiro. O segundo avanço da proposta de inclusão foi a introdução de um sentido histórico, a consciência da capacidade de decisão que existe na sociedade para impulsionar o movimento de suas estruturas e desativar

42. R. Segato, "Cotas: por que reagimos?", "Raza es signo" e "Racismo, discriminación y acciones afirmativas: herramientas conceptuales".

suas práticas habituais para substituí-las por outras. Em outras palavras, é o que chamei de "fé histórica", isto é, a crença de que a história se encontra aberta, não decidida e exposta à vontade coletiva. Nas palavras de Aníbal Quijano, trata-se da convicção de que, "em sua transfiguração incessante", "a história é uma aposta, no mais pascalino dos sentidos".[43]

Bibliografia

ALBUQUERQUE, Wlamyra R. de. *O jogo da dissimulação. Abolição e cidadania negra no Brasil*. São Paulo: Companhia das Letras, 2009.

ALSTON, Philip. *Relatório do relator especial de execuções extrajudiciais, sumárias ou arbitrárias. Adendo. Missão ao Brasil*. Rio de Janeiro: Organização das Nações Unidas, 2008.

BONFIL BATALLA, Guillermo. *El México profundo, una civilización negada*. México, D.F.: Editorial Grijalbo, 1987.

CASTILLO, Lisa E. e PARES, Luis Nicolau. "Marcelina da Silva e seu mundo: novos dados para uma historiografia do Candomblé Ketu", in *Afro-Ásia*, nº 36, 2007.

CEJA. Centro de Estudios de Justicia de las Américas. *Sistema judicial y racismo contra afrodescendientes. Brasil, Colombia, Perú y República Dominicana*, 2004. Disponível em <https://biblioteca.cejamericas.org/handle/2015/656>.

HOLY, Ladislav e STUCHLIK, Milan. "Actions, Norms and Representations", in *Foundations of Anthropological Inquiry*. Cambridge: Cambridge Studies in Social Anthropology-Cambridge University Press, 1983.

ISA. Instituto Socioambiental. *Povos indígenas no Brasil*. s.d. Disponível em: <https://pib.socioambiental.org/pt/Povo:Tapuio>. Acesso em: 10 jul. 2021.

KEESING, Roger. *Kin groups and social structure*. Nova York: Holt, Rinehart e Winston, 1975.

LAZARIN, Rita Heloísa de Almeida. *Relatório sobre os índios do Carretão*. Brasília: UnB, 1980.

_____. *O aldeamento do Carretãoo: duas histórias*. Dissertação de mestrado, Departamento de Antropologia, Brasília, UnB, 1985.

_____. *Aldeamento do Carretão segundo os seus herdeiros tapuios: conversas gravadas em 1980 e 1983*. Brasília: Funai/Dedoc, 2003.

43. A. Quijano, "La tensión del pensamiento latinoamericano", p. 110.

PAIXAO, Marcelo; CARVANO, Luiz Marcelo. *Relatório anual das desigualdades raciais no Brasil, 2007-2008*. Rio de Janeiro: Garamont, 2008.

PASSOS, Tiago Eli de Lima. *Terror de Estado: urna crítica à perspectiva excepcionalista*. Dissertação de mestrado, departamento de Antropologia, Brasília, UnB, 2008.

PENA, Sérgio D. J. et al. "Retrato molecular do Brasil", in *Ciência Hoje*, vol. 27, nº 159, 2000.

QUIJANO, Aníbal. *Dominación y cultura. Lo cholo y el conflicto cultural en el Perú*. Lima: Mosca Azul Editores, 1980.

_____. "La tensión del pensamiento latinoamericano", in *Hueso Húmero*, nº 22, jul. 1987.

_____. "La nueva heterogeneidad estructural de América Latina", in SONNTAG, Heinz R. (Ed.) *¿Nuevos temas, nuevos contenidos? Las ciencias sociales de América Latina y el Caribe ante el nuevo siglo*. Caracas: Nueva Sociedad: Unesco, 1989.

_____. "La modernidad, el capital y América Latina nacen el mismo día", in *ILLA. Revista del Centro de Educación y Cultura*, nº 10, jan. 1991. Entrevista de Nora Velarde, Lima.

_____. "Colonialidad y modernidad-racionalidad", in BONILLA, Heraclito (Comp.). *Los conquistados: 1492 y la población indígena de las Américas*. Quito: Tercer Mundo, Libri Mundi, Flacso-Ecuador, 1992.

_____. "'Raza', 'etnia' y 'nación' en Mariátegui: cuestiones abiertas", in FORGUES, Roland (Ed.). *Jose Carlos Mariátegui y Europa: la otra cara del descubrimiento*. Lima: Amauta, 1993.

_____. "Colonialidad, poder, cultura y conocimiento en América Latina", in MIGNOLO, Walter (Comp.). *Capitalismo y geopolitica del conocimiento. El eurocentrismo y la filosofía de la liberación en el debate intelectual contemporáneo*. Buenos Aires: Ediciones del Signo, 2000a.

_____. "El fantasma del desarrollo en América Latina", in *Revista Venezolana de Economía y Ciencias Sociales*, vol. 6, nº 2, mai.-ago. 2000b.

_____. "Colonialidade do poder e classificação social", in SANTOS, Boaventura Sousa; MENESES, Maria Paula (Orgs.). *Epistemologias do Sul*. Coimbra: Edições Almedina, 2009.

_____ **e WALLERSTEIN, Immanuel.** "La americanidad como concepto, o América en el moderno sistema mundial", in *Revista Internacional de Ciencias Sociales. América: 1492-1992*, nº 134, dez. 1992.

REIS, João José. *Rebelião escrava no Brasil. A história do levante dos Malês em 1835*. São Paulo: Companhia das Letras, [1986] 2003.

Relatório da sociedade civil para o relator especial das Nações Unidas para execuções sumárias, arbitrárias e extrajudiciais, 2007. Disponível em:

<http://www.dhnet.org.br/abc/onu/relatores_brasil.htm>. Acesso em: 10 jul. 2021.

SANJINÉS, Javier. *El espejismo del mestizaje*. La Paz: Fundación PIE B, Ifea, Embaixada da França, 2005.

SEGATO, Rita. "The Color-Blind Subject of Myth; or, Where to Find Africa in the Nation", in *Annual Review of Anthropology*, nº 27, 1998. [Em espanhol: "La monocromía del mito, o dónde encontrar África en la Nación", in *La Nación y sus Otros: raza, etnicidad y diversidad religiosa en tiempos de políticas de la identidad*. Buenos Aires: Prometeo.]

_____. "Cotas: por que reagimos?", in CARVALHO, José Jorge e SEGATO, Rita. "Una proposta de cotas para estudantes negros na Universidade de Brasília", *Série Antropologia*, nº 314, 2002.

_____. "Identidades políticas/alteridades históricas: una crítica a las certezas del pluralismo global", in *La Nación y sus Otros: raza, etnicidad y diversidad religiosa en tiempos de políticas de la identidad*. Buenos Aires: Prometeo, 2007a.

_____. "Raza es signo", in *La Nación y sus Otros: raza, etnicidad y diversidad religiosa en tiempos de políticas de la identidad*. Buenos Aires: Prometeo, 2007b.

_____. "Racismo, discriminación y acciones afirmativas: herramientas conceptuales", in ANSIÓN, Juan e TUBINO, Fidel (Eds.). *Educar en ciudadania intercultural*. Lima: Pontificia Universidad Católica del Peru, 2007c.

A cor do cárcere na América Latina

Notas sobre a colonialidade da justiça em um continente em desconstrução[1]

As poucas informações disponíveis confirmam a seletividade dos sistemas penais e penitenciários latino-americanos, que castigam e discriminam a população não branca. A "cor" dos cárceres é a da raça, não no sentido do pertencimento a um grupo étnico em particular, mas como marca de uma história de dominação colonial que continua até os dias de hoje. Este artigo argumenta que, se as nações latino-americanas mantêm em seu interior a estrutura colonial – e seu correlato, a ordem racial –, não poderão construir um Estado plenamente democrático, tampouco um discurso jurídico-penal que não seja utópico e irrealizável.

1. Laura Jimena Ordóñez Vargas e Mario Rufer acompanharam-me ao longo de toda reflexão e consulta de dados e fontes para a elaboração deste trabalho. Agradeço também a Rodolfo Brardinelli, da Universidade Nacional de Quilmes; a Natalia Belmont e Silvina Ramírez, do Instituto de Estudos Comparados em Ciências Penais e Sociais, de Mar del Plata; a Julita Lemgruber, do Centro de Estudos de Segurança e Cidadania do Rio de Janeiro; a Claudia Cesaroni, da Secretaria Nacional de Direitos Humanos da Argentina; a Ana Calafat, do Observatório Temático de Condições de Detenção em Instituições de Confinamento de General Roca; a Raquel Yrigoyen Fajardo, da Rede Latino-Americana de Antropologia Jurídica de Lima; e a Morita Carrasco, do Centro de Estudos Legais e Sociais, pela pronta resposta a todas as perguntas que lhes fiz.

Vinheta

É das palavras de um médico que retiro a vinheta deste texto. James Gilligan abre as páginas do livro em que reuniu 25 anos de reflexão como psiquiatra forense de uma prisão estadunidense com a imagem de três personagens que formam parte da galeria ancestral do autor: um homem, uma mulher e uma menina, lentamente abrindo caminho através de uma planície imensa e contínua entre Nebraska e Dakota, conhecida, "por alguma boa razão", como *Badlands* (Terra má). O homem é um caçador de peles do Canadá francês; a mulher, uma índia de uma das tribos com quem comerciava; e a menina, a filha de 14 anos que tinham e que, a partir de então, seria chamada não por seu nome, mas simplesmente por *Halfbreed* (A Mestiça). Trata-se da cena de abertura de uma história trágica e violenta, tal como o autor "a viu com os olhos de sua imaginação, quando, ainda criança, acidentalmente ouviu pessoas adultas conversando depois do jantar, em frente de casa, sobre acontecimentos que consideravam inadequados para as crianças ouvirem", ainda que pertencentes a um passado distante. Filho de várias gerações naquele lugar e dedicado a tentar compreender uma violência que considera uma "epidemia nacional", Gilligan começa por reconhecer-se como parte dessa história:

> Meu pai estava preso em um ciclo de gerações de violência que se desenvolvia em nossa família, do mesmo modo como, de fato, se manifestara na própria terra em que habitávamos, uma terra comprada com o sangue das pessoas indígenas que havíamos desalojado. A violência em minha família era somente uma versão reduzida da violência que se inscrevera em toda a paisagem da história americana. É por isso que penso que o microcosmo de qualquer violência familiar só pode ser inteiramente entendido quando visto como parte do macrocosmo, da cultura e da história da violência [...]. Nenhuma família

> americana pode passar imune aos dilemas morais e trágicos que atravessam, como um fio manchado de sangue, toda a trama de nossa herança nacional e, na verdade, da herança da humanidade.[2]

No horizonte da nossa consciência, da consciência de nós que habitamos a paisagem americana, do Sul e do Norte, encontra-se a marca, o vestígio e a herança dessa matança e dessa rapina inaugural, assim como a da escravização de pessoas negras nesse mesmo ambiente. Pretendo observar, neste texto, de forma modesta e, sobretudo, programática, que a criminologia crítica em nosso continente, como já havia antecipado Eugenio Raúl Zaffaroni em seu livro *Em busca das penas perdidas*, não pode ser formulada senão dentro de um conceito de colonialidade que leve em conta essa paisagem fundacional em que ingressamos ao nos estabelecermos no Novo Mundo, sejam quais forem os navios que nos trouxeram até aqui.

(In)justiça e história

Inscrevo este argumento na obra, ainda pequena, daqueles e daquelas pensadoras que entendem as páginas do terror de Estado no continente como uma história única, antiga e contínua, na qual o encarceramento seletivo, a tortura na prisão e as execuções policiais da atualidade, bem como as ditaduras do passado recente, formam parte da sequência iniciada pelo extermínio e expropriação fundadores da colonialidade continental.

Também dentro dessa concepção da história como uma trama contínua, considero a tortura nas prisões, a violência policial e a parcialidade da justiça de hoje como formas não menos típicas do terror de Estado do que aquelas exercidas por governos

2. J. Gilligan, *Violence. Reflections on a National Epidemic*, p. 15-16.

autoritários das décadas anteriores. Ambas fazem parte da sequência que se inicia com os genocídios perpetrados por agentes das metrópoles coloniais e dos estados nacionais. No entanto, essa unidade é pouco óbvia para o senso comum em geral e tem sido escassamente destacada pelos meios de comunicação. Isso porque, como se sabe, enquanto as ditaduras se concentraram principalmente nos setores das elites[3] – que queriam, precisamente, falar em nome das e dos despossuídos –, os métodos de agentes de segurança do Estado dirigem-se hoje contra quem carrega as marcas da derrota no processo fundante da conquista da África e da América, isto é, as pessoas racializadas pela dominação colonial. Essa continuidade entre a redução à servidão e à escravidão do passado e as prisões do presente – continuidade que a insurgência dos anos 1970 não conseguiu fraturar – torna possível a percepção naturalizada do sofrimento e da morte da população não branca, algo que aparece quase como um costume nas sociedades do Novo Mundo.[4]

O Estado que hoje exerce o terror contra os e as despossuídas é o herdeiro legal e patrimonial dos estados metropolitanos que instauraram a colônia por meio da conquista e assentaram as bases para que seus sucessores, os estados nacionais controlados por elites *criollas* brancas ou embranquecidas, continuassem garantindo o processo de expropriação das posses e do trabalho dos povos não brancos. Todos os movimentos contra-hegemônicos mais importantes e convincentes

3. Em todo caso, entre as pessoas argentinas desaparecidas, 30% eram oriundas da classe operária, segundo dados da Comissão Nacional sobre o Desaparecimento de Pessoas (Conadep).
4. Considero que Osvaldo Bayer é um autor paradigmático no tocante à ideia da continuidade histórica em um tempo único colonial-nacional-repressivo-policial (ver, por exemplo, O. Bayer, *Historia de la crueldad argentina*). Também identifico esse desejo de revelar continuidades no livro de R. Rodríguez Molas, *Historia de la tortura y el orden represivo en la Argentina*, sobre a história da ordem repressiva na Argentina, no qual a superposição de cenas históricas de violências perpetradas pelo poder nos deixa com a impressão de ter contemplado uma série de transparências sobrepostas nas quais um motivo único se desloca através da história. Ver também uma magnífica análise do fundamento racista do Direito Penal brasileiro em E. C. Piza Duarte, *Criminología & racismo*.

do presente apontam, sem dúvida, nesta direção: desmascarar a persistência da colônia e enfrentar o significado político da raça como princípio capaz de desestabilizar a estrutura profunda da colonialidade.

Perceber a raça do continente, nomeá-la, é uma estratégia de luta essencial no caminho decolonial. É por isso que falar sobre raça, em nosso continente e dentro dessa perspectiva crítica, é tão difícil. Não me refiro à ideia de raça que domina o mecanicismo classificatório norte-americano, mas à raça como uma marca de povos despojados e agora em reemergência; ou seja, raça como instrumento de ruptura de uma mestiçagem politicamente anódina em vias de desconstrução, como indício da persistência e da memória de um passado que também poderá nos guiar para a recuperação de velhos saberes, de soluções esquecidas, em um mundo em que a economia e a justiça já não são viáveis. Essa raça, que é precisamente a que habita as prisões do continente, deve ser nomeada, denominada nas estatísticas e nos relatos testemunhais sobre o encarceramento. É a partir dela que tomarão forma e consistência os povos ocultados durante séculos no Novo Mundo, que quase perderam os fios da trama de sua história. *Sem aceitar que são os sujeitos deserdados do processo colonial, com sua marca legível, os que habitam majoritariamente as prisões da América Latina, não se pode fazer nem criminologia crítica nem sociologia do castigo.*

Devemos também refletir sobre por que é tão difícil falar de raça, nomeá-la e perceber o que é evidente e simples à primeira vista na população encarcerada do continente. Essa dificuldade deriva, em primeiro lugar, do fato de a criminologia crítica ter sido inicialmente concebida e formulada na Europa: embora lá o fenômeno da pobreza tivesse uma marca, não era, no momento de suas formulações teóricas iniciais, uma marca colonial.

O segundo problema no tocante à raça é que a cor do cárcere fala de uma guerra para a qual nós – autoras e autores, quem de fato nomeia – estamos chegando tarde. Além disso, tentar enunciar o que se vê ao entrar em uma prisão, fazer referência à cara da população encarcerada, não é fácil, porque toca a sensibilidade de vários atores entronizados: a da esquerda tradicional e acadêmica, já que implica dar carne e osso à matemática das classes, introduzindo cor, cultura, etnicidade e, em suma, diferença; toca a sensibilidade sociológica, porque os números sobre esse tema são escassos e muito difíceis de precisar com objetividade devido às complexidades da classificação racial; e toca ainda a sensibilidade de quem opera o Direito e as forças da lei, porque sugere um racismo estatal. Isso dificulta a construção de um argumento crítico criminológico a partir de uma perspectiva latino-americana que seja capaz de colocar, de forma convincente, em seu centro, a estrutura da colonialidade e sua repercussão no encarceramento.

A seletividade da justiça

A criminologia crítica tem chamado a atenção para alguns temas que fundamentam o presente argumento, como, por exemplo, quando atribui o crime a uma "qualidade ontológica de determinados comportamentos e de determinados indivíduos". Critica, desse modo, o:

> [...] *status* atribuído a determinados indivíduos, mediante uma dupla seleção: em primeiro lugar, a seleção dos bens protegidos penalmente, e dos comportamentos ofensivos destes bens, descritos nos tipos penais; em segundo lugar, a seleção dos indivíduos estigmatizados entre todos os indivíduos que realizam infrações a normas penalmente sancionadas.[5]

5. A. Baratta, *Criminologia crítica e crítica do Direito Penal: introdução à sociologia do Direito Penal*, p. 161.

Para Alessandro Baratta, o crime, enquanto "*bem negativo*", é "distribuído desigualmente conforme a hierarquia dos interesses fixada no sistema socioeconômico e conforme a desigualdade social entre os indivíduos".[6] Trata-se de um círculo vicioso entre o estigma originário, que atrai a criminalização, e o estigma incrementado por esta; uma dupla estigmatização, moral e jurídica.

Zaffaroni desmascara a seletividade da justiça em relação aos "setores carentes e os dissidentes incômodos".[7] De forma irrefutável, o autor critica o sistema penal e qualifica o discurso jurídico-penal como utópico e irrealizável.[8]

> Se todos os furtos, todos os adultérios, todos os abortos, todas as defraudações, todas as falsidades, todos os subornos, todas as lesões, todas as ameaças etc. fossem concretamente criminalizados, praticamente não haveria habitante que não fosse, por diversas vezes, criminalizado. [...] Diante da absurda suposição – não desejada por ninguém – de criminalizar reiteradamente toda a população, torna-se óbvio que o sistema penal está *estruturalmente* montado para que a legalidade processual não opere e, sim, para que exerça seu poder com altíssimo grau de arbitrariedade seletiva dirigida, naturalmente, aos setores vulneráveis.[9]

Estamos, portanto, diante de um Estado infrator em seus próprios termos, que não cumpre sua obrigação de aplicar a lei de forma igual para todos os delitos e todas as pessoas (físicas ou

6. Idem.
7. E. R. Zaffaroni, *Em busca das penas perdidas. A perda de legitimidade do sistema penal*, p. 24.
8. Ibid., p. 19.
9. Ibid., p. 26-27. Um dos pontos cegos da seletividade é o dos crimes contra os sistemas financeiros dos países, perpetrados por pessoas pertencentes às elites. Isso foi demonstrado no Brasil por E. W. V. de Castilho, *O controle penal nos crimes contra o sistema financeiro nacional*. Nesse estudo, o Banco Central aparece como o responsável pelo filtro das condutas tipificáveis.

jurídicas).[10] Além de infrator, esse Estado também é devedor. Sua insolvência é geral não somente para enquadrar todos os crimes, mas também, quando enquadra e condena, para cumprir as leis relativas à alimentação, à saúde, à reabilitação e aos limites da superlotação carcerária. Tampouco é solvente para honrar os compromissos assumidos perante as Nações Unidas em matéria de promoção dos direitos econômicos, sociais e culturais das populações sob sua responsabilidade.

Este é o momento, portanto, de fazer uma breve digressão no argumento e desbaratar um dos estereótipos mais sólidos que temos sobre o sistema punitivo no Islã, lembrando aqui o que Abdullahi Ahmed An-Na'im apontou em sua busca para desenvolver um discurso de direitos humanos a partir de uma perspectiva islâmica: "A lei do Alcorão exige que o Estado cumpra sua obrigação de assegurar a justiça social e econômica e garantir um padrão de vida decente para seus cidadãos e suas cidadãs antes de aplicar punições (a quem infringe a lei)".[11] Quando esse princípio, tão bem expresso pela lei corânica, não é cumprido, o resultado é um Estado impune. Nessa perspectiva, teríamos que rever o uso do epíteto "devedor", normalmente aplicado a infratoras e infratores, e refazer as contas. Isso pode levar a outra distribuição dos termos devedor-credor, usados para separar e qualificar o sujeito infrator e a sociedade (representada pelo Estado e suas instituições).

Loïc Wacquant, possivelmente o mais eloquente teórico da seletividade da justiça nos países centrais, denuncia a invenção estadunidense do encarceramento como a "solução" do problema social e sua exportação para a Europa mediante

10. Enquanto escrevia este texto, a mídia brasileira divulgou uma investigação do Instituto Latino-Americano das Nações Unidas para a Prevenção do Crime e Tratamento do Delinquente (Ilanud). Com dados dos órgãos de segurança dos estados do Rio de Janeiro e São Paulo para o período de 1984 a 2002, o estudo concluiu que não há relação direta entre o rigor da legislação penal e a redução dos índices de violência.

11. A. A. An-Na'im, "Toward a Cross-Cultural Approach to Defining International Standards of Human Rights. The Meaning of Cruel, Inhuman, or Degrading Treatment or Punishment", p. 34.

a transformação do "Estado providência" em "Estado penitência", do "Estado social" em "Estado penal". Em sua crítica, Wacquant explica o *racial profiling* da polícia estadunidense ("portación de cara" na Argentina)[12] e refere-se ironicamente à política de *affirmative action* (discriminação positiva) nas prisões:

> Em probabilidade acumulada na duração de uma vida, um homem negro tem mais de uma chance em quatro de purgar pelo menos um ano de prisão, e um latino, uma chance em seis, contra uma chance em 23 de um branco. [...] Com efeito, o aumento rápido e contínuo da distância entre brancos e negros não resulta de uma súbita divergência em sua propensão a cometer crimes e delitos. Ele mostra acima de tudo o caráter fundamentalmente discriminatório das práticas policiais e judiciais implementadas no âmbito da política "lei e ordem" das duas últimas décadas. A prova: os negros representam 13% dos consumidores de droga (o que corresponde a seu peso demográfico) e, no entanto, um terço das pessoas detidas e três quartos das pessoas encarceradas por infração à legislação sobre drogas.[13]

A importação de políticas de "lei e ordem" por parte da França e outros países europeus ocorreu junto com a consolidação de uma estrutura de colonialidade instalada dentro do continente europeu, e não mais fora dele. Trata-se de uma nova etapa histórica, caracterizada pela incorporação ou internalização dessa estrutura de dominação nas metrópoles. Em toda

12. "Segundo a *National Urban League*, em dois anos essa brigada, que roda em carros comuns e opera à paisana, deteve e revistou na rua 45 mil pessoas sob mera suspeita baseada no vestuário, aparência, comportamento e acima de qualquer outro indício – a cor da pele. Mais de 37 mil dessas detenções se revelaram gratuitas, e as acusações sobre metade das 8 mil restantes foram consideradas nulas e inválidas pelos tribunais, deixando um resíduo de apenas 4 mil detenções justificadas: uma em onze. Uma investigação levada a cabo pelo jornal *New York Daily News* sugere que perto de 80% dos jovens homens negros e latinos da cidade foram detidos e revistados pelo menos uma vez pelas forças da ordem" (L. Wacquant, *As prisões da miséria*, p. 23).
13. Ibid., p. 61-62.

a Europa, as pessoas estrangeiras, imigrantes não ocidentais ditas de "segunda geração" e as pessoas de cor estão maciçamente sobrerrepresentadas dentro da população carcerária.[14]

A chegada de um "selvagem" que já se encontrava previamente construído nos anos da conquista e colonização de territórios distantes reproduz agora, no meio europeu, o que foi gestado no ambiente de ultramar, cenário de uma estratigrafia de construção da diferença como raça nas mãos de profissionais da antropologia, arqueologia e da administração colonial.

Na América Latina, os dados sobre encarceramento de pessoas não brancas são escassos.

As poucas informações disponíveis – que coincidem em sugerir sua maior penalização e as piores condições de detenção – referem-se a indígenas de afiliação étnica identificável ou a pessoas provenientes de territórios negros (como no caso colombiano). Trata-se sempre de dados imprecisos, baseados nas impressões das e dos observadores, uma vez que os governos e as instituições de pesquisa carecem de informações censitárias a esse respeito.[15] O tratamento desse tema pela maioria das entidades e organizações que estudam a situação carcerária também é prejudicado por uma compreensão muito limitada da noção de "raça". A reflexão sobre essa categoria ainda é muito deficiente na América Latina: costuma-se falar de "grupos étnicos" e "raça" indistintamente, confundindo as duas categorias.[16]

14. Ver ibid., p. 112-114.
15. Entre os poucos documentos disponíveis está o "Informe de 2001 da Missão Internacional sobre Direitos Humanos e a Situação Penitenciária na Colômbia", elaborado para o escritório colombiano do Alto Comissariado das Nações Unidas para os Direitos Humanos, e o relatório "Sistema judicial e racismo contra afrodescendentes. Brasil, Colômbia, Peru e República Dominicana". Observações e recomendações finais divulgadas em 2004 pelo Centro de Estudos da Justiça das Américas (Ceja).
16. Em R. Segato, "Racismo, discriminación y acciones afirmativas: herramientas conceptuales", e no capítulo "Raça é signo", do meu livro *La Nación y sus Otros: raza, etnicidad y diversidad religiosa en tiempos de políticas de la identidad*, sobre o assunto, tentei cercar essas categorias e precisar uma ideia de raça que fosse operativa sem falsear a

A "cor" das prisões a que me refiro aqui é a marca no corpo de um passado familiar indígena ou africano, realidade que permanece sem resposta estatística, mas que tem gerado algumas respostas testemunhais. Meu argumento pretende, também, instigar o debate sobre o tema e disponibilizar alguns elementos que nos permitam pensá-lo melhor. O que desejo enfatizar é que pode haver uma prisão que seja 90% habitada por uma população penitenciária não branca sem que qualquer dessas pessoas se considere membro de uma sociedade indígena ou parte de uma entidade política, religiosa ou de cultura popular autodeclarada afro-americana ou afrodescendente.

A racialização das pessoas encarceradas encontra-se tão naturalizada que os órgãos públicos não perceberam a necessidade de nomear esse fato e conferir-lhe categorias que permitam sua mensurabilidade e sua inscrição no discurso. No Brasil, o principal estudo a esse respeito é o de Sérgio Adorno.[17] Sua pesquisa revelou, entre outras evidências, uma diferença considerável nas prisões em flagrante entre pessoas negras e brancas (58% e 46% respectivamente), o que sugere uma vigilância policial muito mais estreita sobre os primeiros. Da mesma forma, o estudo registrou uma proporção maior de rés e réus negros condenados (68,8% *versus* 59,4% de brancos) e mais brancos do que negros absolvidos (37,5% e 31,2%). Além disso, mostrou que os tribunais acatam de forma diferenciada a prova testemunhal: 48% das pessoas brancas que apresentaram provas foram absolvidas, enquanto entre as negras esse número cai para 28,2%.

Um estudo realizado no Rio de Janeiro por Sílvia Ramos e Leonarda Musumeci[18] demonstra a seletividade da polícia carioca nas abordagens de rua. A população do Rio de Janeiro é composta por 58,9% de pessoas brancas, 10,1% de negras

complexidade da sua definição.

17. S. Adorno, "Discriminação racial e justiça criminal".
18. S. Ramos e L. Musumeci, *Elemento suspeito. Abordagem policial e discriminação na cidade do Rio de Janeiro*.

("pretas") e 31% de mestiças ("pardas"). A pesquisa mostra que as pessoas brancas representaram 34% das que foram detidas a pé e 47,6% das interpeladas em ônibus, enquanto no caso das negras os números foram de 20,9% e 14,7%, e no caso das pardas, 34,2% e 37,7%. O desequilíbrio acentua-se se considerarmos que, do total de indivíduos abordados pela polícia, apenas 32,6% dos brancos sofreram revista corporal, contra 55% dos negros e 38,8% dos pardos.[19]

Retomo aqui Loïc Wacquant para introduzir uma torção em seu argumento. Na perspectiva que adoto, não se trataria apenas de um "governo da miséria", no qual a prisão serve para manter a ordem racial e garantir a segregação, "a 'colocação à parte' (*segregare*) de uma categoria indesejável, percebida como provocadora de uma dupla ameaça, inseparavelmente física e moral", sobre a cidade.[20] Do meu ponto de vista, trata-se da construção e reprodução sistemática dessa "indesejabilidade" e dessa repugnância "física e moral", que nada têm de natural, para aprofundar e projetar no futuro uma usurpação que impede a preservação da vida e um domínio próprio de existência para as comunidades marcadas.

Raça é efeito e não causa, efeito de uma história colonial que segue seu curso e se reproduz com novas estratégias, produto de séculos de modernidade e do trabalho mancomunado de acadêmicas e acadêmicos, intelectuais, artistas, filósofas e filósofos, juristas, legisladoras e legisladores e entes da lei, que classificaram a diferença como racialidade dos povos conquistados. As prisões de hoje são um elo na reprodução desse padrão de colonialidade.

Em outras palavras, a construção permanente da raça obedece ao propósito de subjugação, subalternização e expropriação. *Se é da ordem racial que emana a ordem carcerária, esta última realimenta, recria e reproduz aquela. E a ordem racial é a*

19. Ver D. D. de Oliveira et al., *A cor do medo*.
20. L. Wacquant, op. cit., p. 65.

ordem colonial. Isso significa que a rotulagem que ocorre na execução policial e no processo judicial reforça e reproduz a rotulagem preexistente da raça, relançando-a no futuro como vetor de uma ordem colonial.

A racialização, que defino como *a constituição de um capital racial positivo para a população branca e um capital racial negativo para a não branca*, é o eixo gravitacional do padrão de colonialidade e, como tal, permite, dentro do ordenamento policial-jurídico, "guetificar", prender diferenciadamente e assim expulsar quem traz a marca dos povos conquistados do espaço hegemônico, do território usurpado onde se encontra o grupo que controla os recursos da Nação e tem acesso aos selos e papéis timbrados do Estado.

Em um texto recente, Wacquant aproxima-se dessa conclusão. Ao retomar o tema da prisão como gueto, deixa de ver essa relação como uma simples afinidade mecânica e a concebe como uma afinidade dinâmica de construção de um mundo cindido e assimétrico:

> A escravidão, o sistema Jim Crow e o gueto são instituições de "formação da raça", ou seja, não agem simplesmente sobre uma divisão etnorracial que, de algum modo, exista fora e independentemente delas. Em vez disso, cada uma delas produz (ou coproduz) essa divisão (de novo) a partir de demarcações herdadas e disparidades do poder grupal e inscreve-a, em cada época, numa constelação distinta de formas concretas e simbólicas.[21]

Nesse texto, Wacquant finalmente considera essas instituições como agências estratégicas no longo processo de outrificação e racialização típico da colonial-modernidade, caracterizado pela desistoricização e biologização da diferença.

21. L. Wacquant, "Da escravidão ao encarceramento em massa: repensando a 'questão racial' nos Estados Unidos", p. 24.

De minha parte, entendo a escravidão como uma instituição originariamente bélica – resultado da conquista territorial de jurisdições tribais e corpos pertencentes a essas jurisdições – e econômica – como uma forma particular de extração de riqueza do trabalho. No entanto, com o tempo, a escravidão gradualmente tornou-se um código para a leitura desses corpos e deixou neles seu rastro. O *apartheid*, o gueto e a prisão são instituições que se inscrevem na esteira da ordem racial instaurada pela escravidão colonial. Reforçam-na, aprofundam-na, duplicam-na e até a suplementam, porém não a fundam, mas a expressam e relançam.

Michel Foucault ilumina teoricamente essas coincidências entre condenação, raça e as consequências da conquista no curso *Il faut défendre la société*, traduzido para o espanhol como *Genealogía del racismo* e para o português como *Em defesa da sociedade*.

> O racismo vai se desenvolver *primo* com a colonização, ou seja, com o genocídio colonizador. Quando for preciso matar pessoas, matar populações, matar civilizações, como se poderá fazê-lo, se se funcionar no modo do biopoder? Através dos temas do evolucionismo, mediante um racismo.[22]

"A função assassina do Estado só pode ser assegurada, desde que o Estado funcione no modo do biopoder, pelo racismo".[23] Antecipando uma crítica às teses de Samuel P. Huntington que viriam,[24] Foucault adverte que o racismo moderno "não está ligado a mentalidades, a ideologias, a mentiras do poder" e sim "à tecnologia do poder". O racismo moderno

22. M. Foucault, *Em defesa da sociedade: curso no Collège de France (1975-1976)*, p. 307.
23. Ibid., p. 306.
24. Samuel P. Huntington (1927-2008) foi cientista político estadunidense, de grande influência em meios políticos conservadores norte-americanos. Em sua teoria do "Choque de civilizações" defende que os principais atores políticos do século XXI são as civilizações e não os estados nacionais e que as causas de conflitos após o período da Guerra Fria seriam culturais e não ideológicas. (N.E.)

> está ligado a isto que nos coloca, longe da guerra das raças e dessa inteligibilidade da história, num mecanismo que permite ao biopoder exercer-se. Portanto, o racismo é ligado ao funcionamento de um Estado que é obrigado a utilizar a raça, a eliminação das raças e a purificação da raça para exercer seu poder soberano.[25]

O racismo é, para Foucault, o que, na gestão da vida pelo biopoder, introduz o corte na continuidade biológica do mundo natural, possibilitando separar quem deve viver de quem deve morrer, quem se pode deixar morrer.[26] Na ordem discursiva da biopolítica, raça é o outro da soberania, e a alteridade emerge, como suporte da racialização, com o processo de ocupação dos continentes vencidos.

O preconceito racial, em meu argumento, não alude à discriminação racial como uma razão autoexplicativa no sentido de ser capaz, por si só, de dar conta de várias formas de guerra, incluindo a guerra social, ou da guetificação e do encarceramento. A diferença racial não é causa suficiente para os fenômenos de animosidade do presente ou do passado, mas sim um efeito do interesse e da ganância concentradora.

O conceito de "colonialidade" e o significado da raça

Como falar da cor da população encarcerada? Como é possível falar de raça quando não fazem parte da categoria nem as diferenças biológicas nem necessariamente o pertencimento a certos grupos étnicos? A raça presente e visível nas prisões não

25. Ibid., p. 309.
26. Ibid., p. 306. Recordemos, por exemplo, os números de morte violenta da juventude negra no Brasil, seu genocídio passivo por parte do Estado. O "Estudo das Nações Unidas sobre violência contra crianças", divulgado em 2006, revelou que 70% dos assassinatos de jovens entre 15 e 18 anos correspondem a corpos negros, muitos dos quais cometidos pela polícia (H. Bicudo, "O que significa a unificação das polícias?", p. 198).

é a do sujeito indígena recém-saído de sua aldeia nem a do negro africano que guarda em sua memória o trauma da escravidão. A raça que está nas prisões é a da pessoa não branca, na qual lemos uma posição, uma herança particular, a passagem de uma história, uma carga étnica muito fragmentada, com uma correlação cultural de classe e estrato social.

A dificuldade dessa leitura é enorme. Ela encontra muita resistência em um continente que ofuscou, com o ideal mestiço, a possibilidade da memória e da queixa dos grupos "marcados". O ideal mestiço sob o qual se formaram os estados nacionais da América Latina – e que em alguns países, como o Brasil, a antropologia ajudou a construir[27] – foi o braço ideológico que sustentou a repressão que obrigou a multidão despossuída a temer e silenciar as memórias que vinculavam suas vidas a uma história profunda ancorada na paisagem latino-americana. Assim, no caldeirão da miscigenação, perdeu-se o rastro do parentesco dos membros da multidão não branca com os povos, americanos ou africanos, de suas e seus antepassados. Cortaram-se os fios que entrelaçavam as histórias familiares e que davam continuidade a uma trama ancestral. O "caldeirão de raças" – cadinho das raças ou tripé das raças em português – foi a figura que garantiu essa opacidade da memória, mas, infelizmente, a ideia da fundição de raças não cumpriu um destino mais nobre, ao qual poderia ter servido: dotar as elites brancas e embranquecidas de lucidez suficiente para entender que, visto de fora, da metrópole, ninguém que habita este continente é branco.

Negar a racialização das prisões seria contradizer a experiência.[28] É por isso que precisamos, para lidar com esse seques-

27. Para uma crítica contundente do papel da antropologia brasileira a esse respeito, vide M. T. S. Pechincha, *O Brasil no discurso da antropologia nacional*.
28. Essa negação ou silenciamento equivaleria à negação e ao silenciamento que pesam sobre a brancura das instituições universitárias e das profissões de alto prestígio, consequência do nunca examinado "racismo acadêmico" (vide J. J. Carvalho e R. Segato, "Uma proposta de cotas para estudantes negros na Universidade de Brasília"; e J. J. Carvalho, *Inclusão étnica e racial no Brasil. A questão das cotas no ensino superior.*).

tro da raça, de uma teoria da colonialidade que dê conta da continuidade da estrutura colonial no presente. O cruzamento, mais cedo ou mais tarde, entre a crítica criminológica, com suas importantes análises da seletividade da justiça, e a perspectiva da colonialidade era inevitável. Tão previsível era esse encontro que é difícil entender como não foi consumado antes. Zaffaroni já havia profetizado isso ao afirmar que não é o panóptico de Bentham,[29] reinterpretado por Foucault, o modelo de poder disciplinar e configurador nas colônias, mas sim a definição biologizante de Lombroso, com sua "premissa de inferioridade biológica tanto dos delinquentes centrais como da totalidade das populações colonizadas",[30] além de sua analogia entre o sujeito criminoso e o selvagem.

Os anos de desencontro demonstram a falta de visão transdisciplinar dos autores. No meu caso, como antecipei, vou ater-me a algumas indicações programáticas para promover, no futuro, um maior intercâmbio entre esses campos. O autor fundamental para entender o processo de "formação racial" é Aníbal Quijano. Ninguém explicou mais nitidamente do que ele o fenômeno da "invenção da raça" como parte da estruturação do sistema-mundo moderno-colonial.[31] É na formulação de Quijano que melhor percebemos a natureza relacional e plenamente histórica da "raça", um conceito que se recusa a ter conteúdos fixos, que não pode ser essencializado e que só pode ser compreendido em uma dialética muito particular, que poderíamos definir como um mecanismo histórico de

29. O filósofo inglês Jeremy Bentham (1748-1832) concebeu o conceito de panóptico, um projeto de edificação carcerária fundamentada no "princípio da inspeção", em que o bom comportamento dos detentos seria garantido pelo sentimento de estarem sendo continuamente vigiados. Em *Vigiar e punir*, Michel Foucault utiliza o panóptico como paradigma de sistemas sociais de total controle e vigilância. (N.E.)
30. E. R. Zaffaroni, op. cit., p. 77.
31. Para compreender cabalmente a radicalidade do significado de "invenção", é sempre útil lembrar Theodore Allen, em seu argumento definitivo sobre a independência da raça em relação às diferenças fenotípicas entre grupos oprimidos e opressores, e sua demonstração da origem sociogênica da opressão racial, ao mostrar que a sociedade britânica se construiu como racialmente distinta da irlandesa e das populações nativas americanas e africanas escravizadas (T. W. Allen, *The Invention of the White Race*).

expurgo, descarte e ejeção como contrapartida indispensável para a construção da pureza ou da brancura do "dominador".

Isso não significa, entretanto, que a raça não possa ser vista. O que se vê, porém, é uma história colonial inscrita na relatividade dos corpos.

Para Quijano, "a ideia de raça é, com toda a certeza, o mais eficaz instrumento de dominação social inventado nos últimos quinhentos anos", já que "nela se fundou o eurocentramento do poder capitalista mundial e a consequente distribuição mundial do trabalho e das trocas".[32]

Certamente, a invenção dessa ideia coincide com a invenção da Europa, uma ideia inexistente antes da colonização da América. Nesse sentido, raça, modernidade, colonialidade e Europa são uma formação única na história mundial. Essa invenção complexa inclui hierarquia, assimetria e dominação; em outras palavras, fala de direitos desiguais e do que chamo "capital racial". A "cor", adverte Quijano, só entra tardiamente na construção de raça. De fato, os povos ibéricos não se viam como brancos, e o negro dos povos africanos não tinha, a princípio, uma conotação racial, no sentido de polarização e ordenamento cognitivo de povos dominados e dominantes, como o entendemos hoje. O "índio" foi, nesse cenário, a primeira raça. Sua inferioridade era determinada por um conjunto de diferenças, mas não pela cor. Só mais tarde, em meados do século XIX, teve início a teorização dessa diferença. A colonialidade do poder – sintetiza Quijano – "é um conceito que dá conta de um dos elementos fundantes do atual padrão de poder, a classificação social básica e universal da população do planeta em torno da ideia de raça".[33]

32. A. Quijano, "¡Qué tal raza!", p. 37.
33. A. Quijano, "Colonialidad del poder, eurocentrismo y América Latina".

Mas a ideia de raça não basta. Para dar sentido à violência institucional desencadeada sobre as populações não brancas, precisamos também de outros conceitos que iluminem a natureza do Estado-nação independente. Dentro da tradição hindu de estudos pós-coloniais da subalternidade, dois autores devem ser lembrados: Dipesh Chakrabarty,[34] com sua ideia de "Europa" como uma entidade hiperreal na qual se originam e sustentam todas as categorias válidas mediante as quais organizamos nossa representação do mundo – e, para o caso de que trato aqui, diria também o nosso modelo de direito e justiça –; e Partha Chatterjee, com sua afirmação de que os estados-nação são herdeiros e continuadores dos estados coloniais: o nacionalismo hindu, que formou a base ideológica do novo Estado independente, "produziu um discurso no qual, mesmo ao desafiar a pretensão colonial de dominação política, aceitou as mesmas premissas intelectuais de 'modernidade' sobre as quais a dominação colonial se baseava".[35] Essa linha argumentativa também pode ser identificada, embora com outros elementos, em Quijano, bem como em outros autores a ele associados, como Walter Mignolo e Santiago Castro-Gómez.

É lúcida a genealogia que Walter Mignolo traça para a ideia de "hemisfério ocidental" e seu papel na cooptação das elites *criollas*, formadoras das nações pós-coloniais em nosso continente, assim como sua ênfase nas "fronteiras internas" projetadas depois da instauração dos estados nacionais *criollos*: "A construção da nação (*nation building*), tanto no século XIX nas Américas como no século XX na África e na Ásia, foi uma reconversão da colonialidade do poder de seu exercício no Estado colonial em sua nova forma sob o Estado-nação". Essa reconversão configura um "colonialismo interno" (antiga categoria enunciada por Pablo González Casanova em

34. D. Chakrabarty, "La post-colonialidad y el artilugio de la historia: ¿Quién habla en nombre de los pasados 'indios'?".
35. P. Chatterjee, "El nacionalismo como problema en la historia de las ideas políticas", p. 164; "Whose Imagined Community?".

1965, aqui relançada no pensamento da pós-colonialidade), como "colonialidade do poder embutida na construção do Estado-nação após a descolonização".[36]

Tanto a cooptação ocidentalista como a edificação das fronteiras internas em relação ao outro interior – autóctone ou afrodescendente, ou ambos mesclados, mas nunca ocidentais – implicam uma continuidade da modernidade racista que orienta e organiza, em nossos países, os saberes e o exercício do poder. Entre eles se encontra a justiça estatal, fundamentada pelo discurso jurídico-penal e, especialmente, sua prática nas mãos de agentes do Estado, desde a polícia até o judiciário. É nessa fronteira interna e nesse ocidentalismo estatal onde devemos buscar a razão da cor dos cárceres.

No entanto, quero introduzir aqui uma curvatura, uma duplicação nessa afirmação, que sem dúvida orienta a minha argumentação, mas da qual me afasto em parte: nem sempre a minha ênfase é colocada na raça como signo de um povo constituído, de outro povo, que é a forma como geralmente é abordada por esses autores. A minha definição alude à raça também como traço, como marca no corpo da passagem de uma história outrificadora que construiu "raça" para constituir a "Europa" como ideia epistêmica, econômica, tecnológica e jurídico-moral que distribui valor e sentido em nosso mundo. O expurgo, a exclusão e o aprisionamento não são dirigidos prioritariamente ao outro indígena ou africano, mas ao outro que tem a marca do indígena ou do africano, a marca de sua subordinação histórica, que são aqueles que ainda constituem as grandes massas da população despojada. Se essas multidões têm algum patrimônio comum, é justamente a herança de sua desapropriação, no sentido preciso de uma expropriação tanto material – de territórios, saberes que permitiam a manipulação de corpos e da natureza

36. W. Mignolo, *Local Histories / Global Designs*, p. 313.

e formas de resolução de conflitos adequadas à sua ideia de mundo e do cosmos – quanto simbólica – de etnicidade e história próprias.

Hoje, porém, nosso continente, construído no século XIX pelas elites *criollas*, mestiças e confusas, encontra-se "em desconstrução". Há evidências de um movimento de reparação ou religação dos fios cortados e de um retorno a tramas históricas abandonadas. A reemergência étnica implica um esforço de releitura das "memórias compactas ou fraturadas, de histórias contadas de um só lado, que suprimiram outras memórias, e de histórias que se contaram e se contam levando-se em conta a duplicidade de consciência que a consciência colonial gera".[37]

Em sua análise do surgimento da elite nativa *criolla* embranquecida e eurocêntrica – eu diria: autodeclarada "mestiça" quando deseja defender seus bens nacionais frente ao outro metropolitano e pretensamente "branca" quando quer se diferenciar daqueles que espolia nesses territórios –, Mignolo fornece algumas pistas para compreender o processo de outrificação. A ideia de "hemisfério ocidental" surge apenas no final do século XVIII e confere ao continente americano uma "posição ambígua", como "diferença" em relação à Europa e, simultaneamente, como "mesmidade" do Ocidente. As elites norte-americanas e latinas compartilharam esse efeito até o final do século XIX, quando se iniciou a égide colonial dos Estados Unidos sobre as últimas possessões espanholas (Cuba e Porto Rico). O efeito dessa ambiguidade sobre a identidade das elites nativas *criollas* latino-americanas foi perturbador: "a ideia do hemisfério ocidental estava ligada ao surgimento da consciência *criolla*, anglo-saxã ou hispânica".[38] A consciência *criolla* branca (saxônica e ibérica) foi herdeira dos

37. W. Mignolo, "A colonialidade de cabo a rabo: o hemisfério ocidental no horizonte colonial da modernidade", p. 7.
38. Ibid., p. 9.

colonizadores e emigrantes. "Nossa América", como Martí a chamaria mais tarde, e a ideia de "hemisfério ocidental"

> são figuras fundamentais do imaginário *criollo* (anglo-saxão ou ibérico), mas não do imaginário ameríndio (no Norte e no Sul), ou do imaginário afro-americano [...] A consciência *criolla* em sua relação com a Europa forjou-se como consciência geopolítica mais que como consciência racial. E a consciência *criolla*, como consciência racial, forjou-se internamente na diferença com a população ameríndia e afro-americana. A diferença colonial transformou-se e reproduziu-se no período nacional, passando a ser chamada de "colonialismo interno".[39]

A partir desse processo de formação de uma elite sub-hemisférica, Aníbal Quijano desenha uma continuidade que nos interessa aqui, pois tem consequências para a ação do Estado policial sobre uma cidadania internamente dividida: "o processo de independência dos estados na América Latina sem a descolonização da sociedade não poderia ser, não foi, um processo de desenvolvimento dos estados-nação modernos, mas sim uma rearticulação da colonialidade do poder sobre novas bases institucionais". Por isso, Quijano assegura que

> [...] em nenhum país latino-americano é possível encontrar uma sociedade plenamente nacionalizada, tampouco um verdadeiro Estado-nação. A homogeneização nacional da população, segundo o modelo eurocêntrico de nação, só poderia ter sido alcançada por meio de um processo radical e global de democratização da sociedade e do Estado. Antes de mais nada, essa democratização teria implicado, e ainda deve implicar, o processo de descolonização das relações sociais, políticas e culturais

39. Ibid., p. 9-10.

> entre as raças, ou mais propriamente entre grupos e elementos de existência social europeus e não europeus. No entanto, a estrutura de poder foi e ainda é organizada sobre e em torno do eixo colonial. A construção da nação e, principalmente, do Estado-nação foi conceituada e trabalhada contra a maioria da população, no caso, de indígenas, pessoas negras e mestiças. A colonialidade do poder ainda exerce seu domínio na maior parte da América Latina, contra a democracia, a cidadania, a nação e o Estado-nação moderno.[40]

Em outras palavras, não há modernidade possível, no sentido de cidadania generalizada e plena, quando a estrutura da racialidade/colonialidade organiza o meio social. Chegamos assim no que Santiago Castro-Gómez chama de "projeto moderno da governamentabilidade", do Estado como "*locus* capaz de formular metas coletivas, válidas para todos", do monopólio da violência do Estado e sua capacidade de "'dirigir' racionalmente as atividades dos cidadãos, de acordo com critérios estabelecidos cientificamente de antemão".[41] Esse Estado, portanto, antes de administrar os direitos de cada cidadã e cidadão, deve "inventar a cidadania, ou seja, criar um campo de identidades homogêneas que tornem viável o projeto moderno de governamentabilidade".[42]

As condições foram mudando na história, e essa seleção se deu a partir de diferentes dimensões dos sujeitos, que em uma época deveriam ser homens, proprietários e brancos, e que hoje devem ser pessoas maiores de idade e alfabetizadas. A essas dimensões somam-se outras, não tão explícitas, mas também vigentes. Castro-Gómez baseia-se em Beatriz González Stephan para apontar que, no século XIX, "as constituições,

40. A. Quijano, op. cit., p. 237.
41. S. Castro-Gómez, "Ciências Sociais, violência epistêmica e o problema da 'invenção do outro'", p. 88.
42. Ibid., p. 89.

os manuais de civilidade e as gramáticas do idioma" orientaram práticas disciplinares que separariam a população e inventariam um outro não incluído na cidadania. A redação disciplinar cria cidadania para "aquelas pessoas cujo perfil se ajuste ao tipo de sujeito requerido pelo projeto da modernidade: homem, branco, pai de família, católico, proprietário, letrado e heterossexual", excluindo outros que não cumprem os requisitos: "mulheres, empregados, loucos, analfabetos, negros, hereges, escravos, indígenas, homossexuais, dissidentes" – estes sujeitos "ficarão de fora da 'cidade letrada' [...] submetidos ao castigo e à terapia por parte da mesma lei que os exclui".[43] A seguir, caberá à escola a construção dos ideais da Constituição por meio da implementação das regras contidas nos manuais de civilidade e disciplina – "a domesticação de todo tipo de sensibilidade considerada como 'bárbara'". Mas o que é significativo é que nenhum manual foi escrito "para ser um bom camponês, um bom índio, um bom negro ou um bom gaúcho, já que todos estes tipos humanos eram vistos como pertencentes ao âmbito da barbárie".[44] Isso significa que a cidadania e a justiça emergem em um campo social dividido, onde se inventou um outro, uma cesura entre quem tem plenos direitos e quem não faz parte desse contingente.

Essa extensa seção alude à necessidade de perceber uma continuidade histórica entre a conquista, o ordenamento colonial do mundo e a formação pós-colonial republicana que se estende até os dias de hoje. Nessa linha histórica, o qualificativo "bárbaros", com o qual a imprensa atualmente descreve "bandidos", é o mesmo de que se utilizava antes, na díade civilização-barbárie, para caracterizar indígenas e, posteriormente, todas as pessoas que ficavam à margem do disciplinamento letrado, todas as não brancas. Enquanto as nações latino-americanas mantiverem vigente em seu interior a estrutura colonial – e seu correlato, a ordem racial – não será possível

43. Idem.
44. Idem.

um Estado plenamente democrático nem um discurso jurídico-penal que não seja utópico e irrealizável. Descolonizar a justiça exige, entre outras coisas, um novo balanço sobre a "impunidade"; isso implica refazer o cálculo das dívidas – incluindo a dívida representada pela figura da responsabilidade penal –, com a consequente redistribuição de posições entre "devedores" e "credores".

Bibliografia

ADORNO, Sérgio. "Discriminação racial e justiça criminal", in *Novos Estudos Cebrap*, nº 43, nov. 1995, p. 45-63.

AFONSO MEDEIROS, Mateus (in memoriam). *Direitos humanos. Uma paixão refletida*. Belo Horizonte: Rede de Cidadania Mateus Afonso Medeiros (Recimam), 2006.

ALLEN, Theodore W. *The Invention of the White Race*, vol. 1, Nova York: Verso, 1994.

AN-NA'IM, Abdullahi Ahmed. "Toward a Cross-Cultural Approach to Defining International Standards of Human Rights. The Meaning of Cruel, Inhuman, or Degrading Treatment or Punishment", in AN-NA'IM, Abdullahi Ahmed (Ed.): *Human Rights in Cross-Cultural Perspectives*. Filadélfia: University of Pennsylvania Press, 1992.

BARATTA, Alessandro. *Criminologia crítica e crítica do Direito Penal: introdução à sociologia do Direito Penal*. Tradução Juarez Cirino dos Santos. Rio de Janeiro: Editora Revan, Instituto Carioca de Criminologia, 2002.

BAYER, Osvaldo (Coord.). *Historia de la crueldad argentina*, tomo I: "Julio Argentino Roca". Buenos Aires: Ediciones del Centro Cultural de la Cooperación Floreal Gorini, 2006.

BICUDO, Hélio. "O que significa a unificação das polícias?", in OLIVEIRA, Dijaci David de et al. (Eds.). *Violência policial: tolerância zero?*. Goiânia, Brasília: Editora da UFG, MNDH, 2001.

CARVALHO, José Jorge e SEGATO, Rita. "Uma proposta de cotas para estudantes negros na Universidade de Brasília", in *Serie Antropologia* nº 314, Brasília: Departamento de Antropologia da Universidade de Brasília, 2002.

CARVALHO, José Jorge. *Inclusão étnica e racial no Brasil. A questão das cotas no ensino superior*. São Paulo: Attar, 2006.

CASTILHO, Ela Wiecko V. de. *O controle penal nos crimes contra o sistema financeiro nacional*. Belo Horizonte: Del Rey, 1998.

CASTRO-GÓMEZ, Santiago. "Ciências Sociais, violência epistêmica e o problema da 'invenção do outro'", in LANDER, Edgardo (Org). *A colonialidade do saber: eurocentrismo e Ciências Sociais. Perspectivas latino-americanas*. Buenos Aires: Clacso, 2005.

CHAKRABARTY, Dipesh. "La post-colonialidad y el artilugio de la Historia: ¿Quién habla en nombre de los pasados 'indios'?", in DUBE, Saurabh (Coord.). *Pasados poscoloniales*. México, D.F.: El Colegio de México, 1999.

CHATTERJEE, Partha. "Whose Imagined Community?", in *The Nation and its Fragments. Colonial and Postcolonial Histories*. Princeton: Princeton University Press, 1993.

_____. "El nacionalismo como problema en la historia de las ideas políticas", in FERNÁNDEZ BRAVO, Álvaro (Comp.). *La invención de la Nación. Lecturas de la identidad de Herder a Homi Baba*. Buenos Aires: Manantial, 2000.

FOUCAULT, Michel. *Em defesa da sociedade. Curso no Collège de France (1975-1976)*. São Paulo: Martins Fontes, 2005.

GILLIGAN, James. *Violence. Reflections on a national epidemic*. Nova York: First Vintage Books, 1997.

GONZÁLEZ CASANOVA, Pablo. *La democracia en México*. México, D.F.: Ediciones Era, 1965.

MIGNOLO, Walter D. *Local Histories / Global Designs*. Princeton: Princeton University Press, 2000a. [Ed. bras.: *Histórias locais / projetos globais: colonialidade, saberes subalternos e pensamento liminar*. Belo Horizonte: UFMG, [2000] 2003].

_____. "A colonialidade de cabo a rabo: o hemisfério ocidental no horizonte colonial da modernidade", in LANDER, Edgardo (Org). *A colonialidade do saber: eurocentrismo e Ciências Sociais. Perspectivas latino-americanas*. Buenos Aires: Clacso, 2000b.

OLIVEIRA, Dijaci David de et al. (Eds.). *A cor do medo*. Brasília: Editora da Universidade de Brasília, Editora da Universidade de Goiás, Movimento Nacional de Direitos Humanos, 1998.

PECHINCHA, Mônica Thereza Soares. *O Brasil no discurso da Antropologia nacional*. Goiânia: Cânone, 2006.

PIZA DUARTE, Evandro Charles. *Criminología & racismo*. Curitiba: Juruá, 2002.

QUIJANO, Aníbal. "¡Qué tal raza!", in *Revista Venezolana de Economía y Ciencias Sociales*, vol. 6, nº 1, 2000a, p. 37-45.

_____. "Colonialidad del poder, eurocentrismo y América Latina", in LANDER, Edgardo (Comp.). *La colonialidad del saber: eurocentrismo y Ciencias Sociales. Perspectivas latinoamericanas*. Buenos Aires: Clacso, 2000b.

_____. "Colonialidade, poder, globalização e democracia", in *Novos Rumos*, ano 17, nº 37, 2002.

RAMOS, Sílvia e MUSUMECI, Leonarda. *Elemento suspeito. Abordagem policial e discriminação na cidade do Rio de Janeiro*. Rio de Janeiro: Civilização Brasileira, CESeC, 2005.

RODRÍGUEZ MOLAS, Ricardo. *Historia de la tortura y el orden represivo en la Argentina*. Buenos Aires: Eudeba, 1984.

SEGATO, Rita. "El sistema penal como pedagogía de la irresponsabilidad y el proyecto 'habla preso: el derecho humano a la palabra en la cárcel'", in ALLENDE SERRA, Mônica (Ed.). *Diversidade cultural e desenvolvimento urbano*. São Paulo: Iluminuras, Associação Arte sem Fronteiras, 2005.

_____. "Racismo, discriminación y acciones afirmativas: herramientas conceptuales", in ANSIÓN, Juan e TUBINO, Fidel (Eds.). *Educar en ciudadanía intercultural*. Lima: Pontificia Universidad Católica del Perú, 2006.

_____. *La Nación y sus Otros: raza, etnicidad y diversidad religiosa en tiempos de políticas de la identidad*. Buenos Aires: Prometeo, 2007.

WACQUANT, Loïc. *As prisões da miséria*. Rio de Janeiro: Editora Zahar, 2001.

_____. "Da escravidão ao encarceramento em massa: repensando a 'questão racial'' nos Estados Unidos", 2002.

ZAFFARONI, Eugenio Raúl. *Em busca das penas perdidas. A perda de legitimidade do sistema penal*. Rio de Janeiro: Revan, 1991.

Brechas decoloniais para uma universidade da Nossa América[1]

Parto de uma breve lista de considerações iniciais sobre as quais apoiarei a exposição dos meus argumentos.[2]

1. Vivemos em um continente no qual as maiorias mantêm com a educação acadêmica convencional uma relação tensa. Em alguns países e regiões, inclusive, existe uma herança de inadequação ao cânone educativo clássico e à própria escrita na língua oficial dos estados de língua espanhola e portuguesa.

2. Nossos países conhecem-se muito pouco e intercambiam muito pouco suas experiências, a não ser quando veiculadas pelo grande mercado comprador de ideias, o Norte, ou por meio de representações autorizadas e oficiais de suas realidades, que, muitas vezes, filtram a dinâmica contenciosa interna.

3. Não sou especialista em educação, mas tenho, sim, uma experiência de reflexão e luta pela transformação da universidade em que venho trabalhando ao longo de 26 anos, a Universidade de Brasília.

1. A autora utiliza a frase título do livro homônimo de José Martí – *Nuestra América* –, que insta à união dos povos do continente e à luta por sua soberania. (N.T.)
2. Agradeço a Gladys Tzul a generosidade de introduzir neste texto observações que fiz durante uma segunda apresentação oral do mesmo, na Universidade Autônoma da Cidade do México, em novembro de 2011, e que não se encontravam na versão escrita original.

4. É possível refletir sobre essa luta, inicialmente localizada em termos do direito à educação de setores excluídos, como consequência do racismo da sociedade.

Começarei falando dessa experiência. E o farei porque foi e continua sendo uma luta que, ao atacar o racismo da comunidade acadêmica em particular, toca no eixo orientador da atribuição de valor nessa comunidade, tanto em nível local como internacional. Se pensamos que, a partir do evento colonial e dentro da ordem da colonialidade que ali se instala, a raça passa a estruturar o mundo de forma hierárquica e a orientar a distribuição de valor e prestígio, entenderemos também que ela tem um papel central na definição de quem é quem e na atribuição de autoridade no mundo da formulação das ideias, sua divulgação e sua influência. Se, por um lado, compreender isso é essencial para combater essa ordem de coisas, por outro, permita-me dizer que é precisamente ao combater essa ordem de coisas que começamos a entendê-la bem. Essa é minha experiência pessoal, já que só comecei a perceber com lucidez a academia, na qual muito confortavelmente me encontrava inscrita, quando comecei a me mobilizar pela mudança de alguns elementos dentro dela que, como resposta à dinâmica contenciosa, acabaram revelando-se constitutivos e fundacionais da vida universitária: seu caráter eurocêntrico e o racismo associado a ele.

Um breve relato histórico e biográfico introdutório

Como disse, tenho um compromisso de vida, sobretudo nos últimos doze anos, com o projeto de democratizar a universidade, torná-la mais humana, acessível, responsável pelo bem-estar coletivo e palco dos debates que levam a uma consciência teórico-política da necessidade de transformações.

Meu conhecimento sobre esse tema vem de uma ação prática, em um momento determinado, no Departamento de

Antropologia da Universidade de Brasília – do qual acabo de me retirar em dezembro de 2010, para me transferir à Cátedra Unesco de Bioética, na mesma universidade –, durante minha gestão como coordenadora da pós-graduação dessa instituição no ano de 1998. Partirei de um relato sucinto do caso, não com intenção anedótica, mas para mostrar tudo que se ilumina a partir de um conflito concreto e das práticas transformadoras que dele emergem.

Como antropóloga, trabalhei com diversos temas de pesquisa que se vinculam, todos eles, ao amplo campo de direitos humanos – religião e sociedade, sexualidades não normativas, violência de gênero, feminicídio, vida no cárcere, feminismos não brancos –, mas nunca me havia confrontado diretamente com o tema da discriminação racial até o dia em que, estando no cargo de diretora da pós-graduação, vi ser reprovado nosso primeiro estudante de doutorado negro, de origem modesta, acentuado sotaque nordestino e de uma delicadeza feminina. Assim como a presença de um estudante com esse perfil era inédita em um programa de excelência como o nosso, também era sem precedentes uma reprovação entre as notas finais de um seminário em nível de doutorado. Esse evento, que teve lugar em agosto de 1998, deu início a uma grande luta no Brasil, que durou muitos anos e que me levou a descobrir o caráter racista da sociedade e, muito especialmente, da academia brasileira, aspecto que me era opaco, por minha condição de pessoa branca e estrangeira. Essa luta culminou, mais de uma década depois, na implantação de políticas de cotas em setenta instituições públicas de educação superior no Brasil, assim como de um programa governamental de bolsas para minorias e estudantes carentes em universidades privadas, o Prouni. É possível afirmar, portanto, que, apesar das agruras, foi uma história coroada de êxito, que acabou por introduzir uma consciência racial não somente nessa instituição, mas também em toda a comunidade acadêmica brasileira, e na nação como um todo.

Quero enfatizar o seguinte: apesar de haver chegado como professora à Universidade de Brasília em 1985, somente em 1998, treze anos depois, descortinou-se um véu que ocultava, aos meus olhos e por minha posição de classe e raça, um Brasil que anteriormente não havia percebido. O Brasil que vivi antes e depois dessa luta não é o mesmo país: um é o do cartão de visita, a imagem de exportação da nação cordial e sempre festiva; o outro é o Brasil visto de baixo pela população não branca e periférica em relação aos polos de poder. Suponho, ou, melhor dizendo, tenho certeza de que também existem duas Argentinas, dois Méxicos, e que essa é uma realidade de todas e cada uma de nossas repúblicas, assim como tenho certeza de que a "raça" é uma palavra obturada, "forcluída" de nossos respectivos vocabulários nacionais, qualquer que seja o significado que esse conceito tenha, porque, desde já, sua definição não é simples e venho tentando cercar a ideia e suas possíveis noções desde o dia em que aquele conflito se iniciou.

Em outras palavras, apesar de a raça ser um tema central para pensar a realidade educacional em nossos países, um divisor de águas na distribuição de recursos e direitos como bens, não conseguimos nomeá-la adequadamente. Porque nomeá-la também implica o perigo de fazê-lo desde o Norte anglo-saxão, com sua hegemonia sobre os conceitos, e poderíamos incorrer no equívoco de partir do universo multiculturalista próprio da realidade norte-americana, o que introduziria uma tergiversação nas formas em que nossa história indo-afro-ibero-americana vem produzindo "raça" dentro de um contexto semântico constituído no curso de uma história própria.

Não vou me ater aos detalhes, é uma história que será escrita; teses acadêmicas sobre o tema vêm sendo defendidas, narrando e analisando seus eventos. Poder-se-ia dizer, inclusive, que uma luta pelo controle dessa narrativa está sendo travada, devido a sua importância histórica no Brasil. De minha parte, estou convencida de que esse processo, com sua raiz em um conflito plenamente local, paroquial, acabou por virar uma página da realidade brasileira. Não somente porque o estudante saiu vitorioso e obteve aprovação na matéria, ou porque a sanção disciplinar que recebi do meu colegiado teve de ser retirada, ou ainda porque o estudante é, hoje em dia, professor concursado na Universidade Estadual da Bahia, mas também, sobretudo, porque esse caso, de origem tão local, inspirou a proposta de uma política de ação afirmativa que acabou obrigando ao debate todas as universidades brasileiras e a sociedade nacional como um todo, inscrevendo a questão racial nos meios de comunicação de massa e no debate político entre as e os representantes no Congresso Nacional e nas assembleias legislativas estaduais e municipais. Esse processo convocou ao debate em diversos âmbitos e contribuiu para aprofundar, na sociedade brasileira, a reflexão sobre a existência de uma questão de ordem racial antes somente debatida nas fileiras do movimento negro.

Evidências diversas permitem afirmar que, além de sua dimensão inclusiva, a proposta repercutiu como uma estratégia de agitação, provocando a discussão da questão racial na sociedade, obrigando a transformar o racismo em tema de debate, tornando-o visível. E isso aconteceu porque as elites compreenderam imediatamente que democratizar a universidade pública significava abrir o acesso ao corredor que conduz a posições a partir das quais se decide o destino dos recursos da nação. A própria universidade é esse corredor e, se a democratizamos, democratizamos o caminho até os espaços da República em que todas as decisões importantes em relação à vida nacional são tomadas, intervindo também no próprio âmbito da reprodução das elites.

As elites brasileiras perceberam isso e tentaram – como ainda tentam – interpor uma série de argumentos: que a universidade é meritocrática e o processo de seleção, igualitário e cego; que não existe racismo na sociedade brasileira e muito menos entre os membros da comunidade acadêmica. O debate, porém, exigiu provas dessa afirmação, e as estatísticas educativas – assim como as de emprego, salário, saúde, etc. – indicaram o contrário. As elites, então, atingidas na fibra da sua estratégia de autorreprodução e endogamia, viram-se presas em um argumento indefensável e atoladas em uma posição da qual não podiam mais sair, porque, ao tentar arguir contra a ação afirmativa negando o racismo, acabaram nomeando a raça e não conseguiram provar a ausência de discriminação.

No caso que aqui narro, por considerá-lo paradigmático e decisivo para a história do combate ao racismo no Brasil, a indiferença geral no meio acadêmico subsequente à injustiça cometida pelo professor é o que evidencia o racismo. O meio acadêmico foi indiferente ao que ali se estava perdendo ou que se poderia ter perdido: uma inteligência que seria capaz de pensar a partir de outra posição na história e na sociedade, a partir de outra perspectiva. Essa indiferença ignora o esforço não só de uma pessoa, mas de todo um grupo familiar, que certamente colocou todos os meios ao seu alcance para garantir a inclusão na universidade de pelo menos um de seus membros.

Educação superior e raça no local e na nação: a luta pelas cotas para pessoas negras e indígenas na universidade

A partir desse episódio, eclode a luta pela garantia das cotas para estudantes negras e negros na universidade, que, no mesmo momento de sua primeira apresentação ao público na Universidade de Brasília, em novembro de 1999, se estende a estudantes indígenas. Os inimigos dessa façanha, que dura mais de doze anos, foram e são poderosíssimos. Por exemplo, entre seus opositores encontra-se o editor-geral do noticiário de maior audiência da televisão brasileira, o célebre *Jornal da Globo*, que publicou um livro criticando essa luta,[3] assim como Demétrio Magnoli, autor dos manuais de Geografia e do atlas educativo mais utilizado por estudantes no Brasil. Antropólogas e antropólogos de prestígio e personalidades da cena intelectual brasileira somam-se a essa frente, que veio a ser conhecida como anticotas.

A política pública, que apresenta variantes em cada instituição e em cada região do país, reserva vagas para pessoas negras e indígenas, e vai produzindo um "enegrecimento da universidade". Ela nega a ideia de que o exame de ingresso, chamado "vestibular" no Brasil, seja realmente equânime e meritocrático, apesar de ser aplicado de forma universal, "cega" e massiva a quem postula uma vaga. A política pública nega tal ideia porque, para poder ingressar por esse caminho na universidade pública, é necessário ter tido acesso a escolas de elite nos níveis primário e secundário, em sua absoluta maioria privadas, que ensinam sobretudo a responder a esse exame, o que introduz um filtro natural. Estudantes negras e negros raramente pertencem a famílias com esse privilégio, e a universidade acaba sendo altamente elitizada em termos de classe e raça. Nos raros casos em que uma pessoa negra acede, geralmente por pertencer a uma família com recursos suficientes para educá-la em escolas privadas, experimenta uma grande solidão no meio acadêmico.

Quando se pronuncia uma palavra capaz de nomear um sofrimento que corre nas veias da sociedade, que faz referência a uma injustiça real, não existe força capaz de conter sua circulação. As palavras "raça" e "racismo" manifestaram esse poder. Até o momento, elas são pouco pronunciadas nas nossas sociedades, permaneceram silenciadas por uma censura surda; como disse, obturadas, "forcluídas"; porém, uma vez exposta sua relevância e a capacidade nominativa, elas irrompem com

3. Ali Kamel, *Não somos racistas: uma reação aos que querem nos transformar numa nação bicolor*. Rio de Janeiro: Nova Fronteira, 2006.

uma força política impressionante. É por isso que todos os autoritarismos sempre censuram o uso de determinados termos, tentando impedi-los. Precisamente, o último argumento das e dos antagonistas da política de ação afirmativa a que me venho referindo, e no qual as e os representantes mais notáveis da sociedade basearam o processo que levaram até a Suprema Corte brasileira, funda-se na ideia de que nomear "raça" na lei significa racializar a República, isto é, introduzir na unidade da nação uma divisão por esse conceito. Sugerem, com isso, que a lei não deve inscrever, representar ou reconhecer essa discriminação, que dá forma a muitas das práticas cotidianas. Aspiravam, com esse raciocínio, a que a Corte decidisse que a criação de um sujeito coletivo de direitos em função da adscrição racial incorre em Descumprimento de Preceito Fundamental da Constituição. Afortunadamente, enquanto o processo aguardava o julgamento no Supremo Tribunal Federal, os conselhos internos de setenta universidades públicas – considerando as nacionais, estaduais e municipais, que existem em algumas cidades – já haviam votado a adoção de algum tipo de ação afirmativa inclusiva para pessoas negras e indígenas, assim como para estudantes carentes ou provenientes de escolas públicas.

Toda minha reflexão posterior sobre o tema do direito humano à educação origina-se, como disse inicialmente, da luta localizada, paroquial, pela defesa dos direitos de um estudante negro vitimado no meio acadêmico. Mais tarde, essa reflexão transforma-se no grande feito das cotas, que se expande na cena do ensino superior brasileiro. As palavras têm um grande poder transformador. Insisto nisso porque quando o autor e a autora da primeira proposta de uma política de cotas no Brasil – José Jorge de Carvalho e eu – sugerimos, em 1999, a existência de um racismo acadêmico, fomos considerados, no meio universitário brasileiro, delirantes e antissociais. Mas, *porque o que dizíamos nomeava um fenômeno reconhecível – que não é outro que o eurocentrismo tanto sociorracial como epistêmico da academia, manifestado em sua ojeriza às presenças dos signos ameríndio e afrodescendente entre seus quadros* –, imediatamente a ideia propagou-se pelo país, até transformar-se em um debate generalizado, o que ocorreu no lapso de uma década, e, finalmente, em um debate plenamente estabelecido no seio da sociedade brasileira.

No momento em que formulamos a proposta, quando a apresentamos ao público, isto é, fora do ativismo negro, éramos um par de vozes solitárias diante da representação dominante do Brasil como país sem racismo, de convivência cordial. Essa imagem baseia-se no fato de que as pessoas convivem e compartilham a cena cultural, diferentemente, por exemplo, dos Estados Unidos. A "geleia geral" do verso de tropicalista, o carnaval, a antropofagia do Modernismo brasileiro e uma série de práticas e formas de sociabilidade com intensa convivência entre raças são realmente características desta sociedade no âmbito da cultura; no entanto, quando olhamos para a distribuição dos recursos – econômicos, de acesso a saúde, educação, moradia e trabalho –, a convivência desfaz-se e a sociedade divide-se. O caráter democrático da cultura não corresponde à hierarquia rígida da distribuição de bens e recursos de todos os tipos. A fachada de intenso convívio na cena cultural esconde uma realidade diferente. Como já mencionei, a reserva que as elites embranquecidas do Brasil e dos demais países latino-americanos têm garantido para sua prole no espaço universitário é a garantia de que poderão influenciar a distribuição dos recursos da nação, porque a universidade é o corredor pelo qual se tem de passar para chegar aos escritórios onde se decide o destino desses mesmos recursos. Sem passar pela universidade, não há acesso a esses recintos, a esses espaços de decisão.

Ao contar essa história, não posso deixar de perceber o quanto já caminhamos no Brasil, e em que medida, em outros países do subcontinente, a raça não é devidamente "nomeada".

O baixíssimo nível de consciência racial na América Latina é realmente notável; no entanto, como sugeri, nomear a raça, entre nós, acarreta uma dificuldade adicional, pois devemos fazê-lo diferentemente do Norte. No Norte, a raça tem outra história. É urgente e necessário que elaboremos nossa história da raça, a partir daqui, e nos confrontemos com as peculiaridades de nossos próprios dispositivos racistas, que obedecem a histórias nacionais e regionais.

O racismo acadêmico no plano internacional

É importantíssimo perceber que esse tema na universidade afeta a vida acadêmica de várias formas, inclusive no tocante ao mercado global de ideias, determinando uma divisão mundial do trabalho intelectual. Porque, se observarmos bem, perceberemos que todos e todas somos racializados(as), e pelo fato de que a raça é resultado da incidência da história na leitura de nossos corpos – uma história que divide o mundo entre colonizadores e colonizadas e colonizados, e suas herdeiras e herdeiros –, ainda que tenhamos quatro avós europeus, quando visitamos os países do norte, sempre nos leem, classificam e racializam com referência à paisagem geopolítica à qual pertencemos. Portanto, é ineludível que, ao cruzar a grande fronteira norte/sul, todas nós, pessoas que habitamos este lado do mundo, qualquer que seja nossa linhagem propriamente biológica e ainda que desempenhemos o papel de brancas em nossos próprios cenários nacionais, seremos vistas pela perspectiva biopolítica como não brancas. O fato inapelável de que somos percebidas como emanações da paisagem geopolítica à qual pertencemos e com referência à posição histórica dessa paisagem alcança e contamina o trabalho intelectual e a atribuição de valor à nossa produção acadêmica, e determina uma valorização distinta entre os saberes e produções intelectuais de autoras e autores do Norte e do Sul. Deriva daí, por exemplo, o fato de que os primeiros são produtores ou atravessadores-distribuidores dos modelos teóricos que adotamos e construtores-donos do grande compêndio de conhecimento sobre o mundo.

Porque a imaginação intervém, inevitavelmente, nos processos de pensamento, e porque as ideias são, efetivamente, "percebidas", o sujeito do saber, do conhecimento, da autoridade científica, não deixa de se apresentar encarnado, e o faz com uma figura plasmada pela estrutura da subjetividade colonizada: a do homem branco, europeu em aspecto. Essa imagem insuspeitadamente racializada, por ser a de um sujeito branco, do sujeito destinado a "saber", tem uma natureza muito próxima à crença, e toda crença o é por sua capacidade de validar comportamentos sem passar por verificação. A crença na aparência europeia da autoridade sapiente é central na distribuição racista do prestígio acadêmico, e é constatável o seu impacto nas expectativas de valor atribuídas aos conhecimentos e aos saberes provenientes das diferentes regiões de um mundo organizado pelo padrão da colonialidade, como foi definido por Aníbal Quijano. Esse protótipo, assim imaginado, é o referente universal do capital racial, e agrega valor a todos os produtos originados no trabalho de sujeitos que detêm sua imagem e semelhança.

Essa realidade é, igualmente, consequência da raça e da racialização dos seres humanos, e também nós, pessoas "brancas" de nossas sociedades, caímos em suas redes de forma inescapável, assim como nossas produções são afetadas pelo menor "capital racial" que conseguimos infundir com relação a autoras e autores do Norte, qualquer que seja sua cor – isto é, incluindo as pessoas negras de lá. *A raça é uma manifestação "visível" nos corpos da ordem geopolítica mundial, organizada pela colonialidade.*

Com isso, afirmo que, à diferença do que geralmente pensamos, não somente pessoas negras e indígenas sofrem os danos da discriminação racial, mas todo o sistema é afetado, pautado pela raça, capturado por um imaginário racista, como consequência da racialização do mundo originada na irrupção do que Aníbal Quijano tão lucidamente chamou de padrão de colonialidade do poder, também descrito como colonialidade-modernidade eurocêntrica. Como esse padrão também passa a organizar a distribuição da verdade e do valor nos saberes, dentro dessa ordem, nós, pessoas classificadas como não brancas por nossa localização no sistema mundial, não podemos senão ser consumidoras-aplicadoras de categorias que nos chegam formuladas, pré-fabricadas, desde o Norte branco. Essa divisão internacional de tarefas no campo intelectual e a expropriação de valor não reconhecido na produção de ideias que deriva dessa divisão – roubo, usurpação, apropriação de ideias originadas no Sul – imperam e fazem com que a universidade funcione, em nossos países, como uma instância importante, definitiva, da Europa Hiperreal de que nos fala Dipesh Chakrabarty.

Estamos, portanto, em um mundo onde uma parte figura como produtora de modelos, que circulam com sua assinatura ou patente (embora nem sempre seja o caso), e outra parte deve aplicá-los, forçando frequentemente suas realidades para fazê-las encaixar. *O gesto pedagógico por excelência dessa universidade eurocêntrica, inerentemente racista e reprodutora da ordem racista mundial, tanto no âmbito interno, na relação com estudantes e jovens aspirantes à carreira acadêmica, como no âmbito externo, constituído por professores e professoras consagradas por seu prestígio local e regional, é desautorizador: declara-nos ineptas e ineptos, impede-nos de produzir categorias de impacto global.* A ordem hierárquica da pauta colonial distribui o valor dos resultados da tarefa intelectual e opera invariavelmente no sentido de reproduzir o diferencial do capital racial das nações e regiões, com seus respectivos parques acadêmicos.

Isso provoca em nós, membros das academias de países não brancos, isto é, que exibem traços de não pertencimento em relação à modernidade dos países centrais, atitudes curiosas: aceitamos a absoluta falta de reciprocidade quando, de bom grado, alimentamos nossos textos, muitas vezes sem necessidade real, com recortes e referências de autoras e autores do Norte, pretendendo afiliar-nos a suas genealogias intelectuais em uma ficção de pertencimento não validada por sua contraparte. Isso é, sem dúvida, um comportamento corrente, francamente habitual, dos membros das academias do Sul, que tocam as portas do Norte pedindo acolhimento e adotando língua, tecnologia de produção textual, retórica de argumentação, elencos de citação e uma forçada mimese de prestígio destinada a simular uma inclusão inexistente. Dolorosamente, porém, ignoram que a ordem colonial e racista que organiza o sistema mundial da produção de ideias determina que não haja lugar na elaboração de categorias de impacto global para quem carrega a marca de exterioridade em relação ao Norte, a não ser quando essas são adaptadas, compradas e revendidas pelo que chamei acima de grande mercado comprador: a indústria acadêmica norte-americana. E isso é, precisamente, efeito do racismo. Em um de seus extremos encontra-se o racismo acadêmico, que impede o acesso e a permanência de estudantes com sinais de ascendência africana e indígena, com seus estilos próprios de existência e pensamento; no outro, está a barreira para a internacionalização de nossas próprias contribuições no campo do saber.

Em minha definição, como proponho no ensaio "Os rios profundos da raça latino-americana" (neste volume) e já havia antecipado em textos como "Raça é signo"[4] e "A cor do cárcere na América Latina" (também neste volume), *a raça, a não brancura, é o traço da história nos corpos, lida por um olhar que faz parte e é, também, formado – formatado, deveríamos dizer – por essa mesma história*. É precisamente porque a atribuição de raça aos corpos nada mais é do que a leitura da

4. R. Segato, "Raça es signo", in *La Nación y sus Otros: raza, etnicidad y diversidad religiosa en tiempos de políticas de la identidad*.

posição desses corpos na história colonial, e porque o olhar racializador também é afetado por essa mesma história, que podemos explicar as variações dessa leitura e da atribuição de raça ao cruzar as fronteiras nacionais. Em outras palavras, embora no Brasil, na Argentina, no Chile etc., a racialização opere como forma de classificação social, os parâmetros que levam à atribuição da não brancura não coincidem. Essa variabilidade deriva das particularidades da formação histórica das sociedades nacionais e regionais. *Somos emanações de uma paisagem atravessada pelo evento da conquista e desigualmente organizada pela ordem da colonialidade, com histórias nacionais e regionais que dão continuidade e localizam essa herança geral. É por isso que, a nível global, somos, aqui, todas pessoas não brancas, e nossa academia está inteiramente localizada fora da brancura.*

Nesses termos, e por haver criticado extensivamente o multiculturalismo norte-americano nos ensaios de meu livro *La Nación y sus Otros*, sinto-me absolutamente livre para fazer uma crítica à nossa cegueira em relação à questão racial, uma vez que não se trata da importação de uma ideologia do Norte, plasmada na história particular da sociedade norte-americana. Existe discriminação entre nós, as universidades são brancas, e quanto mais de elite os cursos e as universidades, mais brancas são as últimas. À medida que se ascende aos escalões mais altos da administração pública, na América Latina, tendemos a ficar mais brancas e brancos também. O mesmo aplica-se a profissões e empregos. Há um problema aí que deve ser resolvido a partir da compreensão de nossa própria história social e do quem-é-quem em nossa cena, com meios, discursos e formas de consciência que devem resultar da experiência local. Por isso, é importante recordar aqui o que repetidamente apontei nas linhas anteriores: a origem local – paroquial é o termo que utilizei para enfatizar o sentido – da ação afirmativa de inclusão racial na universidade brasileira. Também deve ser enfatizado que a reserva de cotas é, em si, uma invenção hindu, formulada pela primeira vez pelo ativista e parlamentar dalit Bhimrao Ramji Ambedkar, na década de quarenta do século XX, para incorporar as e os intocáveis na administração pública e na educação da Índia recém-surgida como nação independente.

É relevante novamente insistir que a discussão sobre as cotas nas universidades no Brasil teve como principal consequência acender o debate de toda a sociedade sobre o racismo, e o tema alcançou os meios de comunicação de massa e a esfera parlamentar e jurídica como nunca antes. Agitação, deliberação e consciência racial foram seu resultado mais relevante. Isso porque a elite imediatamente percebeu o grande risco de democratizar o acesso até então monopolístico à educação e aos bens que dele decorrem. Uma medida da relevância desse feito e de sua capacidade de tornar visível a questão racial é o fato, entre outros, de que, já em 2002, a primeira pergunta do último debate televisivo entre os candidatos à Presidência, às vésperas do primeiro turno que levou Lula ao seu mandato, indagou sobre a posição dos candidatos em relação às cotas raciais.

Essa luta abriu a reflexão sobre diversos temas: a importância de se pensar o direito humano à educação; a dificuldade e a resistência que o meio acadêmico apresenta à sua democratização em termos raciais; o caráter conservador do meio acadêmico; as formas de discriminação e violência moral, intelectual e psicológica – ou seja, o racismo – praticadas em seus claustros. Tocamos várias fibras do músculo da desigualdade: por exemplo, a do marxismo eurocêntrico, a do marxismo clássico, que se refere somente às classes. Tocamos também em outras, como as da universidade que, sendo fatalmente eurocêntrica, não suporta ver-se negra, não branca, indígena, contaminada pela aparência geral de nossas maiorias, porque isso representa, aos olhos da comunidade acadêmica mundial, a perda de prestígio, modernidade e autoridade, sempre associados a uma visão estereotipada do Norte. Pois como pode o saber estar encarnado em uma pessoa cuja aparência física é relacionada pelo imaginário eurocêntrico ao subdesenvolvimento, ao atraso, ao passado "bárbaro" de nossos países?

Será preciso romper com esse imaginário, dominante em nossas universidades, entre outros motivos porque não nos levou longe na busca de soluções para nossas realidades. Como consequência dessa associação equivocada entre prestígio e verdade, chegamos a uma universidade que não produz propostas de bem-estar, que não sabe pensar coletivamente, cujas metas são alcançadas nas carreiras individuais. Essas metas, evidentemente, não formaram uma intelectualidade capaz de pensar o mundo a partir daqui e oferecer soluções para nossos problemas. Muito pelo contrário, nos conduziram a práticas imitativas e subalternas na produção de conhecimento.

A partir da experiência dessa luta, reflito sobre quatro brechas decoloniais que podem ser abertas na educação para democratizá-la, não em um sentido eurocêntrico, colonial-moderno e liberal da ideia de democratização, mas como resultado de uma crítica histórica realizada a partir da perspectiva e dos problemas do nosso próprio continente. É possível e, acima de tudo, estratégico falar dessas brechas na linguagem dos direitos 1. à educação, ou seja, ao acesso e à permanência; 2. à educação em direitos humanos como parte inseparável de seus conteúdos; 3. à adesão ao pluralismo e respeito aos direitos dos membros da comunidade acadêmica, com suas diferenças, nas práticas institucionais das escolas e faculdades; 4. ao controle social dos conteúdos e métodos de ensino por parte das comunidades que a frequentam, contemplando sempre o estudo e a manutenção da memória das lutas e demandas coletivas que impulsionam o processo de democratização da educação. É central aqui a inspiração comunitária dos projetos e propósitos de uma universidade na qual a fidelidade ao valor comunitário promove projetos disfuncionais e adversos ao regime de mercado capitalista.

Aprendi, com a luta ativa contra o racismo acadêmico, que não se abrem as portas do meio universitário sem perdas pessoais para quem defende esse caminho. O trajeto é árduo e doloroso, e só a intervenção contenciosa no campo da educação pode desvelar a realidade que se esconde por trás da fachada do falso democratismo da meritocracia acadêmica, para revelar os interesses e protecionismos que estão em jogo na luta pelo acesso, permanência e titulação no ensino superior.

O direito à educação: ações afirmativas e investimento de recursos públicos

É, então, a partir dessa experiência e do conjunto de apreciações que dela resultou que tentarei situar a minha posição em termos das quatro grandes formas de interação entre direitos e educação. A primeira é *o direito à educação*, favorecido, em parte, por ações afirmativas. Junto a essa modalidade de promover o acesso à educação daquelas pessoas que se encontram historicamente em desvantagem e, sobretudo, para despertar o debate em torno de sua exclusão racista, a outra grande forma de ampliar o direito à educação é a aplicação de recursos públicos capazes de garantir a expansão da oferta educacional pública, irrestrita e de qualidade. Por outro lado, a formação político-teórica do corpo docente deverá responder a uma perspectiva situada, continental. Não podemos fugir ao fato de que toda teoria responde a uma política e se dirige para fins dessa ordem, e que o político sempre se transfunde em posições que pensamos "teóricas". Esses dois termos são, em todos os casos, indissociáveis.

Um dos aspectos que obstaculizam o direito à educação, como disse, é o racismo que assola o projeto educacional em todos os nossos países. O tema do direito à educação demanda, inevitavelmente, uma prolongada reflexão sobre a exclusão social, econômica e cognitiva que, no mundo de hoje e muito especialmente em nossos países, tem seu correlato instrumental no racismo, de tal forma que o que denominamos "exclusão" é, quando visto da perspectiva dos signos, "exclusão racial". Mas "raça" nada mais é do que uma construção histórica, uma emanação do processo histórico de conquista e colonização do mundo, primeiro pelas metrópoles europeias e, em seguida, pelas elites que construíram e administraram, desde então, os estados nacionais, herdeiros diretos do Estado colonial.

Visto assim, raça é traço, marca no corpo da passagem de uma história ou, mais exatamente, uma pauta de leitura dos corpos instalada a partir da conquista. Esse processo histórico implicou menos ruptura que continuidade do horizonte colonial, já que a operação de racialização iniciada com a colonização pelas metrópoles europeias como instrumento de exclusão e expropriação só se aprofundou com a construção das repúblicas, que consolidaram o padrão de colonialidade. Como antecipei, quem funda o discurso teórico para essa leitura da história a contrapelo é Aníbal Quijano, formulador de uma ideia que nos permite iluminar o processo histórico de outra forma e subverter as narrativas estabilizadas a partir da instalação dos estados nacionais republicanos.

Sob esse novo prisma, se desvanece a noção essencializada de raça, ancorada em um suposto referente fixo, seja ele biológico ou cultural. A partir da formulação de Quijano, a modernidade e a racialidade emergem como aspectos da mesma ruptura histórica que instaura, em um único evento, a colonialidade. A racialização, ou seja, a outrificação ativa e as fobias a ela associadas são, então, instrumentos infalíveis na produção e reprodução do poder expropriador, da apropriação do trabalho não remunerado. *A educação, em todos os níveis, pode ser entendida como a instituição por excelência que transmite, de geração em geração, a pedagogia eurocêntrica da raça.*

O discurso da história nacional, dessa forma, pode ser compreendido como a canonização de um "nós" como sujeito coletivo e excludente, provocando o deslocamento forçado de grandes contingentes de indígenas, afrodescendentes e pessoas mestiças para as margens dessa subjetividade oficial de nossas nações, subjetividade colonizada, sancionada pelo Estado e reproduzida pela escola. Seus perfis, costumes e produções artísticas afloram nesse discurso somente quando transformados em ícones folclorizados para compor a heráldica de que as elites nacionais se valem para representar os territórios apropriados, fetiches das diferentes comarcas de seus domínios, herança republicana da administração metropolitana ultramarina anterior. Esse discurso encoberto sobre o outro, que é a história dos livros oficiais, sem dúvida, conduzirá à formação de um olhar excludente dirigido para sujeitos que carregam a marca de outras histórias. A raça, assim entendida, é a consequência inevitável e constatável da continuidade do processo colonial na história dos estados nacionais.

Ao forçar o "enegrecimento" da instituição acadêmica, estaremos tocando o músculo do braço ideológico que sustenta o andaime da colonialidade do poder, instigando o debate sobre o racismo que sustenta e reproduz essa ordem e suas estratégias de expropriação do Sul pelo Norte. É por isso que não bastam as políticas inclusivas concebidas no Norte, nem a politização das identidades na perspectiva multicultural essencialista norte-americana, porque nelas não se leva em conta, ou melhor, se disfarça a existência de uma fronteira norte/sul, e seu impacto definitivo nas formações raciais e no próprio sentido da raça, plenamente histórico e de raiz geopolítica, no sistema mundial.

Educação para direitos

Em segundo lugar, a questão da relação entre direitos e educação também se refere aos *direitos como conteúdo da educação*. O conhecimento dos direitos não pode consistir exclusivamente na transmissão de informações sobre quais são os que – supostamente – nos assistem, protegem e promovem sob os – alegados – cuidados de tribunais internacionais. Uma parte importante dessa educação deve ser direcionada para trabalhar a noção de responsabilidade, pulsão ética e ativismo voltado para fazer valer os direitos existentes e sua constante expansão.

Nossas universidades eurocêntricas não formam sujeitos responsáveis por suas coletividades e muito menos ativos no cuidado com a sociedade e a natureza. Pelo contrário, preparam-nos para o mercado e para funcionar dentro das leis de produtividade, cálculo de custo-benefício, competitividade, acumulação e concentração. Desenvolvimento e crescimento econômico são palavras que passam sem crítica no meio acadêmico, assim como a ideia de um progresso em que deter o ritmo de acumulação significa decair e desaparecer. Mesmo as categorias mais fecundas para a compreensão do drama da história, como a própria perspectiva da colonialidade do poder, perdem o valor de uso de sua capacidade crítica e passam a circular como mercadorias teóricas fetichizadas em uma academia cada dia mais mercadológica, regida pela lógica da produtividade e do individualismo. O sentido crítico das categorias esvai-se nos protocolos de produção e circulação do conhecimento que acompanham a lógica do capital nesta colonial-modernidade já tardia.

No caso da política de cotas, que ajudei a formular em um momento muito inicial e defendi para o Brasil, também vimos acontecer esse processo de desvirtuação. Apesar de a luta ser voltada para os membros de determinados grupos – negros no princípio, indígenas imediatamente depois – a política vem formando sujeitos que a utilizam para se apartar das comunidades que os transformaram em beneficiários dela, fomentando a construção de carreiras amnésicas, de patrimônios individuais, de sujeitos que se desligam de suas comunidades de origem e já não conseguem mais retornar a elas para compartilhar o benefício. A queixa e a demanda que trouxeram o contingente de beneficiárias e beneficiários para a universidade passam a ser, assim, canceladas por um esquecimento instrumental, que permite que a responsabilidade para com o coletivo seja substituída pelo carreirismo individual.

Então, qual é a responsabilidade de toda pessoa no processo histórico de criação de direitos? É imprescindível que o exame rigoroso dessa pergunta seja parte inevitável dos conteúdos previstos para a inclusão do tema de direitos humanos nos currículos, pois esta deve inocular a consciência da maleabilidade, da historicidade e do caráter inalienavelmente público do discurso dos direitos humanos como patrimônio de todas e todos e aberto à criatividade constante.

Em consonância com essa perspectiva, os direitos humanos devem entrar no processo educativo não como um conteúdo fechado, circunscrito e técnico, mas como um campo por excelência aberto à construção coletiva, por parte de todas as pessoas, discentes e docentes, em todos os níveis de ensino. Para isso, é indispensável compreender que a maneira de definir os direitos humanos é como um elaborado sistema de nomenclatura em permanente processo de ampliação, por meio da capacidade progressiva de aperfeiçoar a sensibilidade ao sofrimento que experimentamos e que nos rodeia, bem como a habilidade de o descrever, transformando-o em categorias que permitem que sua existência seja detectada e suas fontes apontadas. Essa não é uma tarefa de juristas nem de especialistas, mas de todas e todos. Cada novo sofrimento reconhecido e identificado, cada nova queixa nomeada é um passo importantíssimo, uma conquista. Esse nome multiplicará o reconhecimento de quem padece de uma opressão comum e permitirá a articulação de suas lutas. O reconhecimento de um sofrimento comum levará à elaboração de novas identidades instrumentais para a formação de frentes políticas e estratégias comuns.

Toda ênfase é pouca para tentar compreender a extraordinária importância do esforço de nomear a injustiça e a dor injustamente impostas aos povos, categorias sociais e pessoas. O poder de nomear o sofrimento, sua eficácia simbólica em criar novas sensibilidades e instalar culturas mais benignas é a dimensão mais importante da lei, pois constitui um verdadeiro antídoto, muito mais poderoso do que a execução das sentenças proferidas por juízas e juízes. É também o aspecto mais democrático dos direitos humanos, porque escapa à profissionalização, pode ser obra de toda e radicalmente qualquer pessoa, e depende de uma prática constantemente deliberativa. Por isso mesmo, a tarefa de imaginar esses nomes e consolidá-los no vocabulário pode e deve ser levada a cabo nas instituições de ensino, em todos os níveis. As palavras desnaturalizam o sofrimento evitável. E nomear é uma capacidade e responsabilidade que pode ser desenvolvida em todos os indivíduos, desde a infância, se promovermos, por meio da educação, a consciência de que é possível modificar a paisagem de sofrimento naturalizado em que vivemos.

Mais do que sua dimensão punitiva e retributiva, isso que acabo de descrever é o papel mais importante dos direitos. Se a educação coopera com essa forma de compreendê-los, incutirá em estudantes e docentes a consciência de seu papel histórico e, também, o que não é pouco, da história em movimento por meio das lutas por direitos. Em suma, a educação para os direitos humanos não deve focar exclusivamente no compêndio positivo dos que já existem, mas também, e sobretudo, promover o conhecimento das lutas e das formas de contribuir com seu processo de expansão, para nutrir a fé histórica e promover as capacidades que nos permitem conceber um mundo diferente daquele que conhecemos.

Os direitos nas práticas educativas: a primeira lição de uma aula é a do pluralismo democrático

A terceira grande interseção da educação com os direitos refere-se às práticas escolares propriamente ditas, isto é, às relações interpessoais que se estabelecem no interior da instituição e que acabam adquirindo tanta importância quanto os próprios conteúdos do ensino. De nada serve uma professora ou professor exibir um excelente discurso sobre direitos, se dispensa um tratamento diferenciado a estudantes em razão de sua aparência racial, de classe ou de orientação sexual. O olhar de autoridade que pousa sobre nós enquadra-nos, atribui-nos um lugar e marca-nos, às vezes, pelo resto de nossas vidas. As expectativas e apostas, de êxito ou fracasso, que se depositam sobre a juventude no dia a dia institucional são, por vezes, infelizmente, definitivas.

Por isso, é necessário e prioritário refletir sobre e modificar gestos e intenções próprios das relações interpessoais habituais no cotidiano dos centros educacionais, sejam elas entre quem ocupa posição superior e subordinada ou entre pares. Por isso, é possível afirmar que *a primeira lição de uma aula deve ser a do pluralismo*. Ela deve antecipar e acompanhar a transferência dos conteúdos disciplinares, e consiste em transformar o âmbito educativo e todas as aulas – e não apenas aquelas destinadas a tratar o tema dos direitos – no momento em que são postos à prova e exercitados métodos para desenvolver a capacidade de convivência entre pessoas diferentes umas das outras e pertencentes a comunidades morais diversas. A pedagogia por excelência para consegui-lo reside no caráter exemplar do comportamento de docentes e dirigentes da instituição. Palavras agressivas ou depreciativas na boca de uma professora ou professor, seu menosprezo, são graves obstáculos ao propósito ético inseparável do projeto educativo e, certamente, não orientam para a convivência pacífica e compassiva no espaço público.

Expressões que coíbem ou maltratam a pluralidade de presenças em sala de aula, desvalorizando e intimidando as pessoas não brancas, as que são devotas de um sistema de crenças de origem indígena ou africana, as ativistas de um movimento social, as que praticam formas não normativas de sexualidade, ou as mulheres, ou seja, um discurso de autoridade como o de um membro de uma instituição de ensino que expresse desprezo pela presença dessa variedade de sujeitos em sala de aula ou no meio social, ou lhes dispense um tratamento assimétrico, não tem direito de fazer-se ouvir, porque o valor da pluralidade de presenças, juridicamente reconhecido na era dos direitos humanos, ficará inevitavelmente comprometido.

O direito ao controle social dos conteúdos e métodos de ensino a cargo de sujeitos enraizados em suas comunidades

O quarto tema que se refere à relação entre educação e direitos humanos é o que poderíamos chamar de *controle social dos conteúdos* ou a intervenção dos interesses e perspectivas das usuárias e dos usuários do sistema educacional nas decisões sobre o que se ensinará e, também, sobre como será ensinado. Em projetos de educação intercultural, esse tema torna-se mais evidente e pode ser melhor percebido, uma vez que interculturalidade não significa apenas o fomento, por parte da instituição de ensino, das relações de intercâmbio e amizade entre as comunidades que convivem em uma localidade ou região e compartilham um espaço educacional, tampouco significa apenas a transmissão de conteúdos de duas ou mais heranças culturais, ou o ensino em mais de uma língua em escolas bilíngues. Significa que também os conhecimentos canonizados pelo Estado, representado localmente pela escola e pela universidade, podem transformar-se à medida que novos sujeitos coletivos ingressem na educação e sejam reconhecidos nos espaços de ensino como tais, na sua diferença e com a devida valorização dos saberes que aportam à nação. A verdadeira educação intercultural é aquela em que o Estado se coloca como um interlocutor a mais, por meio da escola e da universidade, e admite revisar, a partir do impacto dessa relação de intercâmbio que assim se estabelece, o seu cânone eurocêntrico: não há interculturalidade sem descolonização ativa das práticas educativas.

A pergunta que aqui se impõe é a seguinte: o que a universidade oferece para quem provém de comunidades indígenas, afrodescendentes, camponesas ou formadas em torno de uma atividade produtiva tradicional? Na minha experiência, é difícil ter certezas sobre esse tema e não creio que se tenha chegado a um acordo. Busco a resposta a essa pergunta por dois caminhos. O primeiro refere-se ao cultivo da responsabilidade social e ambiental e à memória das lutas que conduziram ao acesso. A universidade deve promovê-las convocando a uma reflexão permanente sobre as ações inclusivas, seus motivos e suas metas. Há pouco me referi a isso ao criticar uma universidade que, por meio do processo educativo, forma sujeitos amnésicos e distanciados de suas comunidades de origem, incapazes de um retorno a elas. Isso é tido, às vezes, como uma espécie de "embranquecimento", e faz com que o projeto inclusivo perca seu sentido, dissolvendo os vínculos das pessoas beneficiárias com as comunidades que legitimaram sua demanda, educando-as com objetivos individualistas.

O outro caminho fala dos conteúdos que cada estudante proveniente de comunidades deve acessar na universidade. O debate sobre esse tema está aberto e não encontrei evidências de consenso a esse respeito. Minha posição é de que a universidade deve garantir o acesso aos saberes técnicos e científicos e ao vocabulário e retóricas das Humanidades produzidos pelo Ocidente moderno, para que os povos possam solucionar os problemas que essa mesma modernidade ocidental lhes impôs: a violência genocida e o silenciamento etnocida; a propagação de doenças; a redução e a contaminação de suas terras; a desvalorização de seus próprios saberes, instituições e estruturas de autoridade; a depreciação de suas estéticas; a proibição de administrar seus recursos materiais e sua justiça; o desprestígio de suas cerimônias; a interdição e censura de sua memória histórica e de seu próprio cosmos, entre muitos outros. A intervenção do Ocidente colonial-moderno trouxe danos incalculáveis à América e à África, e a universidade desempenha um papel fundamental na avaliação desses danos, na reconstrução dos povos e em sua reabilitação como projetos históricos particulares. *O que a universidade deve proporcionar são as ferramentas para elaborar o antídoto contra o veneno que o padrão da colonial-modernidade inoculou, o remédio para as enfermidades, no sentido estrito e figurado, trazidas pela intrusão do Norte. As soluções da colonial-modernidade são para os males da colonial-modernidade.* Todos os povos precisam delas como consequência da ocidentalização forçada do mundo.

Mas como podemos evitar que essa transferência de conhecimento implique o sequestro total das subjetividades? É inegável que, ao ingressar e ter de se subordinar a um ambiente como o acadêmico, quem aspira a um diploma, dentro dessa hierarquia, terá de negociar, de forma mais ou menos consciente, uma ampla gama de hábitos, comportamentos e regimes de autoridade e de etiqueta, adotando uma série de atitudes funcionais ao novo meio, mas distantes das formas de corporalidade, expressão das emoções e estilos retóricos próprios de seu ambiente originário. Estamos, em Brasília, justamente, ouvindo e registrando "histórias de vida e relatos de existência" de estudantes negras e negros e indígenas que ingressaram pelo caminho da ação afirmativa, para entender como operam essas adaptações e negociações com as demandas comportamentais do novo meio: o que se ganha, o que se tem de sacrificar, a duplicidade dos registros existenciais, o ingresso no mundo "do branco" e a transformação e dificuldade de permanência do vínculo com o local de origem.

Nesse indispensável cálculo de perdas e ganhos, deve-se considerar especialmente o sistema de autoridade que a educação introduz, e que não é inócuo para as relações que estruturam o mundo que cada estudante encontra em sua chegada. Junto aos conteúdos que o mundo não branco necessita para que o caminho se abra e para não sucumbir nesse mundo, ingressa, contrabandeada, uma regra de autoridade que corrói as relações de consideração que ali se encontravam vigentes. Pode-se dizer que se trata de uma pedagogia do desrespeito, que danifica a malha comunitária. À medida que esse tecido relacional entra em falência, à medida que seus códigos são menosprezados, o próprio sujeito da aprendizagem vulnerabiliza-se como expoente de um mundo que não tem lugar no cenário do conhecimento.

Também será necessário advertir que, quando uma pessoa indígena ou membro de uma comunidade camponesa ou afrodescendente acede à universidade, não vem apenas para aprender, mas também para ensinar. Até que isso seja reconhecido, isto é, até que seja reconhecida a dignidade dos saberes e a importância dos interesses dos povos que vêm à universidade, não haverá progresso satisfatório no campo educativo. Da mesma forma, os centros educacionais devem permanecer abertos para receber das comunidades um retorno sobre o valor da educação que está sendo ministrada, em todos os sentidos, isto é, se essa educação coloca ou não à disposição de suas usuárias e seus usuários ferramentas que respondem às suas necessidades e se tem utilidade para seu esforço histórico por sobrevivência e projeção no futuro; em outras palavras, para construir sua própria história como sujeitos coletivos e manter suas comunidades coesas.

O que se constata é que a educação que oferecemos não é, muitas vezes, a que estão buscando nem responde à demanda do que é necessário para viver na sociedade nacional como uma comunidade diferenciada.

A escola e a universidade terão que aportar os conteúdos e as ferramentas para as lutas que os membros dessas comunidades de interesse devem travar, a fim de transformar a sociedade e torná-la mais propícia. Para isso, será necessário que o corpo docente aprenda a exercitar a escuta e se disponha a adaptar a universidade à demanda de quem já não chega a ela com o objetivo de cumprir uma rotina e moldar-se docilmente a seus hábitos, mas o faz por meio e como consequência da aguerrida luta pela educação. Tais estudantes chegam, portanto, com noções muito mais nítidas e precisas do que estão buscando em nós. Basta ouvir, para que o expressem. Responder a eles e elas será dispor-se a modificar temas, conteúdos, abordagens e estilos de transmissão, isto é, uma série de dimensões da educação que naturalizamos e, portanto, consideramos inescapáveis; dimensões que, no entanto, resultam insuportáveis para uma quantidade de gente que chega à instituição vindas de outros mundos, de outras histórias, com subjetividades divergentes forjadas ao longo de outras trajetórias nunca devidamente acolhidas ou representadas pelo discurso estatal.

Finalmente, é necessário refletir, ainda que brevemente, sobre as dificuldades e as resistências que estudantes de diversas regiões do continente apresentam na expressão escrita nas línguas coloniais – o espanhol e o português. Em primeiro lugar, *a escrita tem uma dimensão de autoridade: assentar na página em branco algo que ainda não foi dito demanda uma autorização. E essa autorização parece remota em um regime de colonialidade que, há muitas gerações, decreta ao sujeito precisamente que ele não está autorizado, que não pode aspirar à capacidade de inscrever a sua palavra, tornando-a perene, durável.* Sem um gesto pedagógico de autorização, não podemos ensinar nossas e nossos estudantes a escrever. Não é fácil, porém, solicitar a sobreviventes da conquista, que só conhecem a vida na tessitura de desautorização – todas e todos nós, em realidade, pelas razões que expliquei e que nos vinculam existencialmente a uma paisagem de derrota e expropriação –, que superem o terror ante a página vazia, se lancem nela com "a coragem dos vencedores" e escrevam sua palavra, consolidando, dessa maneira, um documento indelével, tal como o exigimos na universidade: enunciar as referências, as substantividades e as qualidades como atributos estáveis, a partir de uma posição distanciada, fora da relação (pelo menos assim o pretendemos). Essa seria, verdadeiramente, uma exigência radical. As condições dessa autorização têm de ser construídas com um gesto pedagógico, a pedagogia que se espera de uma nova universidade: latino-americana, libertária, democrática, pluralista, inclusiva e francamente aberta e interativa com as novas presenças que agora acolhe.

Em segundo lugar, é preciso elaborar o fato de que a autoria, o próprio ato de escrever, de assentar por escrito o que se observa, é um gesto que pressupõe um distanciamento administrativo, burocrático, em outras palavras, um deslocamento, um isolamento em relação à vida em interação e uma validação de verdades capazes de atravessar o tempo sem se verem afetadas. A escrita é para a distância e, muito especialmente, para a permanência, como nos alertou Jack Goody. Diferentes autoras e autores, incluindo Foucault, Deleuze, Derrida, Blanchot, provenientes do coração do Ocidente, detectaram essa dimensão do ato autoral: a morte do ser encarnado e atravessado por suas relações vitais para ingressar na pele do sujeito escritor, distanciado e perene. Essa operação requer uma atmosfera existencial diferente daquela do ser atravessado pelo feixe de relações de sua comunidade, em situação vital e mutante no calor das vicissitudes.

Não esqueçamos que a história do Ocidente, como indicaram sociólogas e sociólogos da modernidade, experimentou uma virada muito radical, passando de um modo de existência em que as relações entre as pessoas estavam no centro da vida para um modo de existência em que essas passaram a ser mediadas, medidas e organizadas pelo vínculo com as coisas.

Um equivalente universal dará a medida relativa dos bens, e o nexo das pessoas com esses bens pautará sua interação como consequência. Na América Latina, ainda se preservam cenas nas quais colocamos a relação no centro de nossas vidas, práticas de amizade e convivência em que o vínculo com os bens não rege a cena. A forma de escrita acadêmica, logocentrada, implica a morte do sujeito vital, encarnado a partir do feixe de relações que o atravessam, para dar lugar a uma posição de sujeito produtivo de materialidades textuais e transubstanciado em sua obra: o sujeito como obra. Esse movimento de alienação em relação à vida inserida na comunidade não é sentido como existencialmente próximo por muitas e muitos dos que agora passam a frequentar a universidade.

Em terceiro lugar, devemos considerar que outros povos cultivam, em suas comunidades, diferentes protocolos de produção de enunciados, outros estilos de parlamento, outros padrões de conexão entre discurso e texto, diferentes daqueles da práxis acadêmica. Entender essa distância e essa diferença é crucial para resolver os impasses que obstaculizam a comunicação educacional.

Por tudo isso, creio que a escrita é um tema central que devemos discutir de forma aberta, para entender seus dilemas e encontrar soluções junto às novas presenças, próprias de uma universidade mais democrática e interativa, na qual docentes investiguem junto a estudantes as práticas passíveis de garantir uma maior eficiência na mútua compreensão, intercâmbio e transferência de conhecimentos e experiências.

Para concluir, o tema central que emerge, portanto, da sequência desses quatro aspectos ou interfaces entre a educação e os direitos humanos é o da crítica ao eurocentrismo da universidade e do sistema educativo em geral, em todos os seus níveis. Tudo leva a crer que não se trata, simplesmente, de educar como se vinha fazendo, mas de desmontar o horizonte eurocêntrico que circunda e impregna todos os aspectos e todos os níveis do trabalho educativo em nossos países. Para esse fim, a educação superior em todas as áreas, mas muito especialmente nas Humanidades, não poderá prescindir de localizar o poder nem de fazer referência a ele; terá de promover a escrita contenciosa e o ativismo teórico; deverá acatar leituras da realidade provenientes das margens e o consequente descentramento das perspectivas de análise; terá de desnaturalizar as narrativas dominantes da nação e identificar suas elites operadoras para neutralizá-las; verá a nação como heterogênea e hierárquica e acatará a perspectiva dos grupos não brancos e, em especial, das mulheres não brancas em sua crítica da raça, do racismo e do patriarcado exacerbado pela intervenção capitalista e colonial; abrir-se-á criativamente à subversão dos campos disciplinares e aos trânsitos entre disciplinas; e, finalmente, estimulará e abrirá oportunidades para as textualidades não canônicas.

Os quatro aspectos da grande temática Educação e Direitos Humanos que aqui se mencionaram – o direito a aceder à educação, o direito como conteúdo da educação, o direito a um tratamento não preconceituoso nas instituições educativas e a adaptação dos conteúdos às necessidades dos diversos sujeitos coletivos – demandam a descolonização de escolas e universidades. É possível que o primeiro deles, se for devidamente implementado, possa reforçar e até garantir os outros três. A discriminação, o eurocentrismo e a alterofobia vigentes nas escolas e nas universidades reservaram o ingresso e o bom trânsito pelo processo educativo para as elites e seus colaboradores e, com isso, também permitiram o controle monopolístico das profissões e das narrativas dos grandes temas nacionais. O acesso de outros grupos à educação poderá chegar acompanhado de sua demanda por uma educação em direitos como instrumento para a luta por recursos, por um tratamento digno nas escolas e universidades, e por conteúdos curriculares e estilos de transmissão adequados aos seus fins históricos.

Próximos títulos da coleção Rita Segato:

- A guerra contra as mulheres
- As estruturas elementares da violência
- A Nação e seus Outros
- Contrapedagogias da crueldade

Este livro foi editado pela Bazar do Tempo,
na cidade de São Sebastião do Rio de Janeiro, em agosto de 2021.
Ele foi composto com as tipografias Cera Pro e Sabon LT Pro,
e impresso em papel Avena 80g/m² na gráfica Vozes.

2ª reimpressão, maio 2023